Innovation and Distribution strategy

# 地域産業のイノベーションと流通戦略

## 中小企業の経営革新と地域活性化

西田安慶 [編著] NISHIDA YASUYOSHI

千倉書房

# は じ め に

　いま、地域創生が叫ばれている。その背景には地域経済の衰退や首都圏との格差の拡大がある。各地域が近い将来訪れる人口減少に対応した戦略を練り実行できるかが問われている。

　地域創生とは、地域の問題を解決することであり、こうすればこうなるという解答はない。解答は個々の現場にあり、それぞれ異なり多種多様である。地域創生のためには、各地域が独自性を発揮し当該地域が持っている資源を有効に活用することである。そして、顧客に対して経済的・社会的価値を付与するイノベーションが必要である。

　企業の経営戦略論では、複雑で変化が速い環境下の戦略は分析型戦略よりも、実際の行動による試行錯誤を積み重ねながら生まれる創発型戦略が有効であるとされている。経営戦略の展開に当たっては、企業家精神が発揮されなければならない。既存の成功した制度や仕組みに対して新たな方向性を提示・構築しようとする活動や行動が求められている。

　それでは、これからの地域創生の道はどこにあるのだろうか。

　第一に、伝統的な地域産業を新たなる経営戦略に立って維持・発展させる道である。

　第二に、新しい地域産業や地域ブランドを創出し、地域創生を図る道である。

　本書の各章は以上のような問題意識に立って書かれたものであり、その構成は次の通りである。

　第1章（西田 安慶 執筆）では、全国一の刃物産地である岐阜県関市の刃物産業を取り上げる。まず1965年から2018年までの関市刃物産業の製品出荷額・事業所数・従業員数の推移や、1980年から2018年までの輸出額の推移を概観し、その変化を分析する。その上で、KAIグループ・三星刃物株式会社・足立工業株式会社・林刃物株式会社の経営戦略と新商品の開発を検証する。

　第2章（水野 清文 執筆）では、まず日本を代表する陶磁器伝統産業の有田焼について、その歴史と現状を明らかにする。その上で、伝統工芸品としての「有田焼」をいかに継承し維持・発展させていくかという点と、「有田焼」の流通戦略について考察する。

　第3章（丸山 一芳 執筆）では、衰退が止まらない日本酒という産業について、いかに活性化させていくかについて考察する。事例として名古屋の萬乗醸造を取り上げる。まず工業的大量生産から職人的少量生産への方針転換について述べる。その上で、日本酒、白ワイン、赤ワインという三つの異なる醸造酒を同じ造り手が同じ考えで醸造する世界で唯一の蔵となった経緯について述べる。

　第4章（河田 賢一 執筆）では、静岡県にとって重要な産業である、お茶産業の動向と、過去そして現在においてどのようなイノベーションが行われてきたかについて述べる。その上で、海外の輸入農産物との価格競争上、6次産業化を推進すべきことを主張する。

　第5章（西田 郁子 執筆）では、愛知県西尾市の抹茶産地を事例として取り上げる。当該産地では、サプライチェーンを構成する農家と製茶企業が独自の取引関係を構築している。そのような両者の取引関係が製茶企業の戦略に与えた影響について議論する。その上で、特殊的資産の形成を促すためには、あらかじめ特殊的資産の形成を可能とする製茶企業と茶農家との関係性が準備されている必要があると指摘する。

　第6章（村橋 剛史 執筆）では、岐阜県における富有柿の生産状況や流通状況、消費動向を概観する。その上で、せっきーファーム、でらうま柿農園（後藤柿農園）、大野農園、青木農園の生産、販売戦略の事例を紹介する。これらの農園の事例を基に、今後の流通戦略を考察する。

　第7章（岩本 勇 執筆）では、まず焼津の鰹節産業の歴史と発展の経緯を述べる。さらに、焼津水産加工業者の伝統承継について詳述する。その上で、今後の焼津の鰹節産業のイノベーションと流通戦略を考察する。

　第8章（宮島 敏郎・丸山 一芳 執筆）では、まずベンチャー企業の海外展開の現状を述べたのち、江川 清貞氏によるバイオテックジャパンの創業と植物性乳酸菌開発の経緯について述べる。その上で、同氏のフィリピンにおける人的資源管理や戦略などの「問題解決」にあたる姿勢を考察する。

　第9章（日向 浩幸 執筆）では、まず醤油発祥の地・紀州湯浅における醤油づくりの歴史と製造工程について述べる。その上で、湯浅の老舗醸造家が醤油造りの歴史と伝統を守り続けていることを評価する。さらに当地区が重要伝統的建造物群保存地区に選定され、観光まちづくりに役立っている点を指摘する。

　第10章（川﨑 友加 執筆）では、まず香川県琴平町の観光史と土産物店の現状について述べる。その上で、土産物店・紀の国屋を事例として、新商品開発などの経営革新を検証する。当事例を基に土産物店を活用した寺社観光地の活性化対策を考察する。

　第11章（中嶋 嘉孝 執筆）では、東京都の伝統工芸品に指定されている東京洋傘の150年に及ぶ製造の歴史について述べるとともに、国内唯一のビニール傘メーカーとなったホワイトローズの新製品開発のための挑戦を振り返る。その上で、前述の事例を基に中小企業の成長戦略を考察する。

　日本企業経営学会は1996年12月の創設から今日まで、わが国のおける企業経営の発展に資すべく研究に取り込んできた。本書はその成果を、地域産業や中小企業（ベンチャー企業を含む）を研究してきた11名の会員によってまとめたものである。第1章、第2章、第11章は製造業を、第3章から第10章までは農業・水産業とその関連分野を研究対象として、イノベーションと流通戦略を考察する。その上で、地域産業とそれに関連する中小企業の成功要因を分析し、他の地域で援用するヒントを提供する。読者の方々が地域構想の策定・実践や中小企業経営、研究にあたって活用してくだされば著者としてこれ以上の喜びはない。

　おわりに本書の出版をご快諾いただきました千倉書房取締役 川口 理恵氏と編集の労をおおいに煩わせてしまった編集部長 神谷 竜介氏、編集担当 山田昭氏に厚くお礼申し上げる。また執筆にあたり、インタビューや資料提供に快く応じてくださった方々にこの場を借りて感謝の意を表したい。

2020年10月吉日

編著者　西田 安慶

# 目　　　次

第8章　新潟県阿賀野市におけるバイオベンチャーの
　　　　海外展開——バイオテックジャパンによるフィリピン
　　　　進出の事例分析
　　　　……………… 宮島　敏郎・丸山　一芳 … 143

# 第 1 章

# 岐阜県関市における刃物産業の
# イノベーションと流通戦略

東海学園大学　　西田　安慶

## 第1節　関市における刃物産業の生成と工業の発展

### 1．関市における刃物産業の生成

　関市は、日本のほぼ中央に位置し、鵜飼いと清流で名高い長良川の中流部にあって、歴史と伝統を持つ全国一の刃物産業の地であると同時に、五箇伝と呼ばれる刀の伝統を現在も引き継ぐ刀都でもある。2020（令和2）年国勢調査における日本の人口重心は関市内（中之保）にあり、関市はまさに日本の真ん中に位置している。住民台帳によると、2023（令和5）年1月1日現在の人口は85,532人である。

　関市で刃物づくりが始まったのは鎌倉時代末期から南北朝時代のことである。刀の焼入れに必要な良質な水、松の炭、焼刃土を求めて関鍛冶の祖とされる刀匠元重が移り住んだのを起源に産地として萌芽した。室町時代には孫六、兼元、兼定らの有名な刀匠を生み、最盛期には300人以上の刀匠を有する刀の産地（美濃伝）として隆盛をきわめた。関の刀は「折れず、曲がらず、よく切れる」といわれ、優れた実用性を誇る名刀として多くの武将に愛用された[1]。

　しかし、江戸時代、太平の世に入ると刀の需要は減り、関鍛冶の多くは生活用刃物づくりに転向した。続く明治の廃刀令（1876年）で産地は大打撃を受けた。

だが、明治の開国の時期に、近代産業への転換の立役者がいた。鍛冶職人であり、「関鉄物商連合」の設立者 福地廣右衛門である。福地は、あるとき見たドイツ製のポケットナイフから着想を得て、作刀技術によって国産初のナイフを製造した。これを契機として関は近代刃物の産地となった。1897（明治30）年にはカナダへポケットナイフが輸出された。1919（大正8）年には金属洋食器（スプーン、フォーク、ナイフ）、1932（昭和7）年には安全カミソリの生産が始まった。

　第2次大戦中の当産地は軍刀生産一色につつまれるが、戦後は再び伝統技術を生かして包丁、ポケットナイフ、ハサミ、ツメ切り、カミソリ、洋食器、アウトドアナイフなどが作られ、国内はもちろんアメリカ、ヨーロッパをはじめ世界各地に輸出され、当産地はドイツのゾーリンゲンと並び称される世界の刃物産地に成長した[2]。

　順調に成長してきた当産地ではあるが、1985（昭和60）年ごろから国内外の経済変動や海外製品との競合など厳しい状況が続いた。事業所数は1985（昭和60）年の818事業から2008（平成20）年には361事業所に減少している。従業員数も1985（昭和60）年の4,337人から2008（平成20）年には2,818人となった。出荷額は1985（昭和60）年の533億円から、2008（平成20）年には364億円に減少した。この間に生産コストの削減を求めて中国での生産を加速する動きが進んだことや、比較的規模の大きい刃物製造メーカーの内製化も行われ、工程加工業者や部品製造業者などの廃業が続いた。

　2008（平成20）年のリーマンショック後の当産地は、切れ味、デザイン性などの品質向上の研究や新しい時代に適合した「エコロジー」、「ユニバーサル」、「リサイクル」を意識した新製品の開発に取り組んできた。また、医療用刃物などの新分野にも進出した。

　現在は、有力刃物製造メーカーの内製化が進み、刃物製造メーカー、工程加工業者、部品製造業者等により分業体制の産地構造が崩れてきている。有力個別企業のイノベーションにより新商品を開発する時代を迎えている。2018（平成30）年の全国の刃物製品出荷額は約710億1,000万円[3]であり、関市の出荷額は、419億6,326万円[4]である。

## ２．関市における工業の発展

　関市の工業は刃物産業のほか、1984（昭和59）年に操業を開始した関工業団地や、2005（平成17）年操業の関テクノハイランドによって「先端技術型生産拠点として発展している。東海北陸自動車道と東海環状自動車道との結節地点という立地条件の利便性により、自動車関連部品製造業、機械器具製造業、金属製品製造業、樹脂製品等の化学工業製品製造業の企業が立地・拡張し、複合的産業構造をもつ都市へと発展してきた。

　関市の2018（平成30）年の製造品出荷額総額は4,020億9,404万円である。内訳は、刃物製品出荷額等419億6,326万円、金属製品全般2,069億9,614万円、金属以外1,381億6,776万円、その他収入149億6,688万円である。

## ３．分折の視点

　関市は、刃物産業のほか、自動車関連部品製造業、機械器具製造業、金属製品製造業、樹脂製品等の化学工業製品製造業等の企業が立地し、複合的産業構造をなす工業都市へ発展しつつある[5]。

　本章は関市の産業の中で最も伝統があり、かつ、市の工業の一翼を担う刃物産業の発展策を、イノベーションと流通・観光戦略の視点に立って考察しようとするものである。なお、本刃物産地に関する先行研究として石崎（2013）、森岡（2016）、今永（2018）がある。

# 第2節　関市における刃物産業の変遷
## ―1965年から2018年まで―

　本節では、1965年から2018年までの刃物産業の製品出荷額・事業所数・従業員数の推移を概観するとともに、1980年から2018年までの輸出額の推移を概観した。データは、『令和元年度関市の工業』によった。

## 表1-1 製品区分別の年次出荷額等の推移

（単位：万円）

| 区　分 | 昭和37年 全事業所 | 昭和40年 全事業所 | 昭和45年 全事業所 | 昭和50年 全事業所 | 昭和55年 全事業所 | ※円高（プラザ合意）昭和60年 全事業所 | 平成元年 全事業所 | 平成5年 全事業所 | 平成10年 全事業所 | 平成15年 全事業所 |
|---|---|---|---|---|---|---|---|---|---|---|
| ポケットナイフ | 95,802 | 196,053 | 209,447 | 267,594 | 450,832 | 554,160 | 344,870 | 339,040 | 305,638 | 213,225 |
| 台所・食卓用刃物 | 143,964 | 345,427 | 693,608 | 1,070,916 | 1,697,343 | 1,578,254 | 902,151 | 596,159 | 366,201 | 228,441 |
| カミソリ・替刃 | 209,444 | 273,922 | 478,738 | 839,622 | 1,176,360 | 1,322,664 | 1,513,841 | 1,369,478 | 1,197,619 | 1,251,058 |
| ハサミ | 27,913 | 34,969 | 109,106 | 355,299 | 632,898 | 767,787 | 740,017 | 844,426 | 901,419 | 691,629 |
| 包丁 | 22,858 | 32,126 | 186,466 | 239,794 | 377,076 | 385,366 | 511,551 | 653,975 | 606,429 | 417,463 |
| ツメ切り | 41,123 | 34,740 | 90,711 | 64,446 | 122,501 | 129,637 | 158,877 | 343,909 | 427,457 | 249,147 |
| その他の刃物 | 28,538 | 47,002 | 75,732 | 133,464 | 399,087 | 592,587 | 556,174 | 514,827 | 516,909 | 551,201 |
| 刃物製品合計 | 569,642 | 964,239 | 1,843,808 | 2,971,135 | 4,856,097 | 5,330,455 | 4,727,481 | 4,661,814 | 4,321,672 | 3,602,164 |

| 区　分 | ※リーマンショック 平成20年 全事業所 | 平成21年 4人以上事業所 | 平成23年 4人以上事業所 | 平成24年 4人以上事業所 | 平成25年 4人以上事業所 | 平成26年 4人以上事業所 | 平成28年 4人以上事業所 | 平成29年 4人以上事業所 | 平成30年 4人以上事業所 |
|---|---|---|---|---|---|---|---|---|---|
| ポケットナイフ | 207,499 | 150,852 | 153,522 | 120,093 | 113,752 | 126,957 | 154,684 | 108,116 | 123,733 |
| 台所・食卓用刃物 | 200,031 | 140,808 | 154,098 | 315,274 | 273,706 | 314,786 | 262,526 | 301,554 | 296,790 |
| カミソリ・替刃 | 1,128,478 | 1,137,257 | 1,302,668 | 731,953 | 1,087,355 | 1,129,952 | 1,425,348 | 1,292,662 | 1,250,961 |
| ハサミ | 588,865 | 507,641 | 416,528 | 412,367 | 394,674 | 412,092 | 608,720 | 488,715 | 486,171 |
| 包丁 | 551,623 | 453,371 | 547,088 | 651,120 | 673,800 | 785,600 | 919,116 | 956,262 | 963,318 |
| ツメ切り | 330,325 | 140,031 | 108,798 | 155,990 | 173,559 | 206,905 | 320,372 | 204,921 | 195,186 |
| その他の刃物 | 637,916 | 689,265 | 872,783 | 681,135 | 673,257 | 709,859 | 840,395 | 848,291 | 880,167 |
| 刃物製品合計 | 3,644,737 | 3,219,225 | 3,555,485 | 3,067,932 | 3,390,103 | 3,686,151 | 4,531,161 | 4,200,521 | 4,196,326 |

資　料：『令和元年度関市の工業』，岐阜県関市，pp. 8-9。

元資料：工業統計調査（平成23・28年度は、経済センサス活動調査）。

注：その他の刃物に彫刻刀、美術刀、機械刃物、医療用刃物等。

## 1．製品出荷額・事業所数・従業員数の推移　その1
### （1965年から2008年まで。全事業所を対象）

### （1）製品出荷額の推移

　製品出荷額は1965（昭和40）年、96億4,239万円で以後、年々増加し1985（昭和60）年には533億445万円とピークを迎えた。その後、減少が続き、2003（平成15）年360億2,164万円となった（表1-1）。

### （2）事業所数の推移

　1965（昭和40）年には1,168事業所であったが、1975（昭和50）年には877事業所、1985（昭和60）年には818事業所、1998（平成10）年には515事業所、2008（平成20）年には361事業所と、年々事業所数の減少が続いた（図1-1）。

図1-1　事業所数の推移

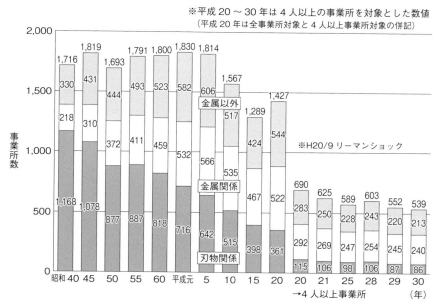

資料：『令和元年度関市の工業』，岐阜県関市，p. 10。

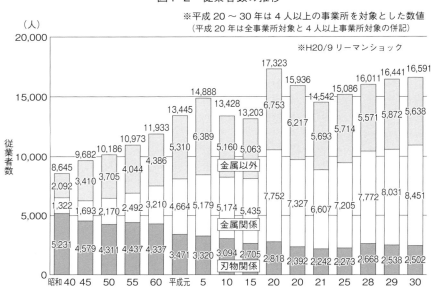

図1-2　従業者数の推移

資料：『令和元年度関市の工業』，岐阜県関市，p. 10。

（3）従業員数の推移

　1965（昭和40）年5,231人、1975（昭和50）年4,311人、1985（昭和60）年4,337人、2003（平成15）年2,705人と年々減少が続いている（図1-2）。

（4）分析

　製品出荷額・事業所数・従業員数の、この時期における減少は、1986（昭和61）年頃から当産地の刃物メーカーが生産コストの削減を求めて、中国での生産を加速する動きが進み、工程加工業者や部品製造業者などの廃業が増えていったことによるものである。また、比較的規模の大きい刃物製造メーカーの内製化も行われた。

　この時期の当産地は国内外の経済変動や海外製品との競合など厳しい状況下にあった。

## 2．製品出荷額・事業所数・従業員数の推移　その2
（2008年から2018年まで。4人以上の事業所対象）

（1）製品出荷額の推移

　製品出荷額は2008（平成20）年364億4,737万円であったが、2016（平成28）年453億1,161万円、2018（平成30）年419億6,326万円となっており、2016（平成28）年以降は製品出荷額400億円以上をキープしている。

（2）事業所数の推移

　事業所数は2008（平成20）年115であったが、2018（平成30）年86と減少傾向にある[6]。

（3）従業員数の推移（4人以上の事業所対象）

　従業員数は2008（平成20）年2,392人であったが、2018（平成30）年は2,502人となっている。

（4）分析

　製品出荷額の増加は、刃物メーカーが新商品の開発に成功したりブランド化が行われたことによるものと考えられる。

　事業所数の減少は、刃物メーカーが海外に生産拠点を設けたり、経営者の高齢化による廃業に原因があると推測できる。

　従業員数の増加は、刃物メーカーが内製化を進めるために従業員を増やしたことによるものと推測できる。

## 3．輸出額（推計）の推移

　輸出額は、1985（昭和60）年の282億円をピークにして減少に転じている。1989（平成元）年171億円、1998（平成10）年には95億円と最低額を記録した。2003（平成15）年は96億円と、以後少しずつ増加傾向にあり、2018（平成30）年には132億円となっている（図1-3）。

図1-3　刃物輸出額（推計）の推移

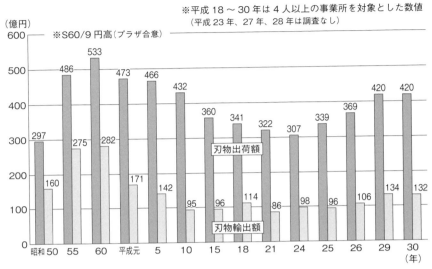

　　資　料：『令和元年度関市の工業』岐阜県関市，p. 16。
　　元資料：岐阜県輸出関係調査。

# 第3節　製品区分別マーケット・シェア

　全国刃物類出荷額シェアを概観する。データは平成30年工業統計調査（平成30年6月1日現在、従業員4人以上の事業所を対象とする調査）によった[7]。

（1）包丁

　　第1位は岐阜で出荷額 117億2,400万円　　シェア 56.5%　　36事業所
　　第2位は新潟で出荷額　59億9,000万円　　シェア 28.9%　　15事業所
　　第3位は大阪で出荷額　15億2,500万円　　シェア　7.4%　　16事業所
　　第4位は福井で出荷額　　6億1,300万円　　シェア　3.0%　　9事業所
　　第5位は高知で出荷額　　4億8,000万円　　シェア　2.3%　　8事業所
　　第6位は兵庫で出荷額　　1億9,900万円　　シェア　0.9%　　5事業所
　　その他の出荷額は　　　　2億　400万円　　シェア　1.0%　　13事業所
　　包丁の出荷額合計は207億3,500万円、事業所合計102事業所である。

（2）ナイフ類

　　第1位は岐阜で出荷額　25億8,600万円　シェア　46.2%　　19事業所
　　第2位は大阪で出荷額　13億　900万円　シェア　23.4%　　4事業所
　　第3位は兵庫で出荷額　1億　400万円　シェア　1.9%　　3事業所
　　第4位は福井で出荷額　　　4,200万円　シェア　0.7%　　3事業所
　　第4位は高知で出荷額　　　4,200万円　シェア　0.7%　　3事業所
　　その他の出荷額は　　15億1,800万円　シェア　27.1%　　10事業所
　　ナイフ類の出荷額合計は56億100万円、事業所合計42事業所である。

（3）ハサミ（理髪用を除く）

　　第1位は岐阜で出荷額　37億9,100万円　シェア　32.1%　　24事業所
　　第2位は大阪の出荷額　31億8,200万円　シェア　26.9%　　5事業所
　　第3位は新潟で出荷額　48億3,000万円　シェア　15.5%　　18事業所
　　第4位は兵庫で出荷額　7億6,700万円　シェア　6.5%　　15事業所
　　第5位は埼玉で出荷額　1億　500万円　シェア　0.9%　　4事業所
　　その他の出荷額は　　21億5,100万円　シェア　18.1%　　9事業所
　　ハサミの出荷額合計は、118億2,600万円、事業所合計75事業所である。

（4）理髪用刃物（カミソリ、ハサミ等）

　　第1位は岐阜で出荷額　135億1,800万円　シェア　80.6%　　14事業所
　　第2位は新潟で出荷額　12億3,100万円　シェア　7.3%　　5事業所
　　第3位は大阪で出荷額　4億6,900万円　シェア　2.8%　　5事業所
　　第4位は兵庫で出荷額　1億　300万円　シェア　0.6%　　3事業所
　　その他の出荷額は　　14億5,700万円　シェア　8.7%　　14事業所
　　理髪用刃物の出荷合計は167億8,800万円、事業所合計41事業所である。

（5）その他の利器工匠具（ツメ切り・缶切・栓抜等）

　　第1位は岐阜で出荷額　55億3,800万円　シェア　52.5%　　23事業所
　　第2位は新潟で出荷額　25億5,100万円　シェア　24.2%　　25事業所
　　第3位は兵庫で出荷額　13億3,400万円　シェア　12.7%　　21事業所
　　第4位は大阪で出荷額　4億4,700万円　シェア　4.2%　　7事業所
　　第5位は埼玉で出荷額　　　6,700万円　シェア　0.6%　　3事業所
　　その他の出荷額は　　6億　700万円　シェア　5.8%　　12事業所
　　出荷額合計は105億4,400万円、91事業所である。

（6）食卓用ナイフ・フォーク・スプーン

第1位は新潟で出荷額　50億5,000万円　　シェア 91.6%　42事業所

第2位は岐阜で出荷額　　　　6,500万円　　シェア　1.2%　　6事業所

その他の出荷額は　　　4億 100万円　　シェア　7.2%　　3事業所

出荷額合計は55億1,600万円、51事業所である。


なお、「関市の工業」分類による関市の出荷額は次の通りである。

①包丁　　　　　　　　　　　　　　　　　　　　　　　96億3,300万円

②ナイフ類　　　　　　　　　　　　　　　　　　　　　12億3,700万円

③ハサミ（理髪用を含む）　　　　　　　　　　　　　　48億6,200万円

④理髪用刃物（理髪用ハサミを除く）　　　　　　　　 125億1,000万円

⑤ツメ切り・その他の刃物（医療用刃物、機械刃物を含む）107億5,400万円

⑥台所・食卓用刃物（キッチンナイフを含む）　　　　　29億6,800万円


　以上の通り、岐阜県のマーケット・シェアは包丁56.5%、ナイフ類46.2%、ハサミ類32.1%、理髪用刃物（カミソリ・栓抜等）52.5%である。これらの刃物製品で、岐阜県は全国1位のマーケット・シェアとなっている。

## 第4節　　個別企業の経営戦略とイノベーション

　本節では、関刃物産地で明治時代に創業した2社と第2次大戦後に創業した2社をとりあげ、その経営戦略とイノベーションを検証したい。

### 1．KAIグループ

#### （1）沿革と事業展開

　1908（明治41）年に、初代・故遠藤斉治朗氏が、刀鍛冶から家庭用刃物に転向した職人が多くいた関市で、ポケットナイフの製造を開始し創業した。

　二代目・故遠藤斉治朗氏はカミソリの替刃の販売をしたが、販売とは別に軽便カミソリの製造を始めた。スーパーなどの小売店にはカミソリだけでは十分に売り込めないと、包丁、ハサミなど商品のアイテムを増やしていった[8]。

　三代目・遠藤宏治現社長[9]は、早稲田大学政治経済学部卒業後、アメリカ・カルフォルニアに所在する大学でMBAを取得した。帰国後、コクヨに2年間勤務して、1980（昭和55）年に三和刃物（現貝印）に入社した。常務、副社長などを経て、1989（平成元）年に33歳の若さでKAIグループ各社の社長に就任した。そこで、同氏の経営活動について述べたい。

　就任してすぐにバブル経済がはじけた。当社の役員も、取引のある銀行の支店長も周りは年上ばかりだから、とにかく謙虚を心がけたという。謙虚であったので、周囲の人は教えてくれるし、協力もしてくれた。父から「社長に就任して3年間は何もするな」と言われていたという。そのため、じっと社内事情を見極める姿勢を貫いたのである。

　同氏が社長に就いてから特に力を入れてきたことは、海外展開である。祖父と父は国内市場を相手にしてきたが、国内市場だけに限定するとマーケットは限られてしまう。そこで、中国やベトナムなど、海外に工場を持って生産を始めた。

　今後の事業展開については、現在商品数は1万アイテム以上になっているが、選択と集中に取り組み、成長していく分野に経営資源を投入していく方針である。例えば、工業用特殊刃物はその一つである。いままでB to C（企業と消費者間の取引）の商品だけを取り扱ってきたがB to B（企業間取引）にも広げていくこととする。求められる性能も明確で焦点を絞りやすく、刃物一筋で培ってきた技術を生かせるからである。

　同氏が社長になってから製造と販売の人事制度を統一するなど、一体化に取り組んでいる。あったかい家族のような一体感のあるKAIグループを目指したいという。

## （2）事業内容

　KAIグループは販売会社の貝印株式会社と生産会社のカイインダストリーズ株式会社を中核企業に、グループ会社は19社である[10]。カミソリや包丁、医療用器具、調理用品など幅広く扱っており、特にカミソリは国内トップクラスのシェアを誇っている、米国、ドイツ、フランス、日本、韓国、ベトナム、インドに拠点を持っている。2019年3月期の連結売上高は455億円にのぼる。連結従業員数は3,490人（2019年3月時点）である。

（3）企業メッセージ

　企業メッセージと企業理念は、次の通りである[11]。

①企業メッセージ

　かつて野鍛冶（のかじ）は、集落ごとに炉と床炉を構え、顧客の体格や要望に合わせて、品質の高い刃物を手がけていた。KAIの仕事の根底には、顧客にあわせて、品質の高い刃物を職人たちが心を込めて一つひとつ作っていく、野鍛冶の精神が根づいている。

　　　　さわやかな　　あじわいのある日々を
　　　　お客様とともに …………………… KAIの願い

②企業理念

　　　　ａ．顧客のよろこび　　社員のほこり　　社会のしあわせ
　　　　ｂ．パートナーとともに　　学びつづける企業

（4）イノベーションと流通戦略 ―工業用刃物へ本格参入―

　これまで顧客のニーズをくみ取りながら幅広く事業展開してきたため、商品アイテムは1万アイテム以上になっている。今後は、選択と集中に取り組み成長していく分野に経営資源を投入していく。その分野が工業用特殊刃物事業である。KAIグループは工業用特殊刃物事業に本格的に乗り出した。従来は顧客の要望に合わせて開発・生産する受注生産のみであったが、今後は標準品を50種類程度、用意する。カイインダストリーズ株式会社は、カミソリ生産で蓄積した薄物の刃を生産する技術を持っている。カミソリの刃先は0.03マイクロメートルと極薄な上、肌に直接触れるために刃先の形状を均一にする必要があるが、当社は安定した品質で薄物の刃物を生産する技術に定評がある。工業用特殊刃物は、この技術に着目した顧客からの依頼で生産してきた。自動車や航空機の部品として採用が増えている炭素繊維強化プラスチック（CFPR）に使う炭素繊維切断や、異物混入を嫌う食品分野で評価が高い。精密な刃で切断することで研磨などの後工程を省け、コスト削減になったケースもある。一方、同社はカミソリの印象が強く、当事業を行っていることが知られていない。そのためPRを強化することとし、昨年（2019年）10月に名古屋市で開催された国内最大級の工作機械見本市「メトロテックジャパン2019」に初出展した。

## 2．三星刃物株式会社

### （1）沿革と事業展開

　当社は1873（明治6）年に、関市で創業した。現社長の曽祖父が刀鍛冶から生活用の刃物屋に転業したのが始まりである。その後、1912（大正元）年に現社長の祖父が東南アジアに向けて販売を始めた。1935（昭和10）年に合名会社渡辺善吉商店を設立し、1947（昭和22）年には三星刃物株式会社に改組し、今日に至っている。

　その後の当社の事業展開については、2020（令和2）年2月3日に行った渡邉隆久[12] 代表取締役社長とのインタビューをもとに述べたい。

　当社は、1957（昭和32）年には初の海外支店となるニューヨーク支店をマンハッタンに設立した。その当時、商社以外で海外へ進出する企業はあまりなかった。その意味で現社長の父故渡邉鉞夫氏は海外進出のパイオニア的存在であった。当時は、1ドルは360円であったので、日本の商品は飛ぶように売れたという。日本製品は安くて良いモノというイメージがあり、アメリカへ商品の見本を持っていくと他社に見せたくないと商談が終わるまでパスポートを取り上げられたこともあったという。ある商談では、現社長の父が価格を提示すると「少し高い」と相手が言ったという。おかしいと思って聞くと、1ダース（12本）で価格提案をしたのに、相手は1本の価格だと勘違いしていたという。当時は右肩上がりだったので、飛行機を何日も乗り継いででもアメリカへ行く価値があったという。

　次に、渡邉隆久社長の経営者としての活動について述べたい。

　渡邉社長は日本の大学を卒業したあと、アメリカとドイツに留学した。帰国後、住友商事に2年間勤務して、当社に入社した。1985（昭和60）年のプラザ合意の後だったので、急激な円高に直面し、経営が悪化していく時期であった。そこで、1986（昭和61）年からフィリピン、中国に洋食器の工場をつくり、海外へ進出した。中国の深圳市にある経済特区に日本企業の第一陣として洋食器の工場を設立したのである。

　中国では、毎日のように日本では考えられないようなことが起こった。それに対処していたら、コストがかかり赤字になってしまった。そこで、まずは何

でも日本から取り寄せるのをやめて、現地調達を増やしたいと考えた。しかし、工場側から「日本の部品の方がいいから代えたくない」と言われたが、工場側を説得して徐々に現地調達へシフトしていった。その結果、黒字とすることができた。

　また、1992（平成4）年に包丁の工場も深圳に設立したが、なかなか一つの工場だけでは売上を伸ばすことがむずかしい。そこで、中国の刃物のまち「広東省陽江（ヤンジャン）」で、何とか協力して一緒にモノを作り上げることができる工場を見つけて商売を始めた。それが軌道に乗り出すと中国の人たちはもっと仕事がしたいと言い出した。最終的には深圳の包丁の工場を移転することになり、彼らに経営してもらう方向へ舵をきった。そして陽江での生産が始まった。「毎日のようにトラブルが発生していたので、中国では多くのことを学び、そしてその一つひとつの難問に一緒に取り組んでくれた社員に、いつも『ありがとう』の気持ちを持っていました」と渡邉社長は述べている。

　いままでの当社の主力事業はOEM事業であった。顧客の要望を、確実に形にするのが基本の業務であった。しかし、変化の激しい時代において、要望の商品を形にするだけなら他社でもできる。例えば、いまの中国は成長スピードが速い。英語も話せるし、工場の技術も格段にアップしている。そこで、このままではいけないと考え自分達で企画をして取引先に提案していくことにした。これが提案型OEMである。スケッチから簡単に3次元図面とそれを利用した本物そっくりの造形モデルができる仕組みをつくった。そして、さまざまなデザインを提案していった。

（2）事業内容

　生産品目は、①ポケットナイフ（アウトドア用）、②包丁、③スパチュラ（ケーキにつけるクリームを伸ばす器具）、④スプーン、フォークなどである。海外への販売が約70％で、残りの約30％が国内販売である。海外のうち約70％はアメリカである。ウォルマートやターゲットには包丁のOEM生産、スプーンやフォークはメーカーのOEM生産を行っている。また、アメリカのONEIDA（オネイダ）という会社のOEM生産を行っている。同社はレストランなどに卸しているが、ONEIDAという地域のコミュニティがつくった130年以上の歴史のあるアメリカの誇りみたいな会社である。新潟に支店を設立した当初は、新潟

でつくったものを海外に輸出していたが、1985年の円高を契機に中国からの輸入をはじめた。スプーンのほかに鍋やトースター、コーヒーメーカー、自社企画製品など家庭で使う生活用品を主に輸入している。その商品を、国内の地場問屋に販売している。前期売上高（2019年3月期）は約18億円（そのうち新潟県燕支店が約5億円）である。従業員は40名（パート4名を含む）である。そのうち燕支店の従業員は8名（パート2名を含む）となっている。

（3）新商品の開発 ―イノベーション―

　中国への工場移転を進める一方で2013年、初の自社ブランド製品となる、包丁開発の方針を打ち出した。中級品では中国に歯が立たないので、質の高い新商品を開発することを渡邉社長は決断した。その契機となったのは、パン教室を開く妻に「使いやすい包丁が欲しいのに、なぜ自社製品がないのか」と言われたことだという。そこで、本当に料理好きが欲しがる包丁を作ることとしたのである。

　使いやすい持ち手の形や重さに徹底的にこだわり、モニター調査を続けた。そして、2015（平成27）年に「和NAGOMI」シリーズを発売した。1万円前後の価格であるが、有名ホテルでも使われているという。現在、注文から1ヵ月待ちとなっている。また、関市のふるさと納税の返礼品として受注しているが、4ヵ月待ちとなっている。

　そこで、和NAGOMIのコンセプト「和NAGOMIすてきな空間を料理します」を整理しておきたい。

①家庭にあって素敵で料理が楽しくなる包丁

　和NAGOMIブランドは新しいライフスタイル、料理を通じて人々の間に笑顔が生まれるように、社員一同が願いをこめて三星刃物の新しいブランドとして誕生した。美しいフォルムのハンドルは手に馴染み易い形状で、和モダンをテーマにデザインされている。そのハンドルと刃先は一つひとつ職人の手によって仕上げられ、切れ味も抜群である。そして、どんなタイプのキッチンに置いても美しく調和が取れる。包丁を使うことが楽しくなり、料理を通じて家庭や大切な人との間に「なごみ」が生まれる。そんな願いが込められている。

②包丁が未来を開く

　包丁はこれまで危ないもの、縁を切るものといわれていたが、和NAGOMIは、

未来を切り開くものであると当社は考えている。包丁は決して縁を切るものではなく、「人に贈りたいモノ」である。

③新聞紙で切れ味を取り戻す

　刃には単に硬さばかりを追求せず、敢えて適度な硬度と靭性のバランスに優れる440モリブデン鋼を使用している。そのため家庭で簡単に研ぐことができ、いつでも素晴らしい切れ味を維持できる。和NAGOMIは砥石だけでなく、新聞紙、紙ヤスリで研ぐだけで簡単に切れ味が戻る。一生、愛情を持って使い続けていただきたいとの思いが込められている。

(4) 和NAGOMIの製造工程

　製造工程は次の通りである。

　　　①プレス（抜き）→ ②熱処理（焼入れ）→ ③研磨 → ④ハンドル形成 →
　　　⑤組立 → ⑥ハンドルを磨き上げる → ⑦刃つけ

　以上の製造工程のうち①、②、③、④は関刃物産地の各専門業者に委託して製造している。⑤、⑥、⑦の工程は細分すると18工程であるが、これらの工程は当社の職人の手によって行われ、完成品となる。つまり、和NAGOMIは社会的分業体制の下で造られており関刃物産地の伝統的な生産体制を引き継いではいるが、徐々に内製化を進めている。

## 3．足立工業株式会社

(1) 沿革

　当社は創業者・足立榮美氏が、1971（昭和46）年伝統的な刀剣刃物産地・関市で、刃物や陶磁器等メーカーからの依頼を受けて製造機械の設計製作をはじめた。オイルショック（1973年）後に業種を転換し、他社が手がけようとしなかった精度の高いプロ用の理・美容ハサミの製造を開始した。他社の追随を許さない技術を蓄積することで、国内外のカリスマと呼ばれる優秀な美容師の支持を獲得し、高付加価値型の経営を実現している。1998（平成10）年、足立工業株式会社に組織変更し、現在、金森元美氏（足立榮美氏の長女）が経営に当たっている。当社の従業員は30名である。

(2) 事業内容

　当社は理・美容ハサミ、理・美容カミソリ、替え刃の開発・製造販売と医療

用器具の開発・製造販売を行っている。

　特に独自デザインの美容ハサミの卓越した職人技を数値化し、世界で初めてハサミの全工程のNC化に成功した。そして、国内外のプロフェッショナルに愛用されている。すべての製品を関市で製造しており、海外生産は行っていない。一部、磨き加工や穴あけ、焼き入れ等とネジやパッキンを委託生産しているが、内製化を進めている。製品は完成品、半製品としてハサミ会社に出荷し、販売している。

## （3）新製品の開発―イノベーション―

### ①梳きバサミ

　独自のデザインが新たなヘアファッションをも創出している。従来の梳きバサミでは、2本の刃に挟まれた髪が刃先線に沿って滑る傾向があった。当社が2010（平成22）年に開発した梳きバサミは、刃先にレーザーを照射し極微小な複数の凹部を形成することで、梳き歯が相手刃体に引っかかることなく滑らかに、かつ髪の滑りが抑えられるという特徴を有している（特許取得済）。また、従来品に比べて半分の歯数を持つとともに、曲線をつけた独自の歯形状がもたらす切れ味・機能とも相まって国内外の有名美容師の創作意欲を刺激し、その結果、現在若い女性に人気のヘアデザイン「シャギー」が生まれている。また、バランスのとれたフィット感のあるデザイン（意匠登録済）により、小さな角度でも元まで刃が広がり指に優しく腱鞘炎になりにくい。国内のプロフェッショナル層におけるシェアは約50％を獲得している。

### ②医療器具

　美容バサミで培った加工技術等を応用して、医療器具分野への展開をはかっている。大学病院と共同で、腹腔鏡手術用鉗子の開発を行っているが、これは国内ではどこも製品化できなかった。精度の高いプロ用商品の製造を目指す当社の取り組みの一つである。

## （4）当社のモットー

　当社のモットーは「常に工夫し、オンリーワン製品を生み出す」ことである。多様化するニーズに一つひとつ丁寧に応えていくとともに、新技術の開発にも意欲的に取り組んでいる。

## 4．林刃物株式会社

### (1) 沿革と事業展開

　当社は1946（昭和21）年、現社長の祖父（林桐太郎）が創業し、1960（昭和35）年、有限会社林刃物製作所を設立し、現社長の父（林享）が社長を継いだ。そして、1973（昭和48）年、当時としては画期的な2枚の金属を用いたステンレスハサミの開発に成功し、「ALLEX」ブランドで国内外の販売を開始した。

　1974（昭和49）年には、事業の発展に伴い有限会社を株式会社に変更し、社名を林刃物株式会社とした。同年に洋ハサミがグッドデザイン賞を受賞し、その後9年連続で受賞した。1990（平成2）年にはロングライフデザイン賞を受賞した。1982（昭和57）年には、ドイツ・ミュンヘンのディ・ノイエ・ザムルング国立博物館（当時）に「ALLEX」ブランドのハサミ一連が永久収蔵となった。

　1996（平成8）年、サージカル事業部を設立し、動物用医療機器製造販売業の許可（農林水産省）を取得した。2001（平成13）年には人体用医療機器製造販売業の許可（厚生労働省）を取得した。2004（平成16）年にはステンレス製ハサミの一部を中国で委託生産することとした。

　三代目林裕之現社長は、1990（平成2）年に入社し、2006（平成18）年に代表取締役社長に就任した。現在、サージカル事業部の総括責任者もつとめている。

　当社の扱う製品の構成は一般刃物、OEM、医療機器（人医療、動物医療）、その他である。OEM生産は文房具のプラスの製品について行っている。

　医療用のハイグレードの製品は職人が一本ずつ社内で生産（内製）している。学童用のハサミの約3分の1は海外で生産している。また、輸出は商社を通じた間接貿易で出荷高の5％程度である。

　当社の従業員は25名（2020年1月31日現在）である。

### (2) 事業内容

　事業内容は、各種ハサミ、その他家庭日用品、業務用工具、動物用医療器具、人体用医療器具、業務用特殊刃物類等の企画・製造・販売を行っている。当社のブランド名はALLEX（all expand）である。「すべてにおいて発展していく」の意味を込めた造語である。

## （3）経営方針

経営方針は、「常に新しい感覚でニーズに合った商品を開発し、御客様に提供する」ことである。今後も優れた商品のサービスで「ALLEX」ブランドへの信頼に応えることとしている。

## （4）当社の主たる商品アイテム

### ①ストーマケア用ハサミ

曲線カットに最適なカーブ形状の刃先である。全長、刃渡り共に取り回しのしやすいサイズ感となっており、フィルムを傷つけにくいよう面取り、先丸加工を施してある。

### ②錠剤カットハサミ

大きくて飲み込みにくい錠剤、半錠処方の錠剤等のカットに使える。高齢者、子ども、ペット用に適している。

### ③パワフルカッター

不用品処分のとき役に立つ。家庭でいらなくなった廃品を軽い力で切断できる。カーペット、段ボール、CD、電気コードなどさまざまな素材のカットに使用できる。

### ④ギプスカッターR

ギプスカッターRは、ギプス包帯を下巻材とともに切断が可能である。ギプス包帯、下巻材、それぞれ単独でも切断できる。施術者と患者の負担を軽減することができる。

## （5）新商品の開発 ―イノベーション―

2019（令和元）年、医療用ハサミの商品ラインナップの充実をはかった。

### ①「サージカルテープ・湿布切りハサミ」（医療現場向け粘着テープ用のハサミ）

このハサミは刃部の表面に特殊なコーティングを施し、紙のような感覚でテープが切れるのが特徴である。

### ②「ストーマケア」（オストメイト向け粘着テープ用のハサミ）

病気などで腹部に便や尿の排泄口の人工肛門や人工膀胱を設ける人向けに、外出先でも排泄装具の穴をカットできるハサミを開発した。持ち運びに便利なサイズ（全長12センチ、重さ29グラム）で、カーブ状の刃先にすることで、丸い穴を開けやすくなっている。

　以上、4社の事例を基に、関の刃物企業における経営活動の特徴点を整理しておきたい。第一に、1986年以降3社が順次中国やフィリピンなどに生産拠点を設けた点である。この頃から関市の刃物産業における事業所数や従業員数の減少がはじまっている。第二に、高級品については、自社ブランド化が行われるようになった。第三に、新商品開発による特色ある独自商品については、内製化が進んでいる。

# 第5節　観光によりブランド力を高める活動
## ―刃物ミュージアム回廊―

　関市においては、次のような観光施設を設けるとともに、刃物に関心を持って頂く施策を行っている。

### 1．観光施設

（1）フェザーミュージアム

　フェザー安全剃刀株式会社が設立した刃物総合博物館である。現在カミソリの原点となった、歴史的遺産の数々を国内外から積極的に収集している。カミソリの歴史と文化を今に伝えるカミソリ文化伝承館である。

（2）関鍛冶伝承館

　関市の刃物文化の魅力を伝える施設である。1階では、古来より関に伝わる匠の技を、映像・資料・展示により紹介している。また、関鍛冶の歴史や刀装具など、貴重な資料を公開している。刀剣展示室には、関を代表する兼元・兼定の日本刀などが多数展示されている。2階では、ハサミや包丁などの近現代の刃物製品やカスタムナイフ作家のナイフコレクションが展示されている。また、SEKICUT、国内の作家の展示もある。

　以上の展示のほかに、刀匠による日本刀鍛練の一般公開がある。実演日程は1月2日の打ち初め式、10月の刃物まつりの開催日のほか、3、4、6、11月の第1日曜日に行われる。

（3）岐阜県刃物会館

　1階の刃物直売所では、約2,500点の刃物を市価の2割引程度で販売している。

2階の優秀刃物展示場では、関市で生産された刃物製品を展示している。また、刃物研ぎ公房では、刃付体験や刃物の正しい研ぎ方を学ぶことができる。なお目下、隣接地に新刃物会館を建設中で2020年12月にオープンを予定している。

（4）関刃物ミュージアム

　関市小瀬の刃物販売会社、刃物屋三秀に2018（平成30）年1月、当ミュージアムが完成した。国内の民間観光施設では初という日本刀鍛練場を備え、観光客が刀の鍛練も体験できる。

　従来の販売施設に広さ260m²の建物を増築した。館内では関で作られた日本刀や包丁、また製造工程などを約100点の資料で紹介しているほか、刀匠が監修した日本刀鍛練場を備えている。刀匠による日本刀鍛練の見学や玉鋼を打つ体験もできるほか居合切り見学、ハサミ作り体験もある。

（5）濃州堂

　熟練の職人が高品質の居合刀や真剣を制作する居合道専門店である。店内には数多くの刀が展示・販売されている。オリジナルの真剣や居合刀も注文できる。

（6）関刃物センター本店

　全国でもまれな精選された刃物が大きな売り場に並んでいる。販売する品種や点数が圧巻の刃物専門店である。また、正しい刃物の研ぎ方勉強会では、生活の知恵を伝授している。

## 2．観光に関する施策

（1）関の工場参観日

　毎年1回、4日間にわたって行われている。関市の誇る事業所の高い技術力や高品質な製品を市民や国内の多くの人々に直に体験していただくことを目的として開催している。会期中、市内参加事業所の工場、ショールームなどを開放し、ものづくりの現場を見学したり、体験する機会として行う。そして、ものづくりのまち関市の産業の魅力を感じていただくとともに、仕事に従事する人と交流して、お互いに新しい工場の姿を再認識する機会としている。

（2）刃物まつり

　毎年10月の体育の日の前の土曜日、日曜日の2日間にわたって開催されてい

る。関市は700有余年の伝統を持つ刃物のまちである。刀祖元重の遺徳をしのび、刃物のまちの限りない発展を願って行われている。刃物大廉売市はもちろん、古式日本刀鍛練や刀剣研磨などや外装技術の実演など、刃物のまちならではの楽しみが満載の2日間である。

　両日は、刃物の名店約45店舗が全長1,000mの本通りに集結する。

## (3) 「刃物の日」

　11月8日は「刃物の日」である。全国的に「ふいご祭り」が行われていることと「イイハ」の語呂合わせがよいことから、11（イイ）月8（ハ）日を「刃物の日」として、1996（平成8）年4月に全国の主要刃物産地（9産地）が日本記念日協会に登録した。

　「刃物の日」は、生活や文化と切り離せない身近な道具である刃物を見直し、使い手や作り手の立場で大切にし、感謝する日である。

# 第6節　関市刃物産業の現況と今後の課題

## １．関市刃物産業の現況

　明治時代からの伝統を誇る関刃物産地ではあるが、第2次大戦後、多くの曲折を経て今日に至っている。

## （1）製品出荷高・事業所数・従業員数の推移

　製品出荷高は1985（昭和60）年の約533億円をピークに年々減少が続き、2003（平成15）年には約360億円まで減少した。2016（平成28）年には453億円を記録し、その後400億円台の製品出荷高をキープし、今日に至っている。

　事業所数（全事業所対象）は1965（昭和40）年には1,168事業所であったが、年々減少が続き、2008（平成20）年には、361事業所となった。4人以上の事業所を対象とした調査によると、2008（平成20）年には115事業所であったが、2018（平成30）年には86事業所と減少傾向にある。

　従業員数は1965（昭和40）年には5,231人であったが年々減少が続き、2003（平成15）年には2,705人とほぼ半減した。2018（平成30）年の従業員数は2,502人である。

## （2）市場規模

　関市における2018（平成30）年の製造品出荷額総額は4,020億9,404万円である[13]。そのうち刃物製品は419億6,326万円である。

## 2．関市刃物産業の課題と対応策

　前述の通り関市の刃物産業は1985（昭和60）年頃から国内外の経済変動や海外製品との競合など厳しい状況下におかれた。この頃から生産コスト削減のため海外に生産拠点を設ける動きが強まっていった。それにより、関市刃物産業は事業所数や従業員数の減少が続いた。また、高齢化による廃業もあった。そして、その後、多くの業者による社会的分業体制も崩壊しつつあり、産地機能が縮小することとなった。

　いまや、関市刃物産業は個別企業の時代を迎えている。KAIグループや三星刃物株式会社、足立工業株式会社、林刃物株式会社などで自社ブランド確立の動きが続き、内製化も進んでいる。

　そこで、関市刃物産業の課題と対応策を前述のリーディングカンパニー4社などの事例を基に考察することとしたい。

　第一に、戦略的な経営理念を確立することが必要である。刃物製品を通じて人々の生活文化に貢献するのだという視点に立って、新たな目標像を立てなければならない。そして、それを実現するよう組み立てる戦略的思考が必要となる。

　第二に、経営者の高齢化にどう対応するかである。後継者がおらず事業承継が進まない問題への対応策である。事業承継を円滑に進めるには、経営者の意識改革が必要である。後継者がいなければM&A（合併・買収）か廃業のどちらかを選択することになる。M&Aに応ずることによって相手企業の規模を大きくすることができる。個別企業の時代を迎えて研究開発費の捻出のためには、一定の規模が必要となる。また、企業を存続させることで、大切な社員の雇用を守ることができる。廃業よりM&Aで、雇用と事業を守る道を選ぶべきである。

　第三に、2008（平成20）年に「地域団体商標」として登録した「関の刃物」の知名度を高めなければならない。刃物ミュージアム回廊など産業観光を推進す

ることによって、知名度を高めることも有効である。

　第四に、人々の生活文化に貢献できる新商品の開発が求められている。他社が手がけなかったような、高付加価値型の商品を開発し、提供することである。OEM生産に頼らず、特色ある自社ブランド品を、提供することによって企業の発展をめざさなければならない。

　第五に、海外市場の販路開拓を進めて、活路を見出していかなければならない。少子化による人口減で国内市場が縮小しつつあるからである。今後は海外に向けてインターネットによる情報の提供も有効と考えられる。

**謝辞**
　本章の執筆に当たっては、次の方々から貴重な情報を頂いた。記して感謝の意を表したい。
・波多野裕也氏（関市産業経済部商工課）
・名知弘之氏（カイインダストリーズ株式会社執行役員　総務管理部長）
・渡邉隆久氏（三星刃物株式会社代表取締役社長）
・金森元美氏（足立工業株式会社代表取締役社長）
・林裕之氏（林刃物株式会社代表取締役社長）
・粥川茂市氏（フェザーミュージアム事務局）
・柴山浩氏（岐阜県刃物会館事務長）

●**注**

1) 『令和元年度関市の工業』，岐阜県関市，p. 2。
2) 西田安慶・片山洋・種市豊編著（2018），pp. 3-4。
3) 『令和元年度関市の工業』，岐阜県関市，pp. 18-19の「刃物製品出荷額の全国シェア」のデータを集計したものである。
4) 同上書，pp. 8-9の「製品区分別の年次出荷額等の推移」のデータによった。
5) 同上書，p. 2。
6) 同上書，pp. 18-19。
　　本調査は従業者4人以上の事業所を対象としたものであるが、全事業所を対象とした関市の調査（2018年）によると次の通りである。
　　関の刃物メーカーは、約50社（1986（昭和61）年：約70社）あり、小規模な刃物製造事業所の約50事業所（昭和61年：約170事業所）を含め、刃物製造事業所としては約100事業所（昭和61年：約240事業所）となっている。工程加工業者は、研磨や刃付けを中心に約170事業所（昭和61年：約700事業所）で、ほとんどが従業者3人以下の家内的事業所である。ほかにも、木柄やプラスチック柄などの刃物関連の部品等製造業者は約30事業所（昭和61年：約180事業所）あり、刃物関連全体では約300事業所（昭和61年：約1,120事業所）である。

7）このデータは、製品の分類方法が「関市の工業（2 工業の概要)」とは次の点で異なる。

|  経済産業省 | 関市の工業 |
|---|---|
| 「ナイフ類」 | →「ポケットナイフ」のみの集計 |
| 「ハサミ（理髪用除く)」 | →「ハサミ（理髪用含む)」 |
| 「理髪用刃物」 | →「カミソリ・替刃（理髪用ハサミを除く)」 |
| 「その他の利器工匠具」 | →「ツメ切り」＋「その他の刃物（医療用刃物・機械刃物を含む)」 |
| 「食卓用ナイフ・フォーク・スプーン」 | →「台所・食卓用刃物（キッチンナイフ等を含む)」 |

8）詳しくは、西田安慶・片山洋・種市豊編著（2018），pp. 9-10を参照されたい。

9）遠藤宏治（えんどう・こうじ）氏

　　1955年生まれ。早稲田大学政治経済学部卒。80年三和刃物（現貝印）入社。常務、副社長を経て、89年からKAIグループ各社の社長。岐阜県経営者協会副会長、関商工会議所参与、日本安全剃刀製造協同組合理事長などを務めている。

10）詳しくは、西田安慶・片山洋・種市豊編著（2018），pp. 10-11を参照されたい。

11）同上書，p. 11。

12）渡邉隆久（わたなべ・たかひさ）氏

　　4人姉弟の末っ子として生まれる。男が1人だったこともあり、将来の社長として大学卒業後アメリカやドイツなどへ留学。学生時代のような経験から、コミュニケーション能力やサバイバル術を学ぶ。住友商事で2年間勤務ののち当社へ入社。入社すぐの不景気や中国進出でのトラブルも、未来を見据えた粘り強い取り組みで乗り越える。常に新しい市場を切り開き続ける時代の先駆者。

13）『令和元年度関市の工業』，岐阜県関市，p. 5。

## 【参考文献・資料】

伊藤正昭（2011）『新地域産業論』，学文社。

石崎徹（2013）「日本の伝統産業に対するマーケティング・アプローチ ―岐阜県関市における刃物産業の伝統技術に基づく市場適応の事例―」，『専修マネジメント・ジャーナル』，Vol. 3, No. 2, pp. 27-37。

今永典秀（2018）「地場産業の事業承継者によるクラウドファンディングを活用した取り組み」，『組織学会大会論文集』，Vol. 7, No. 2, pp. 332-337。

関市教育委員会（1999）『新修関市史 ―刃物産業編―』，関市。

関市（2020）『令和元年度関市の工業』，関市産業経済部商工課，関市長公室行政情報課。

田中英式（2018）『地域産業集積の優位性』，白桃書房。

デービッド・アトキンソン（2019）『国運の分岐点』，講談社。

長山宗弘編著（2020）『先進事例で学ぶ地域経済論×中小企業論』，ミネルヴァ書房。

西田安慶・片上洋・種市豊編著（2018）『地域産業の経営革新』，税務経理協会。

橋本行史編著（2020）『地方創生 ―新たなモデルを目指して―』，創成社。

藤間秋男（2017）『中小企業のための成功する事業承継』，PHP研究所。

細野幸太（2017）「刃物の歴史と発展に向けて」，『表面科学』，Vol. 38, No. 10, pp. 526-527。

森岡考文（2016）「関市刃物産地の形成、衰退、再生」，『中部大学経営情報学部論集』，第30巻第1・2号。

山崎朗編著（2019）『地域産業のイノベーションシステム』，学芸出版社。

山崎朗・杉浦勝章・山本匡毅・豆本一茂・田村大樹・岡部遊志（2016）『地域政策』，中央経済社。

# 第 2 章

# 佐賀県有田焼産地の伝統と経営革新

名古屋学院大学　　水野　清文

## 第1節　陶磁器産業の歴史

　本章では、日本を代表する陶磁器伝統産業の有田焼について、その歴史の経緯と現状を明らかにする。そのうえで、陶磁器産業の経営革新に向けて検討・考察していく。

### 1．佐賀県有田町の概要

　佐賀県有田町ホームページによると、有田町は、佐賀県の西部に位置し、美しい景観を誇る田園地帯や黒髪連山など変化に富む豊かな自然に囲まれた温暖な自然地域にあり、北は伊万里市、東は武雄市に接し、県道を挟んで、西は長崎県佐世保市、南は長崎県波佐見町に接している。さらには、有田川が南北に流れて伊万里湾に注ぎ、その東西には国見連山と黒髪連山が連なっている。2006（平成18）年3月1日に旧有田町と旧西有田町が合併し、誕生した新しい「有田町」は、2021（令和3）年10月1日現在の人口は19,330人、世帯数7,836世帯、面積65.85km²の町である[1]。

　また、古くから焼物の町として有名な有田町は、1616（元和2）年に朝鮮人陶工李参平らによって泉山に陶石が発見され、日本で初めて磁器が焼かれたとされる。以来、佐賀藩のもとで、磁器生産が本格化し、谷あいに「有田千軒」と呼ばれる町並みが形成され、繁栄を極めた。この町並みは、現在も歴史的価

値の高い建物が数多く残っており、1991（平成3）年に国の「重要伝統的建造物群保存地区」に選定された。一方で、有田町は「棚田」という特徴的な景観を持つ稲作地であり、県下有数の畜産地でもある。有田焼の「器」と農業の「食」、両方の魅力を堪能できることが有田町の魅力といえる。今日に至るまで、伝統と歴史、豊かな観光資源を生かした町づくりに向けてさまざまな取り組みをしている。

　他にも有田町には地域特産物として次のようなものがある[2]。

　　①農畜産物
　　　佐賀牛、ありたぶた、ありたどり、棚田米、アスパラガス、きんかん、有田戸矢かぶ[3]、ぶどう、玉ねぎ
　　②加工品
　　　ごどうふ[4]、日本酒、焼酎、菜種オイル、きんかんソフトクリーム、きんかんジャム、きんかん甘露煮、きんかん大福、きんかんパイ
　　③名物料理
　　　鯉料理、有田焼カレー[5]、など。

## 2．有田焼の歴史[6]

　有田焼は、佐賀県有田町とその周辺の地域で作られる磁器[7]である。それは17世紀初頭、朝鮮人陶工・初代金ヶ江三兵衛（李参平）[8]らが有田泉山で磁器の原料となる陶石を発見し、それを焼成したことによると伝えられる。それ以来、有田の地の産業として発展した。有田磁器は、当初、伊万里港から積み出しされていたことから伊万里焼と呼ばれていた。伊万里焼は国内はもとより東南アジアやヨーロッパまでその名が知れ渡っている。発祥初期の1610年代から技術革新によって雰囲気が変わる1650（慶安3）年頃までに作られたものは「初代伊万里」と呼ばれ、器が厚く、染付のみの素朴なところに特徴がある。

　有田における色絵（神絵付け）の始まりは、1647（正保4）年初代酒井田柿右衛門の作品といわれている。それまでの染付が単色であったのに対して、彼は、陶磁器用の絵の具で釉薬（ゆうやく、うわぐすり）[9]の上に彩色を施す技法により多彩色を表現した。それは、当時画期的なものとされ、1640年代の最初期の

ものから、絵の具や表現が変化しはじめる1660年代のものを「初期色絵」と区分している。

1650年代になると、有田焼は東インド会社により、東南アジアやヨーロッパの国々に輸出されるようになり、ヨーロッパの王侯貴族の間では、陶器を持つことがステータスシンボルになったといわれている。

1670年代から1690年代にかけて流行した様式に「柿右衛門様式」がある。この様式は赤や黒で細く輪郭を描いた後、赤、緑、黄で着色された文様が特徴で、乳白色の素地に、余白を生かした絵画的な構図で色絵を施すところが特徴の作品である。他の窯でも類似の作品が数多く作られたが、典型的なものは柿右衛門窯の制作と考えられたため、これらを総称してそのように呼ばれている。

「柿右衛門様式」の作品はヨーロッパに数多く輸出され、ドイツのマイセン窯[10]やフランスのシャンティ窯[11]で模倣された。

1680年代になると、1628（寛永5）年に有田の岩谷川内に設けられた鍋島藩窯が伊万里市の大川内山に移された[12]。鍋島には、御道具山と呼ばれる御細工所があり、藩から派遣された御陶器方が監督者になり御細工人、画工、捻り細工、下働き計31人で構成されていた。全員が藩窯の技術の秘密保持のため構内に居住していた。陶工（御細工人）は藩から生活、身分を保障されすべての公課、苦役を免ぜられるなど手厚い保護と待遇のもとで、主に藩の用品、大名への贈答品、幕府への献上品の制作にあたっていた。規則正しい器形と、意匠の色絵、染付、青磁などが「鍋島」の特徴である。色絵は、染付で文様の輪郭をとり、赤、黄、緑の三色と染付の青で仕上げた端正なもので、特に優れたものを「色鍋島」と呼ばれる。鍋島藩窯の製品が格調高く優美かつ典雅さを備えた超一級品となったのは、こうした、陶工たちの技術はもとより、代々の鍋島藩主が白磁鉱石、釉薬原料、窯道具、薪材などの諸材料を充分に厳選したこともその理由といわれる。

また、この時代「古伊万里」とは、その名のとおり古い伊万里焼のことを指し、通常は江戸時代の、伊万里焼と称している染付の藍色の素地に、上絵の金、赤、緑、黄色などで装飾した作品を「古伊万里様式」[13]と呼んでいる。藍色と金、赤の組み合わせが基本で、金襴手の古伊万里と呼ばれることもある。この「古伊万里様式」は、それまで流行していた「柿右衛門様式」に替わり、元禄

期（1688～1704年）に生まれたといわれる。「柿右衛門様式」同様にヨーロッパ
で好まれ、元禄から享保（1716～1736年）にかけて大量に輸出された。

　1800年代前半（江戸末期）の有田は、慢性的な不況が続いた。1828（文政11）
年には「文政の大火」に見舞われた。その一方で、岐阜県の美濃や愛知県の瀬
戸で磁器の生産が盛んになった。肥前の磁器産業が地域特性を失い始めた時代
でもある。この時代、貿易はすでに衰退しつつあったが、1841（天保12）年に
有田の豪商、久富与次兵衛が一手販売の権利を獲得して再開された。久富は製
品に「蔵春亭三保造」という銘を入れ、それは自社ブランド名を有田の製品
に記した最初のものとされている。

　1800年代後半は、久富らによる独占的な輸出が、他の商人や輸出をもくろむ
窯焼たちの反感を買うことになった。また、赤絵屋業[14]は16軒に定められてい
たが、これについても拡充の要望が強かった。貿易については、深川栄佐衛門、
平林伊平など新たに9人が許可された。1871（明治4）年の廃藩置県によって長
い歴史を持つ皿山代官所が閉鎖され、有田皿山の陶業は代官所による窯焼業や
赤絵屋業の許可制がなくなり製造が自由になった。この時代に陶芸の技法が国
境を越えて、伝播することになる。1890（明治23）年には、ドイツの科学者の
ゴッドフリード・ワグネルを招き西洋の科学を取り入れた。そして、石炭窯に
よる焼成や、染付の藍色を天然鉱物ではなく工業的に製造する方法などを伝授
された。

　こうしたこともあって、有田焼は、ヨーロッパで開催された万国博覧会の出
品によって名声を高めることになった。1867（慶応2）年のパリ万博には幕府の
要請で薩摩藩とともに参加した。また、1876（明治9）年のフィラデルフィア
万博にも出展していずれも高い評価を受けた。

　1900年代初期には、国内の工業用製品や碍子の需要が増大し、この分野の
生産が伸びた。1896（明治29）年から行われてきた「陶磁器品評会」は、1916
（大正5）年以降に「有田陶器市」となり、現在も続いている。

　戦後、佐賀県の陶芸は、産業の復興とともに進展し、1950（昭和25）年に文
化財保護法が制定され、伝統的な技術等のいわゆる無形文化財が初めて保護の
対象となった[15]。1966（昭和41）年には、佐賀県の各会派を越えた活動の拠点
として佐賀県陶芸協会が発足した。

　しかし、その後は度重なる不景気の影響や、生産規模の大きな他地区に価格面で押されたこともあって有田焼の生産は縮小し、失業者を生み出した。また、戦時中の窯元においては軍需工場へと転換していった。陶磁器の流通価格は統制され、陶貨幣[16]、手りゅう弾、ロケット戦闘機の液体燃料の貯蔵や生成に使う容器などに有田焼が使われた。こうした状況下でも、技術者の中には独立を目指した人もいた。それが陶芸作家のルーツである。

　このような経緯があったものの、今日まで一般製品の製造技術は継承されてきた。なお、今日では、食器や美術工芸品の生産を中心としながらも、タイル、碍子、耐酸磁器などの工業製品の製造も行っている。

## 第2節　伝統工芸品としての「有田焼」と それに関係するイベント

　伝統工芸品は経済産業大臣より指定を受けた工芸品をいう。それは以下の5つの項目をすべて満たし、伝統的工芸品産業の振興に関する法律に基づく経済産業大臣の指定を受けた工芸品である[17]。

- ・主として日常生活の用に供されるもの
- ・その製造過程の主要部分が手工業的
- ・伝統的な技術又は技法により製造されるもの
- ・伝統的に使用されてきた原材料が主たる原材料として用いられ、製造されるもの
- ・一定の地域において少なくない数の者がその製造を行い、または、その製造に従事しているもの

　有田焼は、この基準を満たしているとして伝統工芸品に認定されている。
　現在、有田焼に関するイベントとしてどのような取り組みをしているのだろうか。有田観光協会では有田町の地域産業ともいえる陶磁器産業の発展のために、さまざまな取り組みをしている（表2-1）。

表2-1　有田焼に関係するイベント

| 時　期 | イベント名称 | 概　要 |
|---|---|---|
| 2月～3月 | 磁器ひいなまつり | 磁器で作られた雛人形の「ひなまつり」。 |
| 4月上旬 | 春の窯元市 | 掘り出しものの他、さまざまな焼き物が出展される。 |
| 4月29日～5月5日 | 有田陶器市 | 焼物の祭典。町の一大イベント。 |
| 6月～8月 | 風鈴まつり | 秘窯の里に音色が響き渡る。 |
| 11月1日～5日 | 鍋島藩窯秋まつり | 窯元市も同時開催される。 |

出所：伊万里・有田焼伝統産業会館リーフレットを一部加筆。

　日本三大陶磁器[18]のひとつといわれる有田焼については、その400年に及ぶ歴史と伝統について詳細を知ることができる有田町歴史民俗資料館のほか、有田陶磁美術館、佐賀県立九州陶磁文化館などがあり、その伝統と魅力について知ることができる。

　地域産業の融合としては、2011（平成23）年8月に有田の新・ご当地グルメとしてデビューした「有田焼五膳」があげられる。それは、地場産の鶏肉や野菜を使った料理が玉手箱をイメージした有田焼の器に盛り付けられているスペシャルな鶏皿五膳である[19]。ご飯もの、ごどうふ、香のもの、汁もの、飲み物、デザート、有田棚田米で作られたノンアルコール甘酒付きで、なおかつ比較的リーズナブルでボリューム満点な目でも舌でも楽しめる「有田焼五膳」である[20]。有田町の産業として陶磁器産業と並んで中心的産業となる畜産業を生かした地域特産物を融合させた工夫がみられる。

# 第3節　佐賀県有田焼の伝統継承に向けた人的資源管理

　本節では、まず、有田町の統計にもとづいて概要についてみていくことにする。

　有田町の人口統計は表2-2のとおりである。

　この数値をみると、世帯数に大きな変化は見られないものの、人口の流出があることは顕著である。

　次に、表2-3に示した有田陶器市の来市者数の変化をみて、ここから読み取れることを整理していく。前節までで述べたように、有田焼の技術と伝統を

表2-2　有田町の人口（国勢調査結果）

| | 2000年 | 2005年 | 2010年 | 2015年 |
|---|---|---|---|---|
| 人口 | 22,314 | 21,570 | 20,929 | 20,148 |
| 人口密度（人／km²） | 339.1 | 327.8 | 318.6 | 305.9 |
| 世帯数 | 6,881 | 6,930 | 6,916 | 6,876 |

出所：有田町統計書（令和元年度版）[21]。

表2-3　有田陶器市来市者数

（単位：千人）

| 年度 | 総数 | 地方別 | | 交通手段別 | | | |
|---|---|---|---|---|---|---|---|
| | | 県内 | 県外 | 列車 | バス | 自家用車 | その他 |
| 2012 | 1,310 | 202 | 1,108 | 114 | 146 | 1,048 | 2 |
| 2013 | 1,370 | 211 | 1,159 | 48 | 148 | 1,172 | 2 |
| 2014 | 1,240 | 198 | 1,042 | 47 | 136 | 1,055 | 2 |
| 2015 | 1,210 | 194 | 1,016 | 47 | 123 | 1,038 | 2 |
| 2016 | 1,200 | 192 | 1,008 | 53 | 122 | 1,023 | 2 |
| 2017 | 1,280 | 198 | 1,082 | 69 | 137 | 1,072 | 2 |
| 2018 | 1,240 | 191 | 1,049 | 66 | 132 | 1,040 | 2 |
| 2019 | 1,260 | 199 | 1,061 | 68 | 134 | 1,056 | 2 |

出所：有田商工会議所。

広め、地域ブランドのさらなる確立、伝統継承、観光による活性化を狙いとして個人単位や企業単位、さらには自治体での活動をしていることは見てとれる。しかし、来市者数を地方別に見ると、その数値は横ばいで辛うじて現状を維持するにとどまっていることがわかる。

　では、ここから伝統継承に向けてそのカギとなることをまとめていく。

　その成功にはどのような方法があるだろうか。さまざまな観点から方法が考えられるが、本節では、以下、1．有名陶芸家の存在と外部からの人的資源発掘、2．世襲制の維持からみる人的資源の在り方、という点について「人的資源管理」という視点から述べていく。

## 1．有名陶芸家の存在と外部からの人的資源発掘

　今日でも400年の伝統を受け継ぎ活躍している陶芸作家も存在する。こうした陶芸作家の存在は、伝統工芸をとおして人々を魅了する。それは幅広い業界にみられることである。

　その代表的陶芸作家として、インターネットサイト「焼き物ライブラリ『陶磁器の歴史』」などでは次の人物が紹介されている[22]。

### (1) 青木龍山

　九州でただ1人の日本芸術院会員の青木龍山氏は、二十数年天目の技法を極め続けている陶芸家である。天目とは、黒、または柿色の鉄質釉薬を用いた茶碗の総称で、格調、気品があり、たくましさ、強さがあるのが特徴である。

### (2) 13代目今泉今右衛門

　1975年に49歳で13代目を襲名した。伝統を引き継ぐだけでなく、さらなる発展に向けて彼が考え出した独自の技法は、器全体に呉須[23]を吹き付けた「吹墨」の技法である。その後「吹墨」からグレーの「薄墨」へと技法を広げ、グレーの色調で全体を覆う色鍋島には全くない独自の世界を切り拓いた。その独創的な発想にもとづく作品が評価され、陶芸作家としては若いとされる62歳で、色絵磁器技術保持者として国の重要無形文化財（人間国宝）の認定を受けた。

### (3) 14代酒井田柿右衛門

　濁し手[24]と呼ばれる米のとぎ汁のような乳白色の白磁胎に、たっぷりと余白をとった繊細な色絵を特徴とする作品を手掛けている。柿右衛門様式の器から典型的な日本の美を感じとれるといわれる。

　柿右衛門様式の色絵が有田で誕生したのは17世紀のことである。今では日本の焼物の代名詞といわれる柿右衛門は、ヨーロッパへの輸出磁器の花形である。さらに、濁し手も明るい発色の色絵も輸出のための技術革新ともいえよう。

### (4) 井上萬二

　1995年に白磁の技術が認められ、国の重要無形文化財に認定された。白磁の丸い壺は彼の創作の原点といわれる。

　伝統工芸の世界においては、こうしたカリスマともいえる人物が存在する。芸術家やそれを目指すに人にとっては憧れでもあり、伝統を後世に残すきっかけでもある。その実現のためには、どのような雇用形態を確立すべきかといった問題があるが、陶磁器産業の多くは、少人数（大半は数人）で組織が形成される「窯元」であるため、図2-1に示す日本の賃金形態の基本をどこまで実現できるかが課題となる。

図2-1　日本の賃金

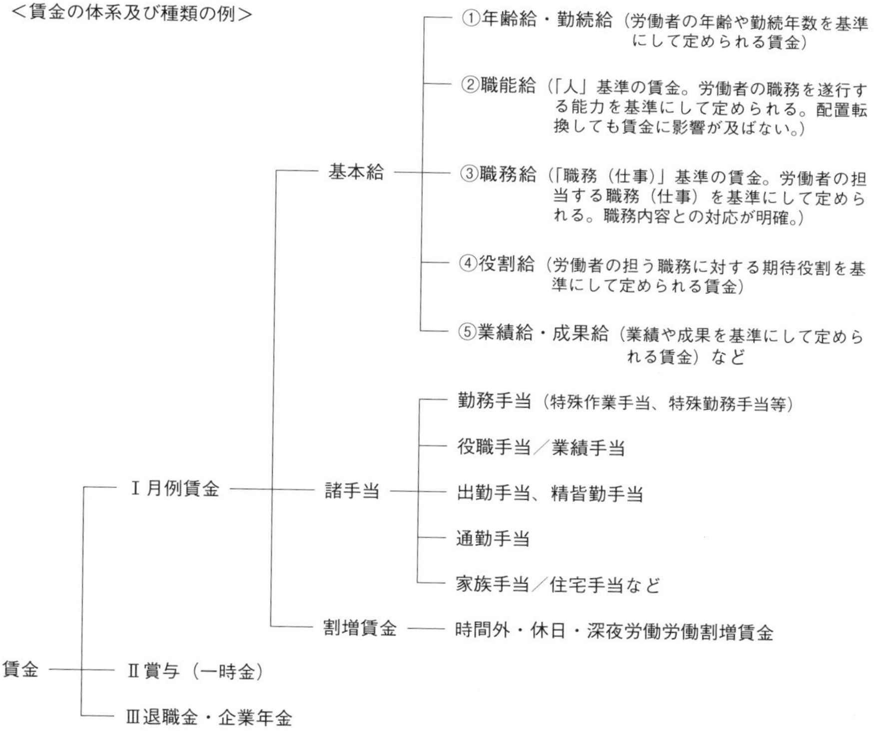

<賃金の体系及び種類の例>

①年齢給・勤続給（労働者の年齢や勤続年数を基準にして定められる賃金）

②職能給（「人」基準の賃金。労働者の職務を遂行する能力を基準にして定められる。配置転換しても賃金に影響が及ばない。）

基本給　③職務給（「職務（仕事）」基準の賃金。労働者の担当する職務（仕事）を基準にして定められる。職務内容との対応が明確。）

④役割給（労働者の担う職務に対する期待役割を基準にして定められる賃金）

⑤業績給・成果給（業績や成果を基準にして定められる賃金）など

勤務手当（特殊作業手当、特殊勤務手当等）

役職手当／業績手当

Ⅰ月例賃金　諸手当　出勤手当、精皆勤手当

通勤手当

家族手当／住宅手当など

割増賃金　時間外・休日・深夜労働労働割増賃金

賃金　Ⅱ賞与（一時金）

Ⅲ退職金・企業年金

出所：宮坂純一（2020）「人的資源管理」水野清文編『現代経営学の構図』, 五絃舎. p.71より引用[25]。

表2-4　製造工程の分業

| 成形 | ろくろ・鋳込みなどで形を作る。 |
|---|---|
| 乾燥 | 天日で生製品の水分をとる。 |
| 素焼 | 焼成温度850～900℃で焼く。 |
| 下絵付 | 鉱物性絵具（コバルト・鉄）で絵付する。 |
| 施釉（せゆう） | 石灰石・長石を細かく砕いた釉薬をかける。 |
| 本焼 | 焼成温度1,300℃で焼く。 |
| 上絵付 | 本焼きしたものに色絵をつけ800℃前後で焼き上げる。 |
| 窯出し | 焼き上がった焼物を窯から取り出す。 |

出所：伊万里・有田焼伝統産業会館リーフレット。

## ２．世襲制の維持からみる人的資源の在り方

　有田焼の製作は、基本的に分業で行われる（表2-4）。これまで技術や道具の進歩によって製法は徐々に変化してきたが、成形、施釉、絵付、焼成などに分業され、それぞれが高度な技術をもち、次世代の職人の育成を図ってきた。

　この分業は、高い技術をもった職人の育成につながるわけであるが、反面、組織が小規模になり世襲制が非常に強くなる原因でもある。また、賃金形態の問題の解消が難しくなっているのが現状である。

# 第４節　伝統産業「有田焼」の維持・発展と流通戦略

## １．伝統産業「有田焼」の維持・発展

　本章では、佐賀県有田町の伝統産業である「有田焼」に着目し、その歴史的展開と現状を整理した。

　「有田焼」の生産は、分業と世襲制によって行われており、その企業規模は小さい。今後、独自の技術や文化をいかに継承するかが課題となっている。今後は企業規模を拡大して、独自の技術や文化を継承できる陶工の人数を増やし、かつ、育成していくことが求められている。

　そこで、企業規模を拡大し、いかにして企業として存立・発展していくかと

いう問題が出てくる。そのため芸術的価値のある高級な陶磁器に加え、一般家庭で使われる食器などの生産量も増やすべきだと主張したい。

　次に、その流通戦略を考察したい。

## 2．「有田焼」の流通戦略

　陶磁器のブランドとして名高い「有田焼」には多くの人が高級品・贈答品というイメージをもっている。それは高級なものが百貨店の店頭に並べられたり、贈答品のカタログに掲載されていたり、高級料亭で使われているのがその理由であろう。

　前述のようなイメージをもたれている「有田焼」の魅力を今後、生産者側から、どのように発信していくかが問われている。

　今日的な発信手法としては、EC（Electronic Commerce）サイトの構築がある。

　当陶磁器産地の有力企業である柿右衛門窯、源右衛門窯、香蘭社、深川製磁、弥左ヱ門窯などは、既にオンラインショップを立ち上げている[26]。そして、花瓶や食器などさまざまな商品を販売しており好評を博している。また、当産地の企業の中にはオンラインモールである「楽天市場」に出店している企業もある。

　有田焼産地は、芸術的な価値のある高級品に加え、一般家庭で使われる食器などの生産にも力を入れて、わが国の生活文化に貢献することを期待して結びとしたい。

### 謝辞

　本章の執筆にあたり、多くの皆様から貴重な資料提供やインタビューにご協力いただきました。とくに佐賀県有田町役場商工観光課の皆様、幸楽窯徳永陶磁器株式会社の皆様、体験工房・ろくろ座、伊万里・有田焼伝統産業会館の皆様、さらには同行いただいた村田佳央莉様には心より感謝申し上げます。

### ●注

1) 有田町ホームページ　https://www.town.arita.lg.jp/main/257.html
   2023年1月27日アクセス。
2) 同上。
3) 戸矢地区に伝わる伝統野菜。
4) まろやかな風味と弾力のある食感が特徴の豆腐。

5）佐賀有田の窯元や陶芸作家が作る有田焼にカレーを盛った美と食のコラボレーション。

6）「有田町観光ガイドマップ "有田"」有田町役場商工観光課、インターネットサイトの焼き物ライブラリ「陶磁器の歴史」などを参考にまとめた。
https://www.umakato.jp/library/rekishi/index.html　2023年1月27日アクセス。

7）陶器と磁器は原材料の成分の比率の関係で特徴に違いがあるが、ここでは細かな区別についての説明は省略する。

8）有田焼の生みの親といわれる。

9）釉薬（ゆうやく、うわぐすり）は、陶磁器の表面を覆っているガラス質の部分。

10）ドイツのマイセン地方で生産される磁器で、西洋白磁（はくじ）で有名。

11）陶磁器生産で繁栄したフランスの町で生産される磁器で、中国陶磁器や有田焼に模したデザインである。

12）鍋島家（佐賀藩）は、主に将軍家や老中など幕閣への献上用の焼物を有田で作っていたが、1660年代に鍋島家は製作技法が他に漏れないよう有田から、険しい地形の大川内山に藩窯を移転させ、「秘窯の里」として入口に番所を設けて厳重に管理した（一般社団法人伊万里市観光協会（2014）「旅 伊万里」, pp. 1-2）。

13）余白がないほど文様が描きこまれた絢爛豪華な作品もあり、豊かな時代の元禄時代を反映している。構図の特徴は、器を放射状の直線や唐花（中国から伝わる花の文様）状の曲線で区別し、窓絵と地文様を交互に描いているところにある。
焼き物ライブラリ「陶磁器の歴史」
https://www.umakato.jp/library/rekishi/index.html　2023年1月27日アクセス。

14）有田の上絵付け業者で、鍋島藩の政策により許可が与えられた軒。最初は11軒だった。

15）1954年には改正が行われ、重要無形文化財の指定の指定とその技術の保持者の認定制度が確立した。
焼き物ライブラリ「陶磁器の歴史」
https://www.umakato.jp/library/rekishi/index.html　2023年1月27日アクセス。

16）当時、陶貨幣の製造は京都市、愛知県瀬戸市、佐賀県有田町が選定されていた。

17）伝統工芸士とは、その伝統的工芸品の製造に従事する人で、「伝統工芸士認定試験」に合格した人をいう。
経済産業省ホームページ
https://www.meti.go.jp/policy/mono_info_service/mono/nichiyo-densan/index.html
2023年1月27日アクセス。

18）一般的には日本三大陶磁器というと愛知県の「瀬戸焼」、岐阜県の「美濃焼」、佐賀県の「有田焼」をさす。「瀬戸焼」は愛知県瀬戸市とその周辺で生産される陶磁器で、日本六古窯の一つである。平安時代から伝わる伝統製法や天然材料を使って作られている伝統的工芸品の一つである。伝統的工芸品として、赤津焼や瀬戸染付焼が指定されている。「美濃焼」は岐阜県の東濃地方の一部で生産されている陶磁器で、伝統的工芸品に指定されている。東濃地方は日本最大の陶磁器生産地で生産量日本一を誇る土岐市が有名である。「有田焼」は佐賀県有田町で生産される陶磁器の一つで、「伊万里焼」

とも呼ばれている。作品は多種多様な様式が採用され、製造時期によって初期伊万里や古九谷様式、柿右衛門様式、金襴手などに大別される。

「世界に誇る日本の陶磁器」

https://news.biglobe.ne.jp/trend/0217/fnd_200217_8418082133.html

2020年5月15日アクセス。

19) ありた株式会社のリーフレットには有田町の地域ブランド「ありたどり」が2005年11月に東京ビッグサイト国際展示場にて開催された食肉産業展で開催された食味コンテストで優秀賞を受賞したことが掲載されている。(リーフレットは有田町役場などに置かれている。)

20) 有田観光協会ホームページ「ありたさんぽ」

https://www.arita.jp/gourmet/post_22.html　2023年1月27日アクセス。

21) 有田町ホームページ

https://www.town.arita.lg.jp/main/3884.html　2023年1月27日アクセス。

22) 焼き物ライブラリ「陶磁器の歴史」

https://www.umakato.jp/library/rekishi/index.html　2023年1月27日アクセス。

23) 焼物の染付の際に、コバルト化合物を含む鉱物を粉末にして、それを水に溶いて磁器に文様を描き、釉をかけて焼く。陶磁器の顔料として多く使用されるものである。

24) 米のとぎ汁のような乳白色で色絵が美しく映え、伊万里・柿右衛門様式の磁器に用いる素地。

焼き物ライブラリ「陶磁器の歴史」

https://www.umakato.jp/library/rekishi/index.html　2023年1月27日アクセス。

25) 宮坂純一(2020)「人的資源管理」水野清文編『現代経営学の構図』、五絃舎、p. 71。

26) 各社ホームページによる。


**【参考文献】**

ありた株式会社「会社案内」。

ありた株式会社リーフレット。

「有田町観光ガイドブック」有田町役場商工観光課。

「有田町観光ガイドマップ "有田"」有田町役場商工観光課。

有田観光協会「有田焼五膳」リーフレット。

有田観光協会「第15回秋の有田陶磁器まつり」リーフレット。

一般社団法人伊万里市観光協会(2014)「旅 伊万里」

伊万里・有田焼伝統産業会館リーフレット。

伊万里商工会議所・伊万里飲食業組合(2014)「伊万里飲喰泊遊」伊万里商工会議所・伊万里飲食業組合一般財団法人地図情報センター編『地図情報』、Vol. 34, No. 1(通巻129号)一般財団法人地図情報センター。

高島豆腐店のリーフレット。

徳永陶磁器株式会社「会社案内」。

徳永隆一監修（2019）『有田焼の地に生まれて〈昭和・平成編〉幸楽窯150年の歴史』，牧歌舎。

西田安慶・片上洋・種市豊編著（2018）『地域産業の経営革新 ── 中小企業の活性化と地域創
　　生 ──』（日本企業経営学会20周年記念），税務経理協会。

水野清文編著（2020）『現代経営学の構図』，五絃舎。

宮坂純一（2020）「人的資源管理」水野清文編『現代経営学の構図』，五絃舎。

和田一夫（2013）『ものづくりを超えて ── 模倣からトヨタの独自性構築へ ──』，名古屋大学出
　　版会。


「世界に誇る日本の陶磁器」。
　　　https://news.biglobe.ne.jp/trend/0217/fnd_200217_8418082133.html
　　　2020年5月15日アクセス。

有田観光協会ホームページ「ありたさんぽ」。
　　　https://www.arita.jp/gourmet/post_22.html　2023年1月27日アクセス。

株式会社プレアデス（有田カレーの有田テラス）ホームページ。
　　　https://aritayakicurry.com/　2023年1月27日アクセス。

高島豆腐店。
　　　http://www.godoufu.com　2023年1月27日アクセス。

焼き物ライブラリ「陶磁器の歴史」。
　　　https://www.umakato.jp/library/rekishi/index.html　2023年1月27日アクセス。

# 第 3 章

## 名古屋市の酒造メーカーによる日仏間の知識移転とイノベーション

—— 萬乗醸造の事例分析 ——

京都橘大学　　丸山　一芳

## 第1節　日本酒をめぐる経営環境と萬乗醸造の概要

### 1．日本酒をめぐる経営環境

　日本酒の衰退が叫ばれるようになって久しい。少し懐かしいところでは、2013年に京都市で「京都市清酒の普及の促進に関する条例」が施行され、全国各地でも同様の取り組みが見られた。これは、宴席でその地域の地酒などによって乾杯することを推奨し、市民、自治体、企業など各組織において促進していくことを趣旨としている。条例で最初の一杯に指定しなければならないほどに日本酒の消費量は減っているのである。その原因としては、若年層のアルコール離れもあるし、ワインや酎ハイ、ハイボールなどのアルコール飲料の多様化によって伝統的なわが国のアルコール飲料である日本酒が飲まれる機会を失っていることなどがよく挙げられて議論されている。

　例えば、『国税庁統計年報』によれば、日本酒の国内出荷量は、1973年がピークで約177万キロリットルであったが、アルコール全体の消費低迷や他のアルコール飲料との競合などにより、現在は約49万キロリットルまで減少し大変厳しい状況にある。また、蔵元の数について『清酒製造業の概況』におけ

る「清酒製造業者数の推移」によれば、現在約1,400がわが国に存在している。しかし、昭和初期には7,000以上、平成のはじめに2,500近い蔵が存在していたことから激減していることがわかる。このように日本酒をめぐる環境は大変に厳しいといえる。

　金額面においても経済産業省の『工業統計表』から国税庁が割り出したところによれば、清酒製造業の出荷金額は1989年に約9,955億円あったものが2017年には約4,553億円と半減している。

　しかし、この出荷金額には少しだけ明るい兆しもある。2011年の3,855億円を底としてから微増ではあるが継続して増加傾向にある。これは、高付加価値商品の販売割合増加を表しているとされる。なぜならば、国税庁の「清酒製造状況等調査」によれば、清酒の中でも単価の低い普通酒の課税移出数量は減り続けているが純米酒および純米吟醸酒と呼ばれるカテゴリーは近年伸びており、清酒全体に占める割合も増加しているのである。

　そして、もっとも明るい材料といえるのが海外市場である。財務省貿易統計によれば、2019年の清酒輸出総額は過去最高の約234億円であったという。これは、10年連続での最高記録更新であると日本酒造組合中央会は発表している[1]。日本酒の海外での人気は右肩上がりであり、ユネスコ無形文化遺産にも登録された和食の人気とともに日本酒の輸出が伸びているという話はよく聞かれる。

　図3-1は、2009年から2019年までの日本酒の輸出金額推移である。だが、この輸出金額は清酒製造業の出荷金額全体から見ると数％に過ぎないため清酒製造業を支えるほどとはいえない段階にある。そして、この数字がいかに小さなものであるのかを考える際には日本酒同様に醸造酒であるワインとの比較が欠かせない。例えば、2019年にフランスが世界に輸出したワインの金額は約93億ユーロであり[2]、日本円にして約1兆円なのである。ワインは世界中で飲まれているアルコール飲料であり、フランスの重要な輸出産業であるといえる。

　この2ケタものワインとの格差について日本酒はどのように考えなければならないのか。また、衰退が止まらない日本酒という産業をどのようにして活性化させていくのかについて、単に輸出を志向することや普通酒から脱却して米を徹底的に磨き、純米酒や純米吟醸酒をつくるだけにとどまらない名古屋の萬

図3-1　日本酒における輸出金額の推移

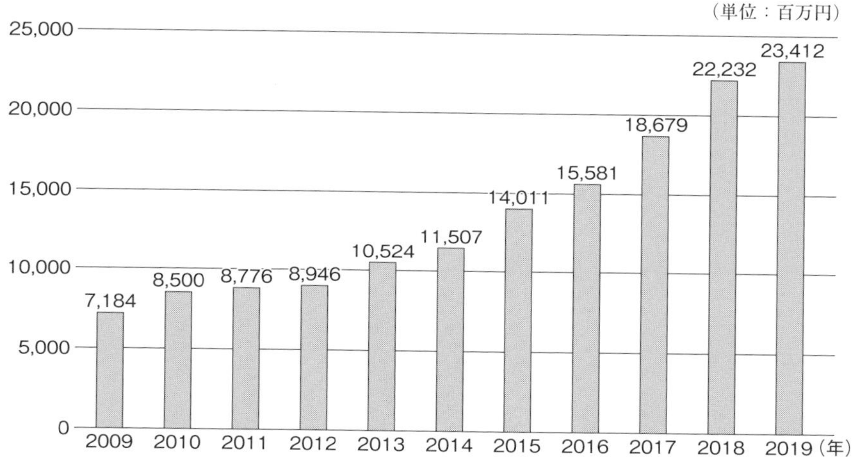

（単位：百万円）

出所：財務省貿易統計。

乗醸造によるイノベーション事例について本章では考察する[3]。

## 2．萬乗醸造の概要

　本章における事例は、1960年に会社設立の名古屋市緑区の株式会社萬乗醸造<sup>（ばんじょう）</sup>という酒造メーカーを対象としている。創業は1647年とされ370年以上が経過している。当主は代々「久野九平治」と名乗っており現在は15代目である。この15代目とその友人であった元製造業勤務の杜氏佐藤彰洋氏が中心となり伝統を守りつつもこれまでの酒造りとは一線を画する取り組みを行ってきた。

　主要銘柄は15代目から製造・販売している「醸し人九平次」という酒で、1997年に出荷開始している。久野九平治氏が自らこの銘柄をもってフランスのパリでレストランを回り、その味をアピールすることで、ミシュラン3つ星レストランである「ギィ・サボア」で採用されているなど日本酒にとって例外的な成果を収めている。他にも有名店である「ジョエル・ロブション」でも採用され「ホテルリッツ」の審査では、日本の蔵での審査もあった。この厳しい審査パスが営業の成功に結び付き、パリで高い評価を得ている。

　9代目から日本酒の醸造を開始したが、14代目は大手酒蔵の下請けとしてOEM供給をしていた酒蔵が自らのブランドでワインの本場パリで高い評価を受けているのである。それは、現在の当主がそれまでの大量生産方式からできる限り手造りへと製造方法を大きく転換し、純米吟醸酒を生産したことによる。

　資本金は1,000万円で売上高・出荷石高などは非公表であるが従業員は平均年齢が30歳ほどで30名弱である。

## 第2節　15代目久野九平治氏と「醸し人九平次」の誕生

### 1．久野九平次と久野九平治

　現在の久野九平治氏は15代目であり、父は14代目で九平次と書く。字画の縁起担ぎなどから九平次と九平治という当主の名前がある。インタビューでお会いした15代目は、身長が180センチ以上はあり、長髪でおしゃれなTシャツを着こなしていた。その印象は歴史を感じさせる趣ある建築とは対照的に現代的なもので、およそ酒蔵の当主のそれではないものだった。1965年6月名古屋市生まれで現在55歳である（写真3-1）。

　家業を継承したのは、子供の時からのレールに素直に乗ったものではなかった。久野氏は高校卒業後にいったんは家業を否定して東京で暮らした経験がある。その際に、あるデザイナーから声をかけられ高身長を生かしたモデルとしてファッションショーに出る機会があり、ステージの素晴らしさを知ってしまった。そのデザイナーに舞台に上がるための仕事を紹介してほしいと頼んだところ、今度は演劇の先生を紹介された。このニューヨークの名門アクターズ・スタジオで学んだ指導者からの演劇人として受けた指導に久野氏は日々悩むことが多かったという。駆け出しの演劇人には金銭的な余裕がなかったので夜にはさまざまなアルバイトをこなした。それは、飲食店から首都高の道路維持作業にいたるまで徹底的に体を使って働いた。そして、昼には演劇の指導者から「あなたは何者なのか。どこから来て、どこに行くのか」という根源的な問いこそが演技において必要であると問われると、自分のルーツである家業の酒蔵に行き当たらざるを得なかったという。自らの全身を使って役を演じるには、

写真3-1　15代久野九平治氏

出所：萬乗醸造。

自らと向き合い、自らをよく知っていることが重要であることを問われたのである。当時の久野氏にとっては突き刺さるような出来事であった。

　両親の病気などもあり、久野九平治氏は1993年26歳の時に自らのルーツと向き合うべく江戸時代から続く、名古屋の家業に戻ることになった。帰ってみると4,000石ほどの生産量の大半は灘の大手酒蔵の酒の下請けとしての生産が大半であった。具体的には、8割がOEMで自社ブランドは2割程度であったのだ。これまで通りの経営方針では当時350年近く続いていた蔵を守り通せないと気づくのに時間はかからなかったという。

　まずは、自社の酒をとにかく売り出そうということで営業に出た。飛び込みで営業に行き自社の酒の味を理解してもらおうとした。しかし、肝心の酒屋の主が酒の味に興味がなかったり、問屋との取引だけで十分だという意見が大半だったりと成果を上げることはできなかった。さらに、営業を続けていると大手ビールメーカーの営業担当者と同席する機会が多かった。そしてある日「ラガービールのラガーとは、どういう意味ですか？」と素朴な疑問をぶつけたことがあった。この際に「そんなことは知らないよ。ビール営業を10年以上やっ

ているが、はじめて聞かれたよ」という返答だった。さらに「名前の由来や意味、酒の中身も重要だけれども、容器や広告とかマーケティングの方が大事だろう」というアドバイスをされた。

　このことに、久野氏は大きな違和感を覚えた。一方でこのまま10年営業をしていると同じ考えに行きついてしまうとも思えた。また、酒蔵に生まれ育ったので、日本酒を一通りは説明できるが、胸をはって堂々と自分たちの酒はこうなのだとは説明ができないということにも気づいた。だからこそ酒屋がそのことを見抜いて自社の酒を飲んでみてくれないのではないかと思い至ったのである。

## ２．自分達の酒「醸し人九平次」を生み出す

　営業での苦戦から久野氏は、酒屋に自分たちで造った自信のある酒について、その中身をアピールできるようにならなければと決心した。蔵に来ていた杜氏から徹底的に酒造りを学びはじめ、酒という文字が入っているタイトルの本や雑誌を大量に買い集めて勉強したという。さらに、自動車部品メーカーでエンジニアをしていた同級生の佐藤彰洋氏を誘った。地元の若い人が集まって蔵に勤務するというスタイルを目指したのだ。そもそも、農閑期に季節労働として杜氏や蔵人が出稼ぎに来るという方法での酒造りには、当時高齢化が進んでおり限界がきていた。酒造りを担う人の若返り、代替わりを必要としているタイミングでもあった。

　酒造りの家業を継いでいく覚悟を示すために「久野九平治」をこの時に通称ではあるが名乗ることにした。その後、酒造りを学び始めて3年目の年には、師匠であるベテラン杜氏が病気となってしまった。これを契機に、佐藤氏と自分達だけで新しい酒造りをしようというプロジェクトを開始した。日本酒に限らず、あらゆるジャンルの酒を佐藤氏と試飲し続けて「こういう酒にしたい」という設計も固まっていた時期だった。酒造りの先輩にも積極的に教えを請いに行き、さまざまなアドバイスももらった。そして、1997年に戦えるカテゴリーだと考えた純米吟醸酒において3年間試行錯誤を続けて米と水にこだわり抜いてたどり着いた「これまでよりいい酒」が完成し、何もかも新しくしたいという思いを込めて銘柄を「醸し人九平次」とした。こうして完成したオリジ

ナルの自信作を売り込みに歩くが、地元の酒屋では値段をどうするのかというようなことばかりを聞かれ、酒の味に関してはほとんど評価されなかった。そこで、東京の有名酒販店である「はせがわ酒店」[4] に飛び込みで持ち込んでみたところ評価が一変した。一気に販売に弾みがつきルートが開拓されて「上品な香りと酸味の利いた風味がよい」と評価されるようになったのである。

　それでも、まだ日本酒について考えるようにと「はせがわ酒店」長谷川浩一社長に紹介されたのが同じ愛知県の「義侠」を銘柄とする山忠本家酒造[5] の山本明洋社長であった。「醸し人九平次」を発売した翌年ごろに、山本氏に飲んでもらったところ「いい酒だ」と言ってもらえた。しかし、さらに「たしかにいい酒だが、あなたはこの酒を通じて何を訴えたいのか、飲んだ人には何を感じてほしいのか、酒造りを通してどのような人間になりたいと考えているのか」とも言われてしまった。しかし、その場では黙り込んでしまい、返答ができなかった。これは、演劇の指導者に言われた言葉である「あなたは何者なのか。どこから来て、どこに行くのか」と同じことを意味すると感じ、家業を立て直すために良い酒を造りたいという思いはあっても「何のために酒を造るのか」、「よい酒とはどういうものか」ということを考えたことも無かったことに気づいたのである。演劇も酒造りも同じで、仕事を通じて自己表現すること、仕事を通じて自己の成長と輝きがあるということだと確信した。いっしょに酒造りをしている佐藤氏とともにこの根源的な問いとの格闘がはじまるのである。

　味に関するある程度の評価を得たので、自分たちに理念が無いことに苦しみながらも、ヒントを探して佐藤氏と二人でさまざまな酒を飲んだのである。最後の最後に、思い切って投資したのがロマネ・コンティ[6] であった。50万円程度の価格のこのワインは数百万円するものも存在する。なぜこのように高額なワインが、ワイン通には愛され続けているのかを感じ取りたかったのである。飲んでみるとそれは圧巻で「気品、優しさ、懐かしさ」という三つの言葉がガーンと頭に落ちてきた。それは、悔しい経験でもあったが、これまでの「苦み・甘味」、「花のような香り」といった例えとは全く異なる言葉を自然と発するという得難い経験であった。「義侠」の山本社長が言いたかったことはこのようなことかと理解したのだった。そこから、自らの酒に「気品と優しさと懐かしさ」を感じてもらえることを目標に定めたのである。

## 3．工業的大量生産から職人的少量生産へ

　この「醸し人九平次」の開発・生産にあたっては、下請け生産として行われてきた昭和の工業的な機械設備に頼った大量生産ではなく、手造りにこだわり職人の技によって生産できる少量を丁寧に造るという方針へと大きく切り替えている。つまり、価格の安さを求めて工業的な効率性を求めることを止めたのである。すなわち、おり下げ剤を使い、活性炭を幾重にも入れてろ過し、殺菌も繰り返した工業製品のような酒造りからの脱却である。

　酵母と麹が自然にやってくれる発酵という自然作用を尊重することで、本来日本酒がもっている力強さや自然な味わいを大切にするという方針である。酒を搾った後は、自然に沈殿をさせた澱（おり）だけを取り、ビン詰めをする。ビン殺菌をして冷蔵庫で出荷まで待たせるというごく自然な酒造りである。酒造りというよりも酒を醸すという考えになるため「醸し人九平次」という銘柄となったのである。この愚直な方法をとると当然ながら生産量を追うことはできない。このために4,000石あった生産量は800石まで当時減ったのである。5分の1まで生産を減らすという不退転の決意による挑戦であった。

　現在では、昔ながらの杉の甑（こしき）で米を蒸かしている。「木が湿気を吸うので中までベチャベチャにならずにふっくらと仕上げることができる」といった効果があるという。他にも、洗米場では、ストップウォッチを使用して米を水に浸す、洗うなどの時間を勘だけではなく徹底管理し、メトロノームを使いながら複数の職人が一定のリズムで洗米している。この際にも、洗米機は使わず竹製の網ザルで丁寧な手作業が行われている。竹網ザルの方が保湿性に優れ、柔軟性もあるため米が割れにくいという特性から米を大切にしているのだ。これらの徹底した職人による手作業と木製用具の使用は決して単なる懐古主義ではない。従来の酒蔵において使用されてこなかった機器も利用しながら、あくまでも自然の力で醸すという目的のために合理的な選択をしているのである。

　このように「気品、優しさ、懐かしさ」という自分たちなりの良い酒に関する目指すべき目標をもち、そういった自然な発酵による酒を醸すために職人による完全手造り少量生産という生産方法を採用した「醸し人九平次」の成功によって2002年には、吟醸酒と大吟醸酒のみを造る蔵へと変貌していったのである。

# 第3節　日本酒を進化させるための米作りと使命

## 1．日本酒を進化させるという使命

　2006年頃には、自分たちの酒である「醸し人九平次」が一定以上の評価を得て、自分たちの蔵のことで無我夢中の状態から視野が広がり久野氏は「日本酒に振り向いてもらいたい」、「日本酒って捨てたものではないでしょう」ということを証明したい、再認識してほしいということを考えるようになった。ちょうどそのようなタイミングにパリのホテルでのイベントに声がかかり、その場で転機となる評価を得た。その時のことを久野氏は萬乗醸造の『パリ活動趣意書』にて以下のように記述している。

　　　「あなたの処は、大きな会社じゃないでしょ？お酒から判るよ。なぜなら手造りの味がするよ。ワインも最終的にはこういう物を、選んでいるよ」と、評価してもらいました。それは私にとっては、最高の褒め言葉でした。なぜなら私が会社に帰った時、当蔵は大量生産品で成り立っており、それを今の手造りのスタイルに換えていったからです。

　ワインと日本酒のジャンルはちがえどもこのような評価を得られるのであれば、フランスでの販売も可能ではないだろうかと考えた。さらに、世界有数の美食の国で挑戦することが受け入れられれば新しい市場を開拓できるし、日本市場にも大きなインパクトをもたらすことができるのである。

　久野氏は特に太いパイプがあるという訳ではないパリにおいて、自ら飛び込み営業を敢行して有名フレンチレストランやワイン店、ホテルで営業活動を行った。「日本酒を進化させる」、「日本酒の価値を上げる」という志が、パリでの活動の原動力となり行動を進めた。それは良い品であれば「人種・国境・ジャンル」は越えられるという信念でもあった。結果として、ミシュラン3つ星レストランである「ギィ・サボア」、「パヴィヨン・ルドワイヤン」という有名店において採用されることになったのである。他にも「ジョエル・ロブション」

など有名レストランにも採用された。5つ星ホテルの「リッツ・パリ」の審査では日本の蔵についても視察調査があった。こういった厳しい審査をパスすることでフランス・パリという美食の殿堂から評価を得ていったのである。

2007年には久野九平治氏がニューズウィーク誌の「世界が尊敬する日本人100」の一人にも選出されるなど久野氏の活動は世界的な評価へとつながっていった。

パリでの活動ではワイン醸造家との出会いもあった。ワイン醸造家達からは自分達でブドウを栽培し、そのブドウからワインを醸造していることから久野氏に「米も作っているんだろう？」という素朴な疑問を投げかけられた。このことがきっかけで、日本酒になくてはならないが、当たり前となっている米についてもう一度見直すことになった。

一般的に、日本酒において米は農家が栽培し、蔵元はそれを購入して醸造する。山田錦がブームになれば蔵元は、山田錦が品薄だと感じるものである。しかし、ワインの場合には造り手がブドウ栽培にも積極的に関与する。ワインの味はその年のブドウ次第であるという考え方からは当然とも思えることで、同じ醸造酒でありながら日本酒とは全く異なる考えである。ワインにとってはブドウの当たり年や、ブドウ栽培の環境や天候の話は普通になされている。しかし、日本酒の場合に今年の米の作柄、田の状況や天候について酒の味との関係において議論されることはほとんどないといえる。さらに、日本酒であれば購入した米をもとに毎年同じ味と質の酒を造ることこそが蔵にとって重要であるという価値観であるのが一般的である。

もちろん、ブドウとワインの関係ほどに、米と日本酒の関係はその素材の味が直接的にかつ大きな味の変化としてわかりやすいものではないが、久野氏によれば米も品種や栽培地、土壌の状況、気候によってその表情や特色は大きく異なるという。米粒の硬さ、大きさ、色などについて、きちんと向き合うとかなりのちがいが存在するという。このように米にも存在する毎年のちがいなどの原材料としての特徴をワインのブドウの如く注目して関与し、日本酒を語ろうというところにワイン醸造家との出会いが気づかせたのである。

## 2．米栽培と自社田の取得

　「米の息吹」と「お客様の声」に耳を傾けることを忘れてしまったのが現在の日本酒離れの一つの要因と考えるようになった久野氏は、2010年から兵庫県西脇市黒田庄町で田を借りて米栽培を開始した。現在、シーズン中においては萬乗醸造のスタッフ4名が黒田庄に移り住み山田錦を栽培している。「田を知らずして、SAKEを語っても良いものか」という考えから稲作農業を開始したのである。

　ワイン醸造家に聞かれるのと同様に、久野氏がパリのレストランのシェフやワイン店に営業活動をすると必ず「お米はどうしているのか」と聞かれる。畑とブドウが一体という目線からワインと同じ文化として日本酒を見られるのである。シェフもワイン店もブドウ栽培に精通しているため、表面的な米の知識では通用しない。そのことを悔しく感じ悩んでいたところ、萬乗醸造の社員金子敦司氏から「お米も自分達で育てましょう」と提案が出たのである。

　まずは、農協に相談をもちかけながら若いメンバーで稲作を開始した。山田錦の産地において彼らは「よそ者」であり「この若い子達は、続くのだろうか」と見られる部分もあった。しかし、担当の金子氏をはじめとして20代のスタッフが地元の集まりやお祭りなどにも率先して顔を出し、高齢化の進むこの地域の農家の手伝いをしながら教えを請うた。一年の春から秋にかけては黒田庄で米を作り、収穫後は名古屋で酒を醸すのである。これは農と醸の分離状態を脱した合体を意味する。「醸し人」が「耕し人」にもなるということである。

　2013年には黒田庄での活動についてその真剣さが地元に認められ、田を譲るという話も来るようになった。そして、2015年に金子氏を責任者に農業生産法人として「アグリ九平治」を設立した。例えば、愛知県所在の法人が育てた酒米を使用すると、酒瓶に愛知県産米という表示になってしまう。また、農業法人しか法律上新規に田を取得することができないなどの事情もあった。約1,000坪の自社田を購入・所有することで、ワイン醸造家同様に自分たちの田で育てた米を、自分たちで醸すという田から酒のビン詰めまでの一貫体制を自前で保有することになったのである。米の硬さやデンプン量が日本酒の味のポイントになる。その硬さとデンプン量は毎年の酒米の出来によって差が生まれ

る。この酒米のちがいを酒の個性とするための責任体制を整えたのである。

　全国的にも農家の平均年齢は65歳を超えており、もっと深刻な70代、80代という酒米農家も多い。こういった農家の高齢化の波の中で山田錦を残していけるのかというのは担い手不足であり大きな後継者問題なのである。久野氏によれば「安定的に山田錦を買い上げてくれる酒蔵があり、美味しい酒ができ、それが売れることを地元の皆さんも望んでおられる」という。

　自分たちの田であることで米作りについてさまざまな実験もできるし、こだわりを持つこともできる。無理をかけていない健全な酒米の方が、より自然な発酵をするだろうという考えのもと、なるべく肥料を抑制することや日光が苗にしっかりあたるように間引いた形で植えたりもしている。こうすることで、日光を求めて稲が高くなりすぎたりしないという効果もあるが収穫量は当然少ないものになるので、農家が好む栽培方法ではないのである。

　岡山県赤磐市では、2014年から酒米の雄町の栽培に取り組んでいる。雄町は山田錦と並ぶ酒造好適米として人気がある。「赤磐雄町」は銘柄米であり、その専門農家である岩藤英彦氏やJA岡山東赤坂特産雄町米研究会から指導を受けながら、やはり若い萬乗醸造の社員である中邑優一氏などが移住して米作りを行っている。2015年からは9反の田が任され、最初から最後まで責任を持って育てた雄町米から「協田」という銘柄酒を生み出している。地元の岩藤氏と「協力して耕した田んぼ」の酒であることからこの銘柄となった。これは爽やかな酸味の中に、雄町特有の複雑なうま味を感じさせる酒となっている。

　久野氏は、雄町を日本の米の歴史やロマンを表現できる酒米として位置づけている。それは雄町という品種が幕末に岡山の農家が偶然発見した種であり、ほかの多くの酒米のような複数の品種にルーツを有し、交配や品種改良を経た米ではないというところに価値があるという考えである。このルーツの米であるがゆえに荒々しい野性味のある日本酒としての味わいを出せるのである。

## 3．米のヴィンテージ

　例えばヴィンテージ・ワインといったときに本来それはある程度の年数を経過した貴重なワインという意味ではない。ヴィンテージとは、ブドウの収穫年のことを指す。したがって、ヴィンテージ・ワインとはブドウの収穫年がはっ

きりしているワインのことを指すのである。ブドウは毎年その作柄の異なる果物である。ブドウの当たり年であるのか否か、その年の天候の特徴はいかなるものであるのかは、地域によっても異なるものである。それが、ダイレクトにワインの味に影響を与えるため、ワインは収穫年や収穫地域ごとに味が異なることを当然とする。このことからワインにヴィンテージを表示することは重要なのである。

　米においてもヴィンテージを大切にすることは、田で自ら米を作っていないと語ることができない物語であるというのが久野氏の行きついた以下のような考えである。

　　2010年から黒田庄で米の栽培を開始して、一番良きヴィンテージは2014年でした。良きヴィンテージはお米の中味が違いますから酒造りに大きな影響があります。それは微生物たちが、食べる栄養が違うことを意味します。栄養の違いから微生物たちの動きも活発になりその結果、酒の香が多種でボリュームが出ますし、酸もたくさん出るので味に影響が出ます。他にも、良き素材から生まれた品は、長期的に型崩れをしません。ワインの良きヴィンテージも、この香、酸、長熟は、同じことを言います。

　米は花が咲いた後、28℃以上の高温が2週間続くと熟さないが2010年は猛暑だった。そのため「2010年の日本酒はスレンダーな味わいに仕上がっている」という。一方、2014年は理想的な気候だったために「中身がふっくらとの詰まり、熟した米を収穫できた」という。このため、黒田庄2014年ヴィンテージは「グラマラスで余韻の長い日本酒」になったという。

　また、岡山の雄町についても2017年は収穫時期の10月に2週連続の台風に見舞われ、その影響が心配されたが、米の中身としてはすでに出来上がっていたことが酒を醸してみて判断できたという。米としては例年に比べ最後の完熟度が弱い部分もあったがその分、良い意味で「上品」に仕上がったという。

　このように自社田を購入したり、若い社員が移住してまで米作りを自分たちで行ったりしたことによってはじめて語ることができる「田んぼの物語」があるのだ。酒蔵における技だけをアピールするのではなく、米という素材と真正

面から向き合い「米を育てることからの日本酒造り」によって萬乗醸造の使命はより明確なものになったのである。

## 第4節　フランスでのチャレンジ

### 1．フランス米で日本酒を造る

　2013年7月には、フランス人投資家から「フランスで日本酒を造ってほしい」というオファーが舞い込んだ。ロシアの酒ウォッカのジャンルでメイドインフランスの銘柄が成功しているので、まだ誰もやっていない日本酒をフランスでやろうという発想だった。資金も販売計画もあるオファーに対して久野氏は大変な困惑を覚えたという。欧州で日本酒が盛り上がりつつあるという現象はあったし、日本国外において日本酒を造っているケースがないことはない。しかし、久野氏にとってあまり美味しい日本酒といえるものが造られてはおらず、そういった商品が日本酒の価値を海外において下げてしまっているとすら考えていた。

　提案されたマーケティングとしては、数万本の日本酒を無料配布して3年間ほどかけて浸透・定着を図りながら有料での販売比率を上げていくという計画で、売価は100ユーロ以上とされていた。あくまでもメイドインフランスというところにブランド価値があるという目論みで、イギリス、アメリカ、香港、シンガポール、ロシアの主要都市に輸出して販売量を増やしていくという。

　肝心の日本酒の中身については、すべて久野氏に任せるという。「九平治さん、中身は何でもよいのですよ」というこの話には久野氏に全く受け入れられないものがあった。中身にこだわらずにフランスで最初に造った日本酒というポジションを最大の売りとして、計画的な宣伝・普及によって販売を拡大していく。そして、最終的には会社を売却して利益を得ることを目的とされては、萬乗醸造のこれまでの歩みや、日本酒を進化させるという使命と相容れないのである。

　このことをきっかけに、久野氏はフランスでも日本酒を造ることを決意する。海外で現地生産されている日本酒が安価で、ひどい状況であるならば、自分たちこそがそのイメージを変え、投機を目的としない地に足のついた日本酒を造

ろうという決意である。

　詳細は後述するが、実はこのフランスで日本酒を造るという発想の前に、フランスでワインを造るということを模索していた。そのため2013年に萬乗醸造社員をフランスに長期研修に出発させている。

　しかし、このフランスで日本酒を造るという新たな使命が生まれたため、2014年に南仏のカマルグにて地元米農家や、農業試験所の協力のもとで米栽培も開始した。カマルグはフランス唯一の稲作地帯である。そこで山田錦、日本晴、コシヒカリなどの米で栽培実験をしたが、気候や環境条件が合わずに失敗してしまった。そして、フランス米研究所の協力の下で試行錯誤を重ねてたどり着いたのはマノビという現地品種である。この品種は現地では、リゾットに用いられるもので日本の米と異なる長粒種である。色も赤いもので、それは鉄分由来の赤である。この赤は鳥に食べられないための色で、風にも飛ばされない品種である。苗になってから田に植える日本のやり方とは異なり、種は直播である。しかし、水に溶けやすく柔らかい性質があり、麹が育ちやすいなどの酒米に向いた特徴がマノビにはあった。そして、2016年には収穫したマノビを日本に持ち帰りテスト醸造し、2017年5月に「CAMARGUEに生まれて、」として商品化された。

　マノビは、山田錦のように磨くことには不向きな部分もある。そのもろさから精米途中で耐えられずに割れてしまうのである。均一な大きさに磨きたいが難しいのである。また、フランスとの意識のちがいもあり、例えば3,500キロのマノビを船便で3ヵ月かけて日本に運び出しても、荷揚げしてみると非常に小さな粒や、異なる品種の米が混ざっていたりする。これらを振るい落とすと700キロ程度は使用ができない。残りの2,800キロを精米しても磨きに耐えられた米は1,200キロ程度にまで減ってしまうのである。

　このように困難も伴うマノビであるが、そのことでフランス米の特徴を生かすという発想が生まれた。すなわち磨かない方がフランス米であるマノビの個性を出せるという逆転の発想だ。ワインの場合、テロワールが大切だという考え方がある。テロワールとはそもそも個性や風土を意味する言葉であるが、ワインの場合はブドウを育てた土地の環境全般のことを指している。それは、その土地の雨量などの気候、地形が平地であるのか斜面であるのかによって風当

りも変わってくる。他にも土壌の性質などが含まれた広範な概念である。このマノビのテロワールを日本酒に表現することが新しい日本酒の在り方の一つになるということなのだ。キラキラと眩しい太陽が降り注ぐ海岸の町であるカマルグというテロワールは土壌に塩分を含むため日本酒にもそれが影響する。ふくよかでまろやかな味わいの「CAMARGUEに生まれて、」はフォアグラなどによく合う味となったという。5つ星ホテルであるリッツ・パリに採用されている。

このフランスでの酒造りは、フランスで飲んだ日本酒に感動して日本に移住してきたというメダファール・メディ・アレクサンドレ氏が将来、担う予定である。現在は久野氏の元で酒造りを学んでいる。久野氏の持てるすべてのノウハウを教わっている最中である。フランスでマノビをつかって酒造りをして、山田錦と同じレベルの日本酒になることを目指しているという。

## 2．フランスでワインを造るドメーヌ・クヘイジ

フランスで日本酒を造るという発想は、投資家からのオファーがなかったら全く思いつかなかったかもしれないが、それ以前に久野氏が構想していたのはフランスでワインを造ることである。「ワイン造りに当たり前とされる技術が日本酒でも使われ、日本酒造りで当たり前とされる技術がワインでも使われる」ということを目標にこれを実践しようという試みである。それはまさに、日本酒醸造とワイン醸造の造り手による知識移転[7]ともいうべきものである。パリでの営業活動から日本酒と同じ醸造酒であるが世界基準のワインとの関係は深まる一方であったのである。

2013年に萬乗醸造の社員である伊藤啓孝氏を長期研修としてフランスに派遣している。蔵の酒造りにおいて佐藤杜氏の次の位置づけにあり15年間日本酒を造り続けてきた伊藤氏はワインを飲み続けており精通していた。

まずはフランス語から始めるということで数ヵ月間語学学校に通うところから伊藤氏のフランス生活はスタートした。そしてブルゴーニュでドメーヌ・ドニ・モルテという名門ワイン醸造場でアルバイトとして経験も積んだ。平行して10数軒の醸造所物件を見て回り、自分たちの醸造所を探した。足掛け3年で見つけた物件は最上級のブドウを産出するブドウ畑の格付けを意味するグラ

ン・クリュ街道沿いで900年もの歴史ある著名な畑クロ・ド・タールの目の前に位置している。2015年に取得したモレ・サン・ドニ村のそこは立地、サイズ感も理想的で、落ち着いた外観と美しい蔦が特徴の醸造所であった。

　伊藤氏は建物内の天井から壁、床にいたるまで徹底的に掃除し、補修作業も行い、ワイン醸造に向けてメンテナンスを実施した。2016年にはロマネ・コンティなど偉大とされる赤ワインの産地として知られるニュイ地区からブドウを購入して赤ワインを仕込んだのである。年末年始の3週間ほどは帰国して、仕込んだワインを試飲しながらも久野氏とワイナリー運営の方針、醸造計画、人材確保などについて議論していた。さらに、日本酒の仕込みを手伝い、合間の時間には日本酒の製造スタッフにワインやブドウ栽培についてレクチャーもした。日本酒とワインの造り手同士がその経験と知識を共有しミックスしていこうという試みである。2017年には黒田庄の山田錦栽培責任者である金子氏が研修でこのワイン醸造場を訪れている。金子氏は新入社員時代に伊藤氏から日本酒造りを指導されているという深い関係である。さまざまなワイン醸造場を訪問し、自社製ワインの試飲を行い、モレ・サン・ドニという非常に小さな村の生活からテロワールを理解する。この研修で金子氏は「黒田庄を米作りと酒造りに特化した町にしてアグリ九平治が黒田庄の産業を支える存在になる」という目標を見出したのである。米とブドウ、日本酒とワイン、モレ・サン・ドニと黒田庄の共通点と相違点を体感して米作りに生かしていくのである。

　さらにモレ・サン・ドニ村において飛び地で2.5ヘクタールほどのブドウの自社畑を2017年に取得した。この畑を伊藤氏一人では管理できないということでさらに萬乗醸造から社員が派遣されて人員体制も整え始めた。この年の9月にははじめて自社畑からブドウを収穫した。ニュイ地区全体で豊作の年であり、この取得した畑でも春に遅霜の被害が少し出たが生育は順調に進んで被害からも挽回ができ、最終的にほとんど選果の必要がないほどのブドウをたくさん収穫できた。自前のブドウ畑の物語である。そのブドウで35樽を仕込んだ。2018年には日本留学経験のある現地フランス人スタッフを雇用し、日本からのスタッフも増員した。

　久野氏は、伊藤氏に「想像をかきたてるようなネタを拾ってきてほしい」と常々注文しているという。それは、ボルドーで訪問したシャトーでの体験や、

現地でこそ試飲できるワインの感覚などを日本のスタッフに伝えることである。年末年始の帰国時にはワインを日本酒造りのスタッフと試飲しながら一緒に日本酒を仕込みつつ議論する。こういったワインと日本酒の造り手同士の深い交流による相互知識の混合により新しい日本酒とワインを造り出そうとしているのである。

## 第5節　萬乗醸造のこれからと考察

### 1. ワインと日本酒の新製品発売

　2013年からチャレンジしたフランスでのワイン造りは2017年自社畑産のブドウを使用してテイスティングを重ね、ビン詰めがなされ2020年5月に日本で発売することとなった。フランスでは夏の発売を予定し、現地のシェフやソムリエにテイスティングしてもらい手ごたえを感じているという。

　このフランスでのワイン醸造というチャレンジは「日本酒の価値の創造と向上」を目的としていた。ワインの本場パリでの日本酒営業をきっかけに世界基準で造られているワインから学ぶべきことの多さを痛感し、ブドウを語るワイン醸造家のように米を語れる日本酒醸造家を目指すことになった。実際にフランスに飛び込んで、一流のワイナリーの近くで自社畑と醸造所を持ってワイン造りをしてはじめてブドウを語ること、収穫年を意味するヴィンテージ特有の気候や土壌などの畑の環境であるテロワールにおいてどのような物語があったのかということとワインの味にどのような関係があるのかを萬乗醸造は組織的に体感したのである。

　久野氏は、ワインも日本酒も同じ醸造酒であり、アルコール飲料を造るにあたりその抑え処は実は同じであるという。そして、ワインからもっとも学んだことは素材への敬意であるという。素材を見つめ、素材にこそフォーカスした酒造りがすべてだと痛感したという。この考えを日本酒に反映した新商品もワインと同時発売とした。兵庫県西脇市黒田庄町に自社田を所有し、そこで米作りをしているが最初に所有した土地である「田高」の米を使った日本酒である。製品名も「久野九平治本店・テロワール黒田庄町田高・2018」として田んぼに

しっかりとフォーカスしたものとなっている。フランスのブドウ畑では同じ地域の畑であってもそれぞれ等級があり、テロワールが異なるように、同じ地区の田んぼでも一枚一枚の土地が異なり、異なるドラマがあるということを表現した日本酒である。2018年は稲の受粉の時期に台風が来たために収穫量は20%減り、台風の後の気温の降下によって米は柔らかくなったという。そういった米の特性が生まれたがの2018年ヴィンテージなのだということも表現されている。

　萬乗醸造は日本酒、白ワイン、赤ワインという三つの異なる醸造酒を同じ造り手が、同じ考えのもとで醸造する世界で唯一の蔵となった。この同じ考え、方針、信念を異なる種別の醸造酒からどのように感じることができるのかという価値を商品にするためにこの新商品は同時発売とした。すなわちドメーヌ・クヘイジのワインと久野九平治本店の日本酒を飲み比べるという新しい経験価値[8]の創造なのである。

## 2．黒田庄の新蔵のドメーヌ化と消費者との直接交流

　ワインの世界で醸造家たちはワイナリーのそばに自らの畑を持ち、ブドウを栽培して近くの醸造場でワインを製造する。これをドメーヌと呼んでいる。萬乗醸造でも山田錦の栽培に社員自らが自社田のある黒田庄で取り組んでいる。黒田庄は、日照時間、降水量、寒暖差などから山田錦にとって最適な地であると考えているため、蔵のある愛知県名古屋市から遠い地で栽培しているのである。この黒田庄で「21世紀の日本酒のあるべき姿」の一つの提示として、ドメーヌ型の「田と蔵の直結」を目指した新蔵を建築している。この新蔵で醸される日本酒は2021年の発売を目指している。

　黒田庄で米を作り、日本酒を醸した人がモレ・サン・ドニでブドウを作り、ワインを醸す。またその逆も行うし、それは日本人もフランス人もありうるという農と醸の合体と日本酒とワインの混合が萬乗醸造の酒造りと人づくりであり、あらたな知識創造[9]なのである。

　こういった全く新しい取り組みについて顧客に理解してもらうには、間接的な取り組みや表面的な広告宣伝活動だけでは足りないと感じている萬乗醸造では、ミシュランの星がついているフランス料理店や日本酒とは一般的に合わせ

ない高級中華料理店などを会場にディナー会を開催している。そこでは、久野氏自らや社員が日本酒のセミナーをしたり、新しい取り組みを説明したり、料理との相性などを提案している。日本酒を飲む最終顧客と直につながることを強く意識した活動である。そこで、萬乗醸造の革新的な取り組みという新しい発見を顧客にもたらし、ワインも含めて食と日本酒の新しい価値に関する教育的機会としているのである。そういった場を持つことで一流レストランやそこの顧客の声を直接聞くことも酒に反映しようというのである。

## 3. まとめと考察

現在の萬乗醸造は「熟した果実味と気品、優しさ、懐かしさを求めて」という言葉に日本酒の目指す姿を集約している。そして「美意識、本質、先見性」という三つを日本酒に求めているのだという。

東京で演劇を志して「あなたは何者なのか。どこから来て、どこに行くのか」と問われて自らのルーツと向き合った久野九平治氏は「醸し人九平次」を発売してもなお「たしかにいい酒だが、あなたはこの酒を通じて何を訴えたいのか、飲んだ人には何を感じてほしいのか、酒造りを通してどのような人間になりたいと考えているのか」と問われた。2度までも人間として根源的な問いを向けられたことに対して、愚直なまでに向き合って、行動を起こし続けてきたからこそ現在の目指す姿に到達できたという過程はまさにイノベーションプロセスそのものであり「いかになすのか？」から「なぜなすのか？」という高い次元での思考と創造を伴うものであった。

この日本酒のイノベーションプロセスは、いわゆる知識創造プロセスであった。必ず本質を求めて本場の先達に飛び込むところからスタートし、教えを請い学びその暗黙知を体得してから、体験に根差した自分たち独自の価値観のもとで形式知に表現してその活動へと昇華させるというところに特徴があったといえる。そして、単に伝統を守ることに固執したわけでもなく、いたずらに科学化を推し進めたものでもなかった。

それは、杜氏のもとでの酒造り修行にはじまり、同級生と独自の新しい銘柄「醸し人九平次」を生み出したこと、ロマネ・コンティの感動からワインに学びフランスに営業に行ったこと、ワイン関係者から学んだブドウの物語をきっか

けに米作りをはじめ自社田をもったこと、フランスでの日本酒造り投資案件を
きっかけにフランス米で日本酒を造ったこと、そしてブルゴーニュでワインを
造っていることである。そして、その途方もなく長く、泥臭いプロセスを経て、
ワインと日本酒という同じ醸造酒を田や畑からビン詰めまで一貫して自社で両
方行える唯一無二の酒蔵となったのである。これは、日本酒の伝統に学びつつ
も、現代の手法も取り入れ、さらに世界を市場とした時に同様に世界を市場と
している同じ醸造酒であるワインの本場から多くを学んだものである。

　フルオートメーションの工場で購入してきた米を徹底的に磨いて日本酒を造
るのも戦略である。しかし、日本酒を嗜好品として考えたとき、大事な人と大
切な時間を過ごす際に飲む酒と考えたとき、萬乗醸造のイノベーションプロセ
スを壮大な物語としてその文脈までいただくならば、その味わいはさらに深み
を増す。同じ醸造家による同じ考え方による酒造りで異なる種である日本酒と
ワインを同じテーブルに並べることができるというのは、世界初の経験価値創
造である。欧州のワインやクラフトワークがそうであるように、こういった本
質的で途方もない時間をかけないと手に入らない田の物語、蔵の技、ワインと
のミックスという「農と醸との知識移転」、「日本酒とワインとの知識移転」は
あくまでも人からはじまる模倣不可能な究極的な差別化としての知識創造なの
である。

### 謝辞

　本章執筆にあたり、インタビュー調査や資料提供など久野九平治氏をはじめ萬乗醸造の皆
様に大変お世話になりました。また、本研究はJSPS科研費 JP20K13604の助成を受けたもの
です。心より感謝を申し上げます。

### ●注

1) 2020年2月6日のプレスリリースによる。

2) フランスのワイン・スピリッツ輸出業者連盟（Fédération des exportateurs de vins et
spiritueux）による2020年2月12日プレスリリースによる。

3) 2018年7月26日に萬乗醸造にてインタビュー調査を行い、eメールによる追加インタ
ビューによってデータを集めた。また、社内文書などの提供と合わせてオリジナルデー
タを収集してデータベースを構築し事例分析した。

4) 東京都千代田区有楽町が本社所在地の大手酒販店。地元では飲まれているが首都圏で
は無名だった銘柄を発掘して次々と育てたことで知られる。日本酒の輸出においても
著名。

5）愛知県愛西市の酒造メーカーで、兵庫県東条町の山田錦を使用している。

6）ドメーヌ・ド・ラ・ロマネコンティ（DRC）社がピノ・ノワール種の自社ブドウ畑から生産するブドウで造ったブルゴーニュワイン。生産量が少ないため大変希少なワインである。

7）Argote & Ingram（2000）によれば、知識移転とは個人やグループ、組織などの単位での学習が、ほかのグループなどの経験に影響を及ぼせるプロセスのこととされている。情報ではなく知識の移転であるため組織から組織への情報伝達を超えて、相手の知識へのルーティン化も含めた概念である。

8）Pine & Gilmore（1999）は、経済価値としての経験について、「企業がサービスを舞台に、製品を小道具に使って、顧客を魅了する時に生ずる。コモディティは代替可能、製品は有形、サービスは無形だが、経験は思い出に残るという性質を持つ。経験を買う人は、ある瞬間やある時間に企業が提供してくれるコトに価値を見出す」としている。

9）暗黙知と形式知の相互作用により個人の思いが組織的にコンセプトや新商品となりながら連続的なイノベーションを企業にもたらすプロセスを知識の創造になぞらえた概念である。詳しくは、Nonaka & Takeuchi（1995）を参照。

**【参考文献】**

丸山一芳（2019）「日本酒の海外進出における知識移転とイノベーション —萬乗醸造によるフランス進出の事例分析—」、日本創造学会第41回研究大会、『大会論文集』、pp. 106-109。

Argote, L. and Ingram, P.（2000）"Knowledge transfer: A basis for competitive advantage in firms," *Organizational Behavior and Human Decision Processes*, 82(1), pp. 150-169.

Nonaka, I. and Takeuchi, H.（1995）*The Knowledge-creating company*, New York: Oxford University Press.（梅本勝博訳『知識創造企業』、東洋経済新報社、1996年）

Pine II, B. J. and J. H. Gilmore（1999）*The Experience Economy: Work Is Theatre and Every Business Is a Stage*, Harvard Business School Press.（電通「経験経済」研究会訳『経験経済』、流通科学大学出版、2000年）

Yin, Robert K.（1994）*Case Study Research: Design and Methods, 2nd ed.*, Sage.（近藤公彦訳『ケース・スタディの方法』、千倉書房、1996年）

# 第 4 章

# 静岡県におけるお茶産業の
# 動向とイノベーション

常葉大学　　河田　賢一

## 第1節　お茶産業の現況

　静岡県は、お茶が有名である。静岡地方気象台は毎年3月15日から5月10日まで遅霜予報を発表しているが、これは茶園に霜が降りないかどうかをお茶（生葉生産）農家に知らせるためである。翌朝の最低気温が4℃以下であると遅霜に注意する必要があるとされている。これは静岡県におけるお茶栽培の重要性を示すものである。さらに日本で最も多く栽培されているお茶の品種である「やぶきた」は、静岡県安倍郡有度村（現、静岡市駿河区）出身の杉山彦三郎によって発見され、そして育成された品種のお茶である[1]。

　お茶産業は、生葉の生産、荒茶への加工、仕上茶への加工、その販売、という多数の複雑な過程を持つ特徴がある。お茶は他の農産物と同様に農協が流通経路に関与することがある。この農協には他の農作物も取り扱う総合農協と、お茶だけを専門に取り扱う茶農協がある。茶商も存在する。さらにお茶生産農家が自ら小売店舗を持って消費者に直接販売することもある。このようにお茶産業はそれに関係する事業者が多い。

　他方、お茶を消費する側を考えると、朝食がパン食の家庭ではコーヒーや紅茶を飲むことが多いであろうが、コメ食の場合にはお茶を飲むであろう。単身世帯は別であるが、2人以上の家庭の夕食では急須で淹れたお茶を飲むことが

多い。すなわち、日本、そして日本人の食生活にとってお茶は切り離すことができないものである。

　本章では、静岡県にとって重要な産業であるお茶、お茶産業の動向と、過去そして現在においてどのようなイノベーションが行われてきたかをみていく。

## 第2節　お茶の歴史と消費

### 1．お茶の歴史

　日本におけるお茶は、平安時代に最澄や空海などの僧侶が唐（現、中国）に留学した際に持ち帰ったのが最初だといわれている[2]。

　江戸時代までのお茶は、限られた地域で小規模に生産されていた。それが1858年の日米修好通商条約締結以降、お茶は生糸と共に外貨獲得のための重要な輸出品目となった[3]。同条約締結から第1次世界大戦まで、日本で生産されたお茶の60〜90％がアメリカに輸出されていた。すなわち当時の日本のお茶の販売は輸出に依存しており、さらにアメリカ市場における販売動向に大きく左右される状況にあった。1887年頃までは日本の輸出総額の15〜20％をお茶が占めていた。特に1875年前後には約35％と3分の1を超えるほど重要な品目であった。ただ当時のアメリカは既にコーヒーが普及しており、お茶（紅茶を含む）の市場はそれほど大きなものではなかった。アメリカのお茶市場ではインド紅茶やセイロン紅茶との激しい競争が繰り広げられた。ただ後述の通り、価格面においてインド紅茶やセイロン紅茶との差が大きいという問題があった。さらに第1次世界大戦後には、インド紅茶とセイロン紅茶はアメリカで誕生したマーケティングを同市場で展開したことで、日本茶のアメリカへの輸出は大きく減少した。そのため日本茶は輸出向けから日本の国内市場を対象とするものにならざるを得なかった。

### 2．お茶の消費

　日本における「緑茶」、「紅茶」、「コーヒー」の1970年から2005年までの年間1人当たり消費量をみると、「コーヒー」が約5倍弱、「紅茶」が約90％増加し

ているのに対して、「緑茶」は1970年とほぼ同じ消費量である[4]。この数字は年間生産量を人口で除した数値であることから、正確な消費量とは言えない部分がある。なぜなら、その年の生産数量の全量が、同年中に消費されるわけではないからである。

　同期間における1世帯当たりの飲料費に占める各種飲料への支出割合そして食料費に占める飲料費の割合（水係数）でみると、傾向は異なる。水係数が1970年代はほぼ4％台であったが、1980年から1993年までは3％台に低下した。そして1994年に4％台に回復し2004年と2005年には5％台へと増加している。これは緑茶を含めた茶飲料が増加していることがその要因である。特にペットボトル緑茶ドリンクの登場と普及が日本茶の茶葉（リーフ茶）の消費量に影響を及ぼしている[5]。

# 第3節　静岡茶

　静岡県は戦前から日本を代表するお茶の産地であった。それを不動の地位にしたのが1899年に清水港が開港場に指定されてからである。清水港が開港する前は横浜港と神戸港がお茶の二大輸出港であったが、清水港は1908年に神戸港を、翌1909年に横浜港を上回る輸出量となった[6]。

　お茶の種類は異なるが、静岡茶は戦前にインド紅茶とセイロン紅茶との間でアメリカ市場において競争関係にあったが、価格が二つの産地の紅茶より60％程度高く価格競争において不利であった。そこで静岡茶は全国に先駆けて機械化を進め生産コストの削減に努めた[7]。このコスト削減は輸出だけでなく、日本国内の市場における他産地との競争においても大きなメリットとなった。しかしながら後述するように静岡茶は栽培している土地が傾斜地が多く、そして小さな面積の茶園が多いことから、平坦な茶園で大規模に栽培している鹿児島茶との生産コストの差が大きく開いており、現状とは大きな違いがある。すなわち戦前期の静岡県は日本で最も先進的なお茶産地であったが、現在はその逆である。

　JR静岡駅の少し北にある「新静岡駅」から清水港のある「新清水駅」まで静岡鉄道が通っているが、これは静岡茶を清水港まで運ぶために作られた鉄道

である[8]。静岡駅から清水港まではJR東海道本線もあるが、これは静岡茶だけでなく、他産地のお茶も運んでいたことから静岡茶を清水港まで運ぶために別の鉄道が必要となり開通したのが現在の静岡鉄道である。

　静岡県のお茶は、日本中で有名である。桑野・酒巻・三田村による、東京家政学院短期大学、武蔵野調理師専門学校、大阪あべの辻製菓専門学校の三つの学校の生徒に対して、緑茶の産地知名度調査を実施した結果は次の通りである。静岡茶は3校ともに知名度が90％以上で、平均も95.9％と最も高かった。2番目に高かったのは宇治茶で東京の2校平均で32.5％、大阪では53.6％であった。埼玉県の狭山茶は東京の2校平均が31.8％であったが、大阪ではわずか1.2％の知名度しかなかった。調理師専門学校と製菓専門学校が含まれているとはいえ、若い女性においても静岡茶の知名度が非常に高い結果が出ている[9]。

　しかしながら、全国茶商工業協同組合連合会と静岡県立大学経営情報学部岩崎研究室が2006年に東京都で実施した調査では、茶産地のブランドについて次のような結果がある[10]。「静岡の緑茶」と聞いて思い浮かべる単語を尋ねたところ、10人以上が回答したのは、「茶摘み・茶畑」が27人、「大衆的・庶民的・一般的」が20人、「美味しい・旨い」が18人、「普通・普段・日常」が10人であった。他方で「京都のお茶」と聞いて思い浮かべる単語を尋ねたところ、「高級・高価」が58人、「宇治・宇治茶」が29人、「抹茶」が10人であった。この調査は、多くの日本人が一般的に持つ「静岡のお茶」と「京都のお茶」のイメージに近いものだと思われる。

　前節を含めて考えると、「静岡茶」は食事の際に飲むお茶であると認識してもらい、最大の消費量が発生する食事におけるシェアを確保することが必要である。そして食事以外の時には「静岡茶」の中でもより高い価格のお茶を飲んでもらえるような戦略を行うべきである。

# 第4節　お茶産業の現状と課題

　日本全国におけるお茶の小売市場は、2017年の推計値で茶葉部門が約1,850億円（約4万2,600トン）、飲料部門が約4,400億円（約3万トン）、抹茶加工品部門が約200億円（約8,700トン）の合計約6,450億円（約8万1,300トン）である[11]。1トン

当たりに換算すると茶葉部門が約43万円、飲料部門が約147万円、抹茶加工部門が約23万円である。したがって飲料部門が最も付加価値が高い。

## 1．お茶の流通経路

　静岡県内におけるお茶の流通経路は図4-1の通りである。生葉生産農家は茶園でお茶を栽培し、摘採した生葉を製茶施設で荒茶に仕上げて出荷・販売する。これを「自園自製」という。荒茶に仕上げることなく生葉のまま出荷・販売する農家もある。荒茶加工は複数の農家が共同で所有する製茶工場で行う「共同製茶」もある。農家が自ら小売店舗を経営する「自店小売」もある。この場合、農家自身が仕上茶への再製加工も行う。生葉のまま出荷・販売される場合は、茶商との間に荒茶製造業者が入る。これは「買葉」といわれる。生葉は摘採するとすぐに品質が劣化するため、荒茶製造工場は茶園近くに立地している。

　茶商は産地や製法が異なる複数の荒茶を混ぜ合わせて仕上茶を製造し、販売する商業者である。複数の荒茶を混ぜ合わせることを「合組」という。茶斡旋業者は茶商とは異なり基本的に荒茶の在庫を持つことなく、農家と茶商との間

### 図4-1　静岡県におけるお茶の流通経路

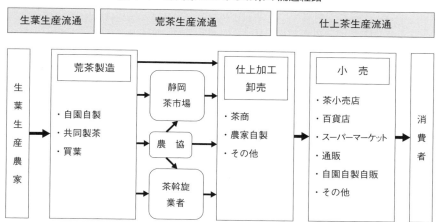

出所：町田歩未（2017）「家業という戦略 ―静岡県磐田市におけるお茶農家を事例に―」，
　　　成城大学常民文化研究会編，『常民文化』，第40号，p. 130を一部修正。

表4-1　お茶産出額の推移

(単位：億円)

| | 1975年 | 1985年 | 1990年 | 1995年 | 2000年 | 2005年 | 2010年 | 2015年 |
|---|---|---|---|---|---|---|---|---|
| 静岡県 | 699 | 778 | 746 | 744 | 735 | 652 | 436 | 306 |
| 鹿児島県 | 88 | 145 | 175 | 250 | 272 | 302 | 254 | 227 |
| 三重県 | 90 | 85 | 103 | 92 | 97 | 101 | 78 | 87 |
| 京都府 | 49 | 67 | 57 | 64 | 76 | 84 | 70 | 83 |
| 福岡県 | 41 | 51 | 47 | 59 | 64 | 61 | 51 | 45 |
| 全国 | 1,271 | 1,491 | 1,473 | 1,519 | 1,541 | 1,472 | 1,079 | 907 |

出所：静岡県経済産業部農業局お茶振興課編（2020）『静岡県茶業の現状〈お茶白書〉統計資料』. p. 1。
注1：お茶産出額＝生葉産出額＋荒茶産出額。
注2：全国は、お茶を推計品目として調査している都道府県のみの合計である。

の売買を仲介し手数料を得る商業者である[12]。

　ペットボトルを中心とした緑茶飲料（以下、緑茶ドリンク）は、製造業者が茶商などから荒茶を購入し、生産している[13]。鹿児島県の荒茶はこの用途向けが多い。

## 2．お茶白書から

　表4-1によると、全国のお茶産出額は増減があるものの2000年以降は減少傾向である。なかでも2005年から2010年にかけて393億円（26.7％）も減少した。静岡県の全国に対する産出額構成比は1975年に約55.0％と半分以上のシェアを占めていたが、2015年時点では約33.7％で全国の3分の1強のシェアまで下がっている。鹿児島県は1975年時点で約6.9％のシェアしかなかったが、2015年時点では約25.0％と全国の4分の1のシェアまで増加している。

　静岡県も1985年頃まで増加したが、その後減少傾向で2015年には1975年の産出額の半分以下まで減少した。それに対し鹿児島県の2015年の産出額は1975年の約2.5倍に増加した。静岡県は上位5府県の中で最も減少率が大きく（減少しているのは三重県と全国）、お茶産地としての地位が低下している。

　表4-1で静岡県のお茶産出額のシェアが減少していることにより、お茶の産地としての地位が低下していると述べたが、それはお茶生産農家数の減少によるものかをみていく。

表4-2　お茶生産農家数の推移

（単位：戸）

| | 1975年 | 1985年 | 1990年 | 1995年 | 2000年 | 2005年 | 2010年 | 2015年 |
|---|---|---|---|---|---|---|---|---|
| 静岡県 | 60,395 | 53,796 | 43,240 | 37,153 | 25,359 | 17,731 | 13,933 | 9,504 |
| 鹿児島県 | 24,578 | 16,131 | 9,435 | 6,828 | 4,678 | 3,072 | 2,216 | 1,599 |
| 三重県 | 16,792 | 14,768 | 9,747 | 7,838 | 4,738 | 2,294 | 1,455 | 941 |
| 全国 | 221,393 | 195,464 | 135,411 | 109,343 | 68,725 | 37,617 | 28,116 | 19,603 |

出所：静岡県経済産業部農業局お茶振興課編（2020）『静岡県茶業の現状〈お茶白書〉統計資料』．p. 4。
注1：1990年から農家の定義が変更（経営規模の統一や販売金額の下限引き下げ）された。
注2：2000年以降は販売目的で栽培した農家数である。

表4-3　茶園面積の推移

（単位：ha）

| | 1975年 | 1985年 | 1990年 | 1995年 | 2000年 | 2005年 | 2010年 | 2015年 |
|---|---|---|---|---|---|---|---|---|
| 静岡県 | 21,200 | 23,000 | 23,100 | 22,000 | 21,000 | 20,200 | 19,000 | 17,800 |
| 鹿児島県 | 7,160 | 7,610 | 7,590 | 7,460 | 8,040 | 8,390 | 8,690 | 8,610 |
| 三重県 | 3,920 | 4,090 | 3,980 | 3,710 | 3,400 | 3,320 | 3,210 | 3,040 |
| 京都府 | 1,650 | 1,730 | 1,670 | 1,650 | 1,590 | 1,560 | 1,580 | 1,580 |
| 福岡県 | 1,540 | 1,630 | 1,580 | 1,570 | 1,550 | 1,580 | 1,580 | 1,560 |
| 全国 | 59,200 | 60,600 | 58,500 | 53,700 | 50,400 | 48,700 | 46,800 | 44,000 |

出所：静岡県経済産業部農業局お茶振興課編（2020）『静岡県茶業の現状〈お茶白書〉統計資料』．p. 7。

　表4-2によると、お茶生産農家数は表の3県そして全国でも減少している。1975年のお茶生産農家数を100とすると、2015年は静岡県が約15.7、鹿児島県が約6.5、三重県が約5.6、全国が約8.9である。すなわち静岡県の減少率が特に大きいわけではない。鹿児島県のお茶産出額が大きく増加した理由は、お茶生産農家数の増加ではない。

　表4-3は茶園面積の推移を示したものである。静岡県は茶園面積が減少しているのに対して、鹿児島県は1975年を100とすると2015年は約120.3と20％以上増加している。鹿児島県のお茶産出額が大きく増加したのは、生産農家数が増加したからではなく、茶園面積が増加したことが理由である。生産農家数が減少している中で茶園面積が増加しているのは1農家当たり栽培面積が大きく増加していることによるものである。

表4-4　茶期別摘採面積

（単位：ha）

| | | | 1975年 | 1985年 | 1990年 | 1995年 | 2000年 | 2005年 | 2010年 | 2015年 |
|---|---|---|---|---|---|---|---|---|---|---|
| 静岡県 | 茶摘採面積 | 茶栽培面積 | 21,200 | 23,000 | 23,100 | 22,000 | 21,000 | 20,200 | 19,000 | 17,800 |
| | | 一番茶 | 19,400 | 20,800 | 21,600 | 21,000 | 19,900 | 19,100 | 17,500 | 16,300 |
| | | 二番茶以降 | 35,400 | 29,200 | 22,900 | 19,900 | 20,300 | 21,700 | 17,500 | 17,400 |
| | | 年間延べ | 54,800 | 50,000 | 44,500 | 40,900 | 40,200 | 40,800 | 35,000 | 33,700 |
| | | 対栽培面積比 | 258.5% | 217.4% | 192.6% | 185.9% | 191.4% | 202.0% | 184.2% | 189.3% |
| 鹿児島県 | 茶摘採面積 | 茶栽培面積 | 7,160 | 7,610 | 7,590 | 7,460 | 8,040 | 8,390 | 8,690 | 8,610 |
| | | 一番茶 | 5,940 | 6,690 | 6,810 | 6,690 | 7,010 | 7,690 | 8,030 | 8,020 |
| | | 二番茶以降 | 11,240 | 13,700 | 12,800 | 13,900 | 15,700 | 17,900 | 18,500 | 17,500 |
| | | 年間延べ | 17,180 | 20,390 | 19,610 | 20,590 | 22,710 | 25,590 | 26,530 | 25,520 |
| | | 対栽培面積比 | 239.9% | 267.9% | 258.4% | 276.0% | 282.5% | 305.0% | 305.3% | 296.4% |

出所：静岡県経済産業部農業局お茶振興課編（2020）『静岡県茶業の現状〈お茶白書〉統計資料』，p.9。
注1：年間延べは一番茶と二番茶以降を加えた数値である。
注2：対栽培面積比は年間延べ（栽培面積）をお茶栽培面積で除した割合である。

表4-5　荒茶生産量の推移

（単位：トン）

| | 1975年 | 1985年 | 1990年 | 1995年 | 2000年 | 2005年 | 2010年 | 2015年 |
|---|---|---|---|---|---|---|---|---|
| 静岡県 | 52,989 | 48,000 | 44,100 | 40,300 | 39,400 | 44,100 | 33,400 | 31,800 |
| 鹿児島県 | 10,774 | 12,400 | 13,800 | 15,400 | 18,900 | 23,900 | 24,600 | 22,700 |
| 三重県 | 7,620 | 7,200 | 6,620 | 6,650 | 7,410 | 8,110 | 7,100 | 6,830 |
| 京都府 | 3,485 | 3,150 | 2,510 | 2,550 | 3,020 | 3,300 | 2,640 | 3,190 |
| 福岡県 | 2,332 | 1,910 | 1,740 | 1,790 | 2,090 | 2,260 | 2,280 | 1,940 |
| 全国 | 105,449 | 95,500 | 89,900 | 84,800 | 89,300 | 100,000 | 85,000 | 79,500 |

出所：静岡県経済産業部農業局お茶振興課編（2020）『静岡県茶業の現状〈お茶白書〉統計資料』，p.14。

　表4-4は茶期別摘採面積の推移である。静岡県は対栽培面積比が減少傾向にあるのに対し、鹿児島県は逆に増加傾向にある。静岡県は一番茶の摘採面積の減少よりも二番茶以降の摘採面積の減少が大きい。他方で鹿児島県は対栽培面積比が大きい、すなわち二番茶以降を多く摘採することにより、生産数量の確保に注力していると考えられる。

　表4-5は荒茶生産量の推移を示した表であるが、鹿児島県だけ荒茶生産量が大きく増加している。これは緑茶ドリンクや業務用緑茶の生産に力を入れているからである。

表4-6　仕上茶の出荷額の推移

（単位：百万円）

|  | 1975年 | 1985年 | 1990年 | 1995年 | 2000年 | 2005年 | 2010年 | 2015年 |
|---|---|---|---|---|---|---|---|---|
| 静岡県 | 90,582 | 155,762 | 170,802 | 184,318 | 196,505 | 179,343 | 128,489 | 139,515 |
| 鹿児島県 | 8,140 | 15,148 | 11,986 | 13,192 | 17,550 | 11,183 | 10,415 | 12,447 |
| 三重県 | 3,876 | 3,225 | 2,152 | 2,188 | 6,880 | 5,947 | 3,987 | 12,302 |
| 京都府 | 19,898 | 29,644 | 34,896 | 37,910 | 33,557 | 40,934 | 31,610 | 34,541 |
| 福岡県 | 2,321 | 4,475 | 6,794 | 8,765 | 12,116 | 9,927 | 8,581 | 10,444 |
| 全国 | 144,407 | 243,940 | 274,459 | 300,475 | 330,814 | 303,496 | 225,474 | 252,487 |

出所：静岡県経済産業部農業局お茶振興課編（2020）『静岡県茶業の現状〈お茶白書〉統計資料』，p. 36。

　表4-6は仕上茶の出荷額の推移を示した表であるが、これについては静岡県が常に全国の50％以上のシェアを占めている。

　日本茶の品種はその大部分を「やぶきた」が占めている。日本全国の産地で生産される品種が「やぶきた」ばかりであると差別化を行うことができない。さらに摘採時期が集中することから摘採が遅れた茶葉の品質が低下する問題があった[14]。また同じ品種であれば早く摘採できる温暖な産地がより有利になることからも栽培する品種を変えることが必要である。

## 3．現状と課題

　静岡県の荒茶生産量が減少しているのは、品質の良い一番茶の摘採を徹底したことと、製茶価格の低迷による二番茶以降の摘採の中止といった理由によるものであり、茶栽培面積の減少によるものだけではない[15]。経営規模3ヘクタール以上の生産農家が増えていることから、生産農家の経営規模は拡大している[16]。

　静岡県内の茶園は、傾斜地にある茶園や小さな茶園が多いため、茶園管理の効率が悪い。したがって基盤整備による茶園の規模拡大や作業効率を高める必要がある。さらに静岡県内の茶樹は老齢化が進行していることから生産性の低下が懸念される。したがって計画的な茶樹の改植が必要である[17]。

　年と傾斜区分が異なることから単純な比較は困難であるが、1993年における静岡県の傾斜度が1度から8度の茶園面積が全茶園面積に占める割合は約44.0％であったが、2005年における鹿児島県の傾斜度1度から5度のそれは約99.6％

を占めていた。12年の年月の差はあるが、静岡県の茶園が傾斜地に多くあることがわかる[18]。

　茶園面積10アール当たりの労働時間と生産費用を比較すると、労働時間は平坦地が108時間であるのに対し、傾斜地と言い換えてよい中山間地域は157時間で、49時間多く必要である。また生産費用は平坦地が44万6千円であるのに対し、中山間地は50万7千円で、6万1千円多く必要である[19]。

　近年の日本国内のお茶産業では下記の傾向がみられる[20]。第一に生産技術と加工技術が確立されたことと、その平準化である。第二に「やぶきた」という特定品種に対する生産の集中化である。この二つの要因により産地の個性化が薄れている。すなわち産地が異なっていても、同じ品種で同じような品質のお茶であるなら、価格競争に巻き込まれることを意味する。第三に緑茶ドリンクの市場拡大により小売市場における茶葉（リーフ茶）の販売が大きく減少している。伊藤園は1985年に缶入り「煎茶」、1990年に1.5ℓペットボトル入り「お～いお茶」、1996年に500mlペットボトル入り「お～いお茶」を販売しており、これは緑茶飲料において世界初であった。

　静岡県の茶産地には下記の問題がある。第一に河川の上流もしくは中流域の傾斜地にお茶の産地が点在している。第二に茶園の老朽化である。これが労働生産性や面積当たり生産量の低下の要因となっている[21]。

## 4．静岡県における荒茶取引の特徴

　静岡県内の荒茶取引には大きく五つの特徴がある[22]。

　第一に、少量生産される荒茶が多い。これは表4-2と表4-5で静岡県と鹿児島県を比較すると明らかである。2015年時点における1生産農家当たりの荒茶生産量は、静岡県が約3.35トンであるのに対し、鹿児島県は約14.20トンであり、約4.24倍の差がある。表4-2と表4-3で同様に比較すると2015年時点における1生産農家当たりの所有茶園面積は、静岡県が約1.87ヘクタールであるのに対し、鹿児島県は約5.38ヘクタールであり、約2.88倍の差がある。したがって静岡県の荒茶は大量取引には適していない。他方で個々の生産農家が生産するお茶がそれぞれに特徴があるのであれば、個性的なお茶として高い価格で取引される可能性もある。したがって個性的なお茶の栽培に注力すべきである。

　第二に、荒茶の買い手である産地茶商が取引の際に必ず品質鑑定を行う。な
ぜなら、産地茶商が買い入れた荒茶を再製加工して販売することから、荒茶段
階での品質鑑定が重要になるからである。第一に通じることであるが、１生産
農家当たりの生産数量が少ないことから、荒茶の品質を確かめる必要がある。
この品質鑑定は「拝見」といわれる。

　第三に少量単位の荷口が多い静岡茶市場では、多数の仲介人が存在している。
第四に、茶市場での取引成立から現物の引き渡しまでの時間が短い。

　第五に、四つの流通経路がある。一つめは茶市場経由で、少量の個性的な荒
茶を仕入れるのに適した流通経路である。二つめは生産者と茶商の直接取引で、
茶商がある特定の品質のお茶を生産して欲しいと要望する際の流通経路である。
三つめは茶斡旋業者経由で、標準的な品質の荒茶を仕入れるのに適した流通経
路である。四つめは農協共販経由で、一つの産地の荒茶を多く収集したい際に
適した流通経路である。

## ５．茶葉（リーフ茶）の競合

　「急須で淹れた緑茶」のライバルは何かという質問に対する回答（1,000人）は、
「コーヒー」318人、「ウーロン茶」243人、「紅茶」171人、「緑茶ドリンク」39人、
であった[23]。「コーヒー」、「ウーロン茶」、「紅茶」は豆や茶葉で淹れたもので
あり、「急須で淹れた緑茶」と同じように手間暇がかかる飲み方である。「緑茶
ドリンク」にはペットボトルだけでなく缶も含まれる。この結果からすると
「急須で淹れた緑茶」と「緑茶ドリンク」が直接的なライバル、競合関係にない
ことがわかる。

　「急須で淹れた緑茶」と「緑茶ドリンク」を「味わいと止渇」、「情緒と健康・
効能」の２軸でポジショニングすると、「急須で淹れた緑茶」は「味わい・情緒」、
緑茶ドリンクは「止渇・健康・効能」にポジショニングされる。すなわち、こ
の調査でも、「急須で淹れた緑茶」と「緑茶ドリンク」が競合関係にない[24]。

　しかしながら、私たちが昼食でお弁当を食べる際に「急須で淹れたお茶」に
するか、「緑茶ドリンク」にするかという選択を行う場合がある。また夕食を
自宅でとか、もしくは１人で食べる際にも、同様の選択肢がある。すなわち「急
須で淹れたお茶」と「緑茶ドリンク」が競合関係になりうることを意味してい

る。さらに暑い季節であれば、「急須で淹れた熱いお茶」を飲もうとする人は少なくなるはずであり、やはり両者は競合関係になりうると考えるべきである。

　茶葉の消費量そして茶葉の価格という点から、こうした際に「急須で淹れたお茶」を選択してもらえるような取り組みをお茶産業が行う必要がある。さらに食事とともに飲むお茶はいわゆる「大衆茶」でよいが、特別な時には少し高い価格のお茶を飲んでもらえるような取り組み（アピール）が必要になると考える。

## 第5節　産地の取り組み事例と課題

### 1．産地の取り組み事例

　ここでは静岡県にある二つの茶産地の取り組みについてみていく。一つは静岡市清水区で、もう一つは川根本町である。

　静岡市清水区は、2001年に静岡県、静岡市、JAしみず、の協力の下で農家と地元茶商が「農をたのしむ。茶をたのしむ。心をつなぐお茶づくり」を活動理念とする「清水みんなのお茶を創る会」を発足させた[25]。同会には生産農家、地元茶商だけでなく消費者も加わることにより、生産者と消費者の双方向の情報提供ができるようにしている。そうした中で「まちこ」という品種のお茶が選定され、他産地との差別化を行っている。また清水区には四つのお茶栽培地域があることから、この4地域（日本平、庵原、両河内、小島）のお茶を一つの箱に詰め合わせた「清水茶産地四撰」の販売も始めた。この事例は消費者を巻き込んだものであることから、最終消費者への販売までも考えたものである。これに参加する消費者が増えれば、同地域での浸透がより深くなるという効果も期待できる。

　川根本町の茶園は山間地にあることから平野部のお茶産地よりも摘採時期が遅くなり、「やぶきた」を栽培しても他産地との競争で不利となる[26]。そのため「おくひかり」という品種の栽培に注力し始めた。また同町には有力な茶商が少ないため、同町、静岡県農林事務所、JA大井川、の三者が協働して生産農家を指導する体制を整えている。JA大井川は茶商としての機能も果たして

いる。

## ２．課題

　静岡県のようにお茶農家が小規模多数であり、農家ごとのお茶の品質も異なる地域では、個々の消費者ニーズに合わせたお茶を生産することにより他産地との価格競争から一線を画することが必要になると考えられる。そのためにも産地の茶商とのより深い連携が重要になる[27]。

　緑茶ドリンクの需要が今後さらに増加するならば、荒茶流通の大部分を支配している大規模生産農家と大手茶商がこれまで以上に大きな収益を得ることになる。他方で茶葉（リーフ茶）需要がさらに減少するならば、中小規模の生産農家と中小規模の茶商の経営が一層悪化する[28]。

　これまで、摘採時期の遅い産地や晩生品種を生産するお茶農家は、大量の荒茶が出回った後に出荷することから、価格競争的にも不利であると考えられてきた。しかしながら、量産品種「やぶきた」以外の個性的な品種であれば、その希少性により量産品種より付加価値を持つと見直されるようになってきている[29]。

　手摘み茶の贈答品需要は、新茶の時期や年末年始に限定されるが、それを摘む摘み手の高齢化などによって手摘み茶の生産量は減少している。しかしながら手摘み茶の需要の減少より、それの生産量の方がより大きく減少するならば、手摘み茶市場にとどまるという戦略を採用することも考えられる。手摘み茶市場全体が縮小していても、競争者が少なくなれば生き残れる、すなわち残存者利益を得られる可能性があるからである[30]。

　お茶農家は荒茶の生産までが仕事であるが、小規模生産者は少量しか摘採できないお茶を直接再製、仕上加工し仕上茶まで自らが行い、インターネット等で消費者に直接販売することで、荒茶よりも価値を高め、販売価格のアップにつなげるという方策も考えられる[31]。なぜなら大規模生産農家は効率を追求することから荒茶の状態での販売しか行わないからである。小規模であるがゆえ、家族経営であるがゆえに、大規模生産農家では行うことができない、手間暇かけた生産が可能となるからであり、それが生き残り策にもつながると考えられる。

# 第6節　お茶産業におけるイノベーション

## 1．イノベーション

　お茶を急須で淹れて飲もうとすると手間暇がかかる。さらにお茶を淹れた後の茶殻の処理も必要である。この手間暇があることから、急須でお茶を飲む人が減少するのは当然である。この手間暇を解決したのが緑茶ティーバッグや粉末緑茶であった。しかしながら緑茶ティーバッグや粉末緑茶では、急須で淹れたお茶の香りを再現することができないという弱点があった。静岡県農林技術研究所は2007年から「カップの上に載せて淹れるドリップ緑茶」の開発に取り組んだ[32]。現在、静岡県内では、お茶の佐寿㐂園、木村園、さんせい茶園、成茶加納、などの企業が、「ドリップ緑茶」を販売している。「ドリップ緑茶」は、茶葉をそのまま販売するよりも高い価格で販売している。加工することで付加価値がつき売上げと利益につながる。次項の6次産業化は付加価値を高めるとともに、地域産業全体を活性化する効果があることから、その取り組みが行われる。

　また静パックは「ドリップ緑茶」を含めたティーバッグの加工業務の受託事業を行っている。

## 2．6次産業化

　6次産業化は、今村奈良臣が作り出した言葉である。同語は、「農業・農村の活力を軸にした第1次産業と、第2次産業・第3次産業とが有機的・統合的結合を図ることや、農業経営や地域農業が活性化することを意味するものである」[33]。6次産業化という言葉は当初、足し算の「1＋2＋3＝6」であったが、後に掛け算の「1×2×3＝6」とした。今村は農地や農業がなくなってしまえば、6次産業自体が存在しなくなることから、あえて掛け算とした。さらに農業、商品加工（商品開発・生産）、販売・情報の各部門の連携を強化して、付加価値を高めることにより農業部門の所得を増やそうとした[34]。本項では静岡県内のお茶における6次産業化の事例をみていく。

## (1) 沼津茶「素六」

　沼津市は同市の茶業発展に貢献した江原素六にちなんだ「素六」ブランドのお茶の開発を、2016年から南駿農業協同組合を中心に行い、茶葉（リーフ茶）としては価格が高いプレミアム茶を開発した[35]。それ以外にも、ドリップ緑茶、水出し緑茶を開発した。同ブランドに使用する茶葉は、4月中に摘採される軟らかい芽を使用し、「T-GAP」を取得した工場で生産することにより、プレミアム茶とすることにより高級化を図った。さらにフレーバーティーなどの開発により、お茶市場の拡大を図っている。

## (2) 川根本町

　川根本町は高品質なお茶産地として有名であるが、中山間地であることから摘採時期が遅くなり、他産地との価格競争に巻き込まれやすい。そして茶園が傾斜地にあることから、生産性も低いという特徴がある。そこで抹茶の原料となる碾茶、さらに他産地の抹茶と差別化するために有機栽培した碾茶の栽培を始めた[36]。この事業は東邦農園と小栗農園が共同出資して、2015年にKAWANE抹茶を設立したのが始まりである。

## (3) 満寿多園

　やまま満寿多園は、お茶の栽培から販売までの一貫した流通システムを確立し、日本人の食生活を含めたさまざまな社会環境の変化に対応することを基本方針としている。食品の安全マネジメントシステムであるFSSC 22000と有機JASの認定認証を受けている。そして静岡茶のPB（Private Brand：プライベート・ブランド）商品や、OEM（Original Equipment Manufacturing：委託製造）を積極的に請け負っている[37]。

## (4) 丸七製茶

　丸七製茶は「ななや」を冠する店舗名で、静岡市、藤枝市、牧之原市、東京青山に小売店舗を出店している。さらに東京浅草の壽々喜園本店内に共同の店舗を展開している。「ななや」の特徴は、抹茶の濃さが7段階ある静岡抹茶の自家製ジェラートである[38]。藤枝産静岡抹茶は同社と4人の農家が始めたのが最初であり、日本国内だけでなく、アメリカやヨーロッパそしてアジア各地に輸出している。

（5）小柳津清一商店

　小柳津清一商店は、製茶卸売業を営む製茶メーカーである。「雅正庵」という小売店舗を出店している。同店舗では金沢市から取り寄せた金箔丸々1枚（10cm四方）をのせた「金箔抹茶」、農林水産大臣賞を受賞した碾茶を使った「大臣賞抹茶」のジェラートを販売している[39]。

# 第7節　まとめと課題

　静岡県は日本を代表するお茶の産地であり、日本にお茶産業を確立させ、そして広める役割を果たしてきた。清水港から静岡茶を輸出するのに伴い、インド紅茶やセイロン紅茶との価格競争に対抗するために、機械化を取り入れ生産コスト削減にも積極的に取り組んできた。しかしながら現在は、静岡県のお茶産業が厳しい状況に置かれていることは第4節まででみてきた。

　前節でのイノベーションの事例が非常に浅い内容となってしまった。すべては筆者自身の研究の未熟さによるものであるが、一部はこれがうまく機能していないことが要因かもしれない。

　お茶に限らず日本の第1次産業は6次産業化による高付加価値化を推進していかない限り海外の輸入農産物との価格競争に巻き込まれることから、6次産業化を推進せざるを得ない。6次産業化は地産地消につながるものであるだけに、今後一層の推進が必要である。

●注

1) 静岡市HP「しずおかお茶語り」https://www.ochanomachi-shizuokashi.jp/
（アクセス日：2020年5月6日）。

2) 静岡市農業政策課編（2019）『お茶のまち静岡市』，静岡市農業政策課，p. 7。

3) 農山漁村文化協会編（2008）『茶大百科Ⅰ：歴史・文化／品質・機能性／品種／製茶』，農山漁村文化協会，pp. 179-180。

4) 農山漁村文化協会編（2008）『同上書』，p. 158。

5) 農山漁村文化協会編（2008）『同上書』，p. 158。

6) 寺本益英（1996）「静岡茶業の近代化 ―明治末期～昭和戦前期―」，関西学院大学経済学部編，『経済学論究』，第50巻第3号，p. 103。

7) 寺本益英（1996）「同上論文」，pp. 107-116。農山漁村文化協会編（2008）『前掲書』，pp. 168-170。

8）粟倉大輔（2017）『日本茶の近代史 ― 幕末開港から明治後期まで』，蒼天社出版，pp. 234-248。

9）桑野和民・酒巻千波・三田村敏男（1989）「市販緑茶の地域特性について」，日本家政学会編，『日本家政学会誌』，第40巻第3号，pp. 37-38。

10）農山漁村文化協会編（2008）『前掲書』，pp. 410-411。

11）国際開発センター編（2019）『農林水産省委託 平成30年度 茶の流通合理化に関する調査委託事業 報告書』，p. 7。

12）加納昌彦・納口るり子（2016b）「静岡県荒茶流通における茶斡旋業者の存立要件」，日本農業経営学会編，『農業経営研究』，第54巻第2号，p. 67。国際開発センター編（2019）『農林水産省委託 平成30年度 茶の流通合理化に関する調査委託事業 報告書』p. 6。

13）根師梓・藤島廣二（2012）「国内の緑茶飲料原料茶葉供給における企業間取引の成立条件」，東京農業大学農業経済学会編，『農村研究』，第114号，pp. 30-32。

14）農山漁村文化協会編（2008）『前掲書』，p. 176。

15）静岡県経済産業部編（2014）『静岡県茶業振興基本計画（平成26〜29年）〜新たな時代に向けた静岡県茶業の展開〜』，p. 1。

16）静岡県経済産業部編（2014）『同上書』，p. 1。

17）静岡県経済産業部編（2014）『同上書』，p. 2。

18）農山漁村文化協会編（2008）『前掲書』，pp. 269-270。

19）静岡県経済産業部農業局お茶振興課編（2020）『静岡県茶業の現状〈お茶白書〉統計資料』，p. 26。

20）加納昌彦・納口るり子（2008）「新品種を用いた茶産地ブランド戦略と地域組織化 ― 静岡県内2産地を事例として ―」，日本農業経営学会編，『農業経営研究』，第46巻第1号，p. 69。

21）加納昌彦・納口るり子（2008）「同上論文」，p. 69。

22）加納昌彦・納口るり子（2016a）「静岡県の荒茶流通における茶市場の役割」，日本農業経営学会編，『農業経営研究』，第53巻第4号，p. 79。

23）岩崎邦彦（2008）「茶の消費動向と課題」，静岡県茶業会議所編，『静岡県茶業史 第6編』静岡県茶業会議所，pp. 230-231。

24）岩崎邦彦（2008）「前掲論文」，pp. 227-230。

25）加納昌彦・納口るり子（2008）「前掲論文」，pp. 71-73。

26）加納昌彦・納口るり子（2008）「同上論文」，pp. 71-72。

27）加納昌彦・納口るり子（2010）「静岡県茶産地における生産者と産地茶商の連携 ― 製品差別化のための「農 - 商」の取り組み ―」，日本農業経営学会編，『農業経営研究』，第48巻第2号，p. 124。

28）加納昌彦・納口るり子（2016a）「前掲論文」，p. 69。

29）加納昌彦・納口るり子（2019）「茶をめぐる状況変化と小規模生産者の経営対応」，日本農業経営学会編，『農業経営研究』，第56巻第4号，pp. 80-81。

30）加納昌彦・納口るり子（2019）「同上論文」，p. 81。

31）加納昌彦・納口るり子（2019）「同上論文」，p. 81。

32）佐田康稔（2010）「茶の新商品開発〜本格的な日本茶の味を簡便に〜」，静岡産業大学情報学部 O-CHA 学研究センター編『O-CHA 学』第2号，pp. 48-55。

33）工藤康彦・今野聖士（2014）「6次産業化における小規模取り組みの実態と政策の課題　―北海道「6次産業化実態把握調査」結果から―」，北海道大学大学院農学研究院編，『北海道大学農経論叢』，第69集，p. 63。

34）中村恵二・山口大樹（2018）『図解入門業界研究　最新農業の動向としくみがよ〜くわかる本』，秀和システム，p. 94。

35）「静岡県6次産業化取組事例」，p. 17。http://www.pref.shizuoka.jp/sangyou/sa-110/documents/jireisyu.pdf
（アクセス日：2020年5月6日）。

36）「同上事例」，p. 35。

37）やまま満寿多園ホームページ。アクセス日：2020年5月6日。

38）丸七製茶ホームページ。アクセス日：2020年5月6日。

39）小柳津清一商店ホームページ。アクセス日：2020年5月6日。
　　この時点において「金箔抹茶」は900円，「大臣賞抹茶」は1,800円（いずれも消費税込み）で販売されている。

## 【参考文献】

粟倉大輔（2017）『日本茶の近代史―幕末開港から明治後期まで』，蒼天社出版。

岩崎邦彦（2008）「茶の消費動向と課題」，静岡県茶業会議所編，『静岡県茶業史　第6編』，静岡県茶業会議所，pp. 203-255。

加納昌彦・納口るり子（2008）「新品種を用いた茶産地ブランド戦略と地域組織化―静岡県内2産地を事例として―」，日本農業経営学会編『農業経営研究』，第46巻第1号，pp. 69-74。

加納昌彦・納口るり子（2010）「静岡県茶産地における生産者と産地茶商の連携―製品差別化のための「農-商」の取り組み―」，日本農業経営学会編，『農業経営研究』，第48巻第2号，pp. 119-124。

加納昌彦・納口るり子（2016a）「静岡県の荒茶流通における茶市場の役割」，日本農業経営学会編，『農業経営研究』，第53巻第4号，pp. 78-83。

加納昌彦・納口るり子（2016b）「静岡県の荒茶流通における茶幹旋業者の存立要件」，日本農業経営学会編，『農業経営研究』，第54巻第2号，pp. 67-72。

加納昌彦・納口るり子（2019）「茶をめぐる状況変化と小規模生産者の経営対応」，日本農業経営学会編，『農業経営研究』，第56巻第4号，pp. 77-82。

工藤康彦・今野聖士（2014）「6次産業化における小規模取り組みの実態と政策の課題―北海道「6次産業化実態把握調査」結果から―」，北海道大学大学院農学研究院編，『北海道大学農経論叢』，第69集，pp. 63-76。

桑野和民・酒巻千波・三田村敏男（1989）「市販緑茶の地域特性について」，日本家政学会編，『日本家政学会誌』，第40巻第3号，pp. 217-220。

国際開発センター編 (2019)『農林水産省委託 平成30年度 茶の流通合理化に関する調査委託
　　事業 報告書』。

佐田康稔 (2009)「茶の新商品開発〜本格的な日本茶の味を簡便に〜」，静岡産業大学情報学
　　部 O-CHA学研究センター編，『O-CHA学』，第2号，pp.48-55。

静岡県経済産業部編 (2014)『静岡県茶業振興基本計画 (平成26〜29年)〜新たな時代に向け
　　た静岡県茶業の展開〜』。

静岡県経済産業部農業局お茶振興課編 (2020)『静岡県茶業の現状〈お茶白書〉統計資料』。

「静岡県六次産業化取組事例」。

静岡市農業政策課編 (2019)『お茶のまち静岡市』，静岡市農業政策課。

新村出編 (2018)『広辞苑 第七版』，岩波書店。

寺本益英 (1996)「静岡茶業の近代化 —明治末期〜昭和戦前期—」，関西学院大学経済学部編，
　　『経済学論究』，第50巻第3号，pp. 93-120。

中村恵二・山口大樹 (2018)『図解入門業界研究 最新農業の動向としくみがよ〜くわかる本』，
　　秀和システム。

根師梓・藤島廣二 (2012)「国内の緑茶飲料原料茶葉供給における企業間取引の成立条件」，
　　東京農業大学農業経済学会編，『農村研究』，第114号，pp. 25-34。

農山漁村文化協会編 (2008)『茶大百科 I：歴史・文化／品質・機能性／品種／製茶』，農山
　　漁村文化協会。

町田歩未 (2017)「家業という戦略 —静岡県磐田市におけるお茶農家を事例に—」，成城大学
　　常民文化研究会編，『常民文化』，第40号。


静岡市ホームページ「しずおかお茶語り」 https://www.ochanomachi-shizuokashi.jp/
小柳津清一商店ホームページ　http://www.oyaizu.co.jp/
丸七製茶ホームページ　http://www.marushichi-group.jp/
やまま満寿多園ホームページ　http://masudaen.com/

# 第 5 章

# 愛知県西尾抹茶産地の流通戦略

愛知産業大学 西田 郁子

　抹茶入りのアイスクリームや菓子は、今や国内では当たり前だが、海外にも「Matcha」として広がり始めている。財務省の貿易統計によると、名古屋税関管内（愛知、三重、岐阜、静岡、長野）からの緑茶の輸出量は2,359トン（2019年）と、20年前と比較すると10倍以上増加している（図5-1）。2019年の全国からの輸出量は5,108トンであり、名古屋税関管内からの輸出が約5割を占めている。中でも増えているのが抹茶で、緑茶輸出額の約67％を占めている。名古屋税関管内からの主な輸出先を国・地域別にみると、米国（996トン、金額は43億円）、ドイツ（258トン、9億円）、台湾（597トン、6億円）であった（図5-2）。

　この輸出拡大の牽引役が、愛知県西尾市に本社を置く「株式会社あいや」である（以下、「あいや」という）。あいやが新規マーケットの開拓に挑戦した1960年代は、抹茶の需要は茶道用が主流であった。そのようななか、食品加工原料として抹茶の新たな需要を創造し、食品業界に販路を拡大していった。そして、日本国内のみならず世界各地に販路を拡大していく。

　本章では、愛知県西尾市の抹茶産地を事例として取り上げる。当該産地では、サプライチェーンを構成する茶農家と製茶企業が独自の取引関係を構築している。そのような両者の取引関係が製茶企業の戦略に与えた影響について議論する。

図5-1　名古屋税関管内からの緑茶輸出量・金額の推移

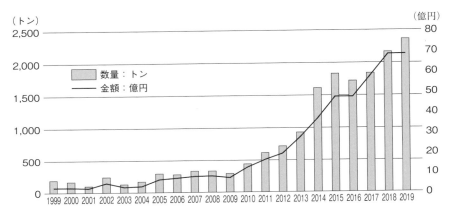

出所：財務省「貿易統計」より筆者作成。

図5-2　名古屋税関管内から各国・地域への緑茶輸出額（2019年）

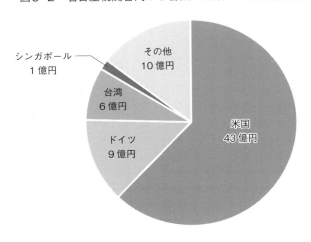

出所：財務省「貿易統計」より筆者作成。

# 第1節　西尾抹茶産地の形成過程と抹茶の製品特性

## 1．産地の形成過程[1]

　西尾市における茶葉生産の起源は、鎌倉時代の1271（文永8）年に遡るが、本格的に茶園栽培が開始されたのは明治初期である。西尾茶の生産の特徴は、当初から上級茶の製造を目標としたことであった。のちに抹茶の原料となるてん茶生産が大きく育つ素地はこのころから芽生えていた。西尾地域の茶業者は商品価値の高い玉露の生産を目指し、茶の樹に覆いをかけて育てる覆下（おおいした）栽培技術の向上に取り組んだ。1897（明治30）年代からは玉露からてん茶への変更が進み、1935（昭和10）年代に三河式トンネルてん茶機が考案されると抹茶の産地として飛躍的な成長をとげた。1950（昭和25）年頃より、てん茶機の燃料が薪から石炭に替わったことで、てん茶生産の成長はさらに進み、1953（昭和28）年には稲荷山台地一帯に約150ヘクタールの茶園が形成され、茶生産者、てん茶加工業者、抹茶加工業者が一体となって、抹茶に特化した生産地形成が進んだ。

　1960年頃には、全国的な茶の大増産により西尾の茶産業は危機に陥ったが、抹茶を食品加工用原料として用いることで販路拡大を目指し、全国のてん茶生産量が881トンであった1991年時点で西尾を中心とした愛知県の生産量は約480トンと、全国に先駆けて抹茶に特化した生産地である（表5-1）。仕上茶（煎

### 表5-1　てん茶生産量の推移

（単位：トン）

| 年＼生産地 | 全国 | 愛知 | （参考）　その他の主産地 | |
| --- | --- | --- | --- | --- |
| | | | 京都 | 静岡 |
| 1961 | 347 | — | — | — |
| 1991 | 881 | 480 | 211 | 12 |
| 1996 | 955 | 383 | 335 | 195 |
| 2001 | 1,120 | 490 | 447 | 143 |
| 2006 | 1,650 | 473 | 789 | 183 |
| 2011 | 1,378 | 477 | 604 | 217 |
| 2016 | 2,571 | 541 | 1,072 | 471 |
| 2018 | 3,387 | 545 | 1,181 | 510 |

出所：1961-2006年は農林水産省「各年産作物統計」、2011-2018年は全国茶生産団体連合会調べ。
注1：「—」調査を欠くもの。県別てん茶生産量の統計調査は、1991年産から開始された。

表5-2　荒茶生産量・仕上茶出荷額の推移

| 生産地 年 | 荒茶生産量（単位：トン） | | | | 仕上茶出荷額（単位：億円） | | | |
|---|---|---|---|---|---|---|---|---|
| | 全国 | 愛知 | （参考）その他の主産地 | | 全国 | 愛知 | （参考）その他の主産地 | |
| | | | 京都 | 静岡 | | | 京都 | 静岡 |
| 1970 | 91,198 | 1,253 | 3,490 | 48,564 | 642 | 2 | 92 | 405 |
| 1980 | 102,300 | 1,240 | 2,900 | 50,100 | 2,220 | 18 | 308 | 1,353 |
| 1990 | 89,900 | 1,080 | 2,510 | 44,100 | 2,745 | 46 | 349 | 1,708 |
| 2000 | 89,300 | 899 | 3,020 | 39,400 | 3,308 | 81 | 336 | 1,965 |
| 2005 | 100,000 | 1,090 | 3,300 | 44,100 | 3,035 | 72 | 409 | 1,793 |
| 2010 | 85,000 | 929 | 2,640 | 33,400 | 2,255 | 67 | 316 | 1,285 |
| 2015 | 79,500 | 887 | 3,190 | 31,800 | 2,525 | 96 | 345 | 1,395 |
| 2016 | 80,200 | 914 | 3,190 | 30,700 | 2,367 | 119 | 321 | 1,293 |
| 2017 | 82,000 | 880 | 3,160 | 30,800 | 2,500 | 123 | 373 | 1,390 |

出所：農林水産省「各年産作物統計」，経済産業省「各年工業統計調査」。
注1：工業統計調査は、従業員4人以上の事業所を調査対象とする。
注2：「荒茶」とは、茶葉（生葉）を蒸熱、乾燥等の加工処理を行い製造したもので、仕上げ茶（抹茶、煎茶、玉露等）として再製する以前のものをいう。荒茶のうち、抹茶の原料となるものを「てん茶」とよんでいる。
注3：仕上茶とは、煎茶、抹茶、番茶、ほうじ茶、玉露等である。

茶、抹茶、番茶、ほうじ茶、玉露等）の出荷額についても、愛知県は出荷額を伸ばしている（表5-2）。

## 2．抹茶の製品特性[2]

　抹茶の原料となる茶葉を「てん茶」という。てん茶は玉露と同じように栽培中に覆いをして遮光することで、渋みが抑えられ、甘み・うま味が増すと共に鮮やかな緑色に育つ。収穫後は玉露や煎茶と異なり、茶葉をもまず、乾燥させたのち、茶臼で時間をかけて碾き、数ミクロンの細かい粉末に加工する。
　茶は同じ茶樹から一年間に3回から4回収穫することができ、摘採した順番にそれぞれ一番茶、二番茶、三番茶、秋番茶と呼ばれる。茶の収量は、1年1作の他の作物に比較すると安定している。一般的に、一番茶の取引価格が決められ、それをいわば最高値として、二番茶、三番茶、秋番茶と価格は低下していく。茶種による価格差もあり、抹茶や玉露は上級茶といわれる。
　色・味・香りにかかる茶の品質は、栽培品種に左右される。品種によって色

の出方、味、香りが異なる。茶の樹の寿命は30から40年といわれ、改植して収穫できるまでには5年程度の時間を要する。さまざまな新品種が開発されるが、抹茶に適した品種かどうかは、最終的に製品にしてみないと判断できない。急須で飲む茶で美味しいといわれている品種でも、抹茶で美味しいとはかぎらない。

　茶の品質（味、色、香り）は、気象と土壌にも影響を受け、規格化が困難であるといわれている。抹茶の原料としてのてん茶には、現在のところ業界統一の規格は存在しない。西尾の抹茶産地の自然環境については、「愛知県の中央を北から南へ流れる矢作川流域の南端に位置し、温暖な気候と矢作川水域の肥沃な土壌は抹茶の原料茶葉の栽培に適している」と評される。

## 第2節　西尾抹茶産地における製茶企業と茶農家[3]

　本節では、西尾の抹茶産地の形成過程のなかで大きな役割を果たしてきた、抹茶をはじめとする茶類の製造・販売会社「株式会社あいや」の戦略とあいやと産地内の茶農家との関係性についてみていくこととする。

### 1．株式会社あいやの概要

　あいやの創業は1888（明治21）年である。現在の販売先は食品メーカーや添加物メーカー、製薬会社、商社、茶問屋などであり、抹茶の出荷量は業界トップレベルである[4]。西尾周辺の約40％のてん茶農家と栽培契約を結び、毎年安定的な原料茶葉の仕入れ体制を確立している[5]。

　創業以来、あいやの抹茶は伝統の茶臼方式によって碾き上げられている。高品質な抹茶を作り出すのに欠かせない茶臼を1,000台以上保有する。そして、その茶臼をメンテナンスする卓越した技術職人も在籍し、最高品質の抹茶の微粒子を作るために技を磨いている。国内は西尾市に3ヵ所、京都に1ヵ所、海外は中国に生産拠点である製造工場を持つ。

　前節第1項で述べたとおり、西尾では当初から上級茶の生産を目指し抹茶に特化した産地形成が進められたが、あいやが新規マーケットの開拓に挑戦した1960年代は抹茶の需要は茶道用が主流であった。そのようななか、食品加工原

料として新たな需要を創造し、食品業界に販路を拡大していった。そして、日本国内のみならず世界各地に販路を拡大していくなかで、産地内の契約先の茶農家に対しては、消費者ニーズやあいやの求める原料の品質を伝えていった。

　2014年、あいやは「抹茶」の分野において国際的に高いシェアを確保し、良好な経営を実践していることが評価され、経済産業省により「グローバルニッチトップ企業100選」に選出された。さらに2018年、あいやは、地域の特性を生かして高い付加価値を創出し、地域の経済成長を力強く牽引する事業を展開する企業として、経済産業省により「地域未来牽引企業」に認定された。

## 2．食品加工原料に新たな活路を見出す

　あいやは1960年頃、新規マーケットの開拓に挑戦した。1960年当時は抹茶の需要は茶道用に限定されていた。そのようななか、アイスクリームなどの食品加工原料として抹茶の新たな需要を創造し、食品業界に販路を拡大していった。

　食品業界に販路を拡大していくなかで、あいやが取り組んだのは徹底した製品の品質管理である。熱処理など未処理の抹茶には微生物が存在する。それは、抹茶を最終製品として販売し、茶道などで用いられる場合は衛生基準上も問題ない。ところが、食品加工に使うとその製造過程において微生物が増殖する可能性がある。そのため、殺菌技術、品質管理の手法の確立に取り組んだ。抹茶を独自の手法で熱処理し、微生物をゼロの状態にすることにより、食品加工用として利用可能にした。

　さらに、1985年に品質管理部門を設置し、それまでのように抹茶の品質評価を熟練職人の感性のみに頼るのではなく、その評価を科学的に裏付けるために数値化し、第三者にも品質や安全性がわかるようにした。具体的には、抹茶の細菌数、残留農薬、色、粒子の大きさ、水分量などを数値化し、買い手の要望に応じて、買い手の必要とする情報をデータで開示していった。

　同時に、抹茶の製造工程における衛生管理や品質管理にも注力した。現在、あいやの製造工程はその安全性において、第三者機関より各種の認証を受けている。2008年にISO 22000（食品安全マネジメントシステム）を取得、AIBフードセーフティ監査において最高評価の「Superior」を7年連続で達成した。さらに、2014年にはFSSC 22000（ISO 22000をベースとした食品安全管理の国際規格）を

取得した。

　食品加工用といっても、アイスクリームやクッキー、チョコレートなど、顧客企業の手掛ける商品もさまざまであり、それぞれの最終製品に仕上げた時の色や風味、顧客企業の食品工場におけるオペレーションや予算など、買い手の求める抹茶の品質や食品衛生上の基準は、それぞれ異なる。あいやは、それぞれの要求に対応し、この商品の場合は、この茶畑のこの種類の葉を選択しブレンドするといったように、商品ごとに抹茶の持ち味を最大限発揮できるブレンドをつくったり、よりなめらかな食感を再現するためにより微細なレベルまで粉砕する、または多少荒くするといった粉砕方法で調整している。

## 3．世界へ進出

　あいやは1983年に北米への輸出を開始、世界に対して日本の抹茶文化の発信を始めた。その後2001年に米国に現地法人を設立後、輸出を本格的に始め、現在ではドイツ、オーストリア、中国、タイ、フランスにも海外拠点を置き、世界各地で抹茶を販売している。抹茶という海外では誰も知らなかった商品を販売するには、自ら商品の説明をしていく必要があった。商社など他社に依存するのではなく、現地法人を設立していった。

　ヨーロッパ市場においては生産工程において有機認証を取得していないと取引ができないといっていいくらいの状況である。米国は健康に気を使う国であり、米国において抹茶に求められているのは健康によいとされる成分である。そのため、米国向けについても、有機認証は取得しないまでも、日本の慣行栽培レベルよりはるかに農薬の使用を低減させなければ、取引が厳しい[6]。

　平地に位置する西尾では、生産者の技術に関係なく、気候条件から判断して有機栽培は難しい[7]。西尾での有機栽培は、病害虫による品質低下のリスクが高まる[8]。そのため、あいやは産地内の茶農家に対しては、可能な限り残留農薬を低減し、かつ、高品質なてん茶の生産を依頼している。

　そこで、産地内の茶農家は、あいやの要求に対応し、米国向けの製品の原料とすることを目指し、茶畑における生産管理を変更した。具体的には、使用する農薬については日本で登録があり、かつ、米国で残留農薬基準が設定されているものに切り替え、さらに、慣行栽培レベルより農薬の使用回数や量を低減

させた生産管理に変更していった。米国市場における顧客ニーズに対応するため、茶農家は、有機栽培に近いレベルを目指して生産管理を行っているのである。

## 4．あいやと産地内茶農家との関係性

　西尾の抹茶産地は家族経営の農業経営体の集積である。本節第1項で述べたとおり、あいやは、それらの西尾周辺の約40%のてん茶農家と栽培契約を結び、長期継続的な取引関係を構築している。

　そして、あいやの呼びかけによって、あいやに精通している西尾の茶農家の組織「花山会」が結成されている。50年ほど前にあいやの呼びかけにより組織されたもので、2019年時点において会員は25名程である。勉強会や懇親会、旅行などの交流を通じて人間関係を深めるとともに、あいやの経営の状況を説明する。あいやはどのような原料がなぜ必要で、どこでそれを販売するのかということを説明し、だからこういう原料を生産して欲しいということを伝える。購入した原料がどういう商品になっていくのか、海外であればどこの国に向けているのか、もしくはどこ方面なのかを伝える。

　そしてあいやは、花山会の茶農家が生産したてん茶は全量買い取る。第1節第2項で述べたとおり、茶は同じ樹から1年に複数回収穫されるが、一番茶（新茶）から秋晩茶まですべて買い取る。茶農家からは必ず全量買い取り、そして必ず製品として販売していくのだという覚悟がないと、量と品質の双方について、あいやは自社の顧客のニーズに答えることはできないという考えである。

　農産物は工業製品と違って、品質は均一ではなく、個体間差がある。茶農家は、自身が生産する農産物について、必要とする品質のものだけを必要な量だけ生産させるといった調整は困難である。買い手が必要な品質のもののみを買い取る場合、茶農家は、それ以外の品質の買い手を探さなければならなくなるため、全量買い取りは茶農家にとってメリットがある。

　全量買い取ることが前提であるが、あいやは、契約先の茶農家から持ち込まれた製品の評価は茶畑1枚ごとに区別して行う。その買い手による評価の結果、買い取り価格が決定される。茶農家は茶畑において、畑1枚ごとに生産管理を行い、あいやは何千種類もの原料を扱う。それらすべての評価を行っている。

## 第3節　製茶企業の戦略の変化と産地内の茶農家の関係性が戦略に与えた影響

　前節では、あいやと産地内の茶農家の独自の関係性についてみてきた。本節では、そのような両者の関係性が製茶企業の戦略に与えた影響について考察する。

### 1．生産財の特徴

　あいやは1960年頃、食品加工原料として抹茶の新たな需要を創造し、食品業界に販路を拡大していった。それまでの茶道用の抹茶という最終製品の製造・販売から、食品の原料という生産財の製造・販売という新事業に挑戦していったのである。そこで、本項では高嶋・南（2006）に基づき生産財の特徴を整理する[9]。

　生産財とは、産業財のうち、製品を再販売することを目的として流通業者が扱う財を除き、主として企業の生産活動のために用いられる財である。産業財（industrial goods）とは、企業を含む組織購買者が、製造用、再販売用、組織的使用という用途のために用いる財を指す。

　生産財取引の特徴のひとつとして、相互依存関係がある。これは、製品の開発や生産について、売り手企業が市場の情報を収集したうえで単独の意思決定によって決まるのではなく、顧客企業がこうした活動の意思決定に関与することを意味する。こうした相互依存的な取引のもとでは、需要に関わる情報と技術に関わる情報が頻繁に交換され、それらの情報から製品の開発・生産が開始されるため、顧客企業とすれば、生産財メーカーにおけるこれらの活動についての意思決定に部分的に参加していることになる。一方、売り手の生産財メーカーは、こうした顧客の関与に対して、柔軟に対応することが必要になる。

　個別顧客のニーズに開発や生産レベルで対応することは、生産財マーケティングにおいて重要な問題である。生産財は、顧客企業の販売する製品が他社とは異なるために、他社とは異なる部品、原材料を需要することがよく見られる。ただし、利用する生産財のすべてを他社とは異なる個別の注文で設計や生産をさせると、コストが高くなってしまうために、顧客企業の製品差別化に貢献し

ない部分は、顧客ごとに違いをつけない標準的な対応が取り入れられている。生産財メーカーがカスタマイゼーションや受注生産を積極的にすすめるかどうかは、どのような顧客ニーズをねらうかに依存することになる。つまり、標的とする市場セグメントを選択することによって、顧客適応のレベルを変えることができるのである。

## 2. 製茶企業の戦略の変化

あいやは1960年頃、食品加工原料として抹茶の新たな需要を創造し、食品業界に販路を拡大していった。それまでの茶道用の抹茶という最終製品の製造・販売から、食品の原料という生産財の製造・販売という新規事業に挑戦していったのである。それは、あいやが主にターゲットとする顧客が、一般の消費者から食品メーカーなどの企業に変化したと捉えることができる。前項において整理した生産財の特徴のとおり、あいやが生産財の取り扱いを始めたことにより、製品の生産について、それまでと比較して顧客企業による意思決定への関与が大きくなった。あいやは、こうした顧客の関与に対して、柔軟に対応していった。

まず、1960年以降、あいやが食品加工原料として新たな需要を創造し、食品業界に販路を拡大していった時点では、自社における衛生管理体制やブレンド技術により、顧客企業の需要に対応していった。顧客企業それぞれの要求に対応し、この商品の場合は、この茶畑のこの種類の葉を選択しブレンドするといったように、商品ごとに抹茶の持ち味を最大限発揮できるブレンドをつくったり、よりなめらかな食感を再現するためにより微細なレベルまで粉砕するのか、多少荒くするのかといった粉砕方法を変えたりという方法で対応している。

さらに、あいやは抹茶の細菌数、残留農薬、色、粒子の大きさ、水分量などを数値化し、買い手企業に情報をデータで開示していった。それまでは、利き酒のような官能審査で品質を評価し、例えば1kgの価格を決める基準についても、味や香り、滑らかさなどの感覚で説明されることが一般的であった。そのように抹茶の品質評価を、熟練職人の感性のみに頼るのではなく、その評価を科学的に裏付けるために数値化し、第三者にも品質や安全性がわかるようにした。

　そして、あいやが2001年に米国に現地法人を設立後、本格的に海外に販路を拡大していった時点では、前節第3項で述べたとおり、あいやの契約先の産地内の茶農家における生産方法を大きく変化させ、顧客企業の需要に対応していった。あいやは、顧客が求める品質と数量を確保していくために、輸出に対応した生産管理がなされた原料を必要な量調達する必要がある。具体的には、海外に輸出する製品とするためには、使用できる農薬が制限される。日本で登録があり、輸出先国で残留農薬基準が設定されている農薬でないと使用できない。

　あいやは、茶農家に対し、生産した原料はすべて買い取るから輸出に対応できる方法で生産して欲しいと伝える。そこで、産地内の茶農家は、米国向けの製品の原料とすることを目指し、使用する農薬については日本で登録があり、かつ、米国で残留農薬基準が設定されているものに切り替え、さらに、慣行栽培レベルより農薬の使用回数や量を低減させた生産管理に変更していった。

　農薬の使用を低減すれば病害虫のリスクは高まる。茶農家は、そのリスクを承知の上であいやの要望に応じて残留農薬を低減可能な栽培管理に切り替えたと考えられる。そして、農薬を低減させても品質を落とさないような努力を怠らなかった。茶農家は生産管理の変更で、病害虫のリスクは高まるが、販売できないというリスクを回避することができるのである。

## 3．製茶企業と茶農家の間で取引される財の変化

　本項では、あいやが新規事業に挑戦していったことによって、あいやと産地内の茶農家との間で取引される財にどのような変化が生じ、またその変化が両者の関係性に与えた影響を議論する。

　1960年以降、あいやが食品加工原料として新たな需要を創造し、食品業界に販路を拡大していった時点では、自社における衛生管理体制やブレンド技術により、顧客企業の需要に対応していった。一方、あいやが2001年に米国に現地法人を設立後、本格的に海外に販路を拡大していった時点では、あいやの契約先の産地内の茶農家における生産方法を大きく変化させ、顧客企業の需要に対応していった。

　茶農家は、買い手であるあいやから海外に販路拡大したいとの話を受け、そ

の顧客の意向に応じて、輸出先国の食品衛生基準をクリアするため、日本で登録があり、かつ、輸出先国で残留農薬基準が設定されている農薬に切り替え、さらには農薬の使用量を低減させた栽培方法に変更していった。

　例えば、一番茶期においては、カンザワハダニ、コミカンアブラムシ、ツマグロアオカスミカメの3害虫が主要な防除対象となるが、国内の慣行防除で使用されている農薬の最大残留基準値（Maximum Residue Limit）[10] の米国との比較から、どの害虫に対しても使用可能な農薬はきわめて限定される（表5-3）。二番茶以降についても同様に、日本で登録があり、かつ、輸出先国で残留農薬基準値が設定されている農薬は限定される。残留農薬を低減するために、産地内の茶農家は、薬剤による防除だけではなく、物理的な防除による管理に取り組んでいった。茶畑における病害虫防除や肥培管理などの生産管理については、農薬を散布するのも肥料の投入も人の手によるものである。どこまで正確に、真剣に取り組むかが、品質に影響を与える。

　このような輸出に対応した生産方法は、労力を要する。そのように手間をかけて収穫にまで至った抹茶原料を、国内の食品会社向けに販売することも可能であるが、国内市場向けであれば農薬の低減は求められておらず、慣行栽培でも販売可能であるため、薬剤を使用しない方法で栽培した価値が失われてしまう。

　この取引は、輸出を目指し抹茶の製造に取り組むあいやと、あいやに原料供給を行う茶農家の双方にとって意味のある取引である。すなわち、あいやは産地内の茶農家が輸出に対応した生産方法によりてん茶の生産をしなければ抹茶の製造ができないし、茶農家は輸出に対応したてん茶を日本市場に売ったのでは意味がないのである。あいやは、競争的な外部市場で自社が求める品質のてん茶を調達できない。茶農家にとっても、あいやに販売しなければ、その価値が失われてしまう。茶農家のあいやへの一方的な依存関係ではなく、両者は相互に依存しており、安定的な取引関係を維持していくことが合理的な方法であったと考えられる。そして、その相互依存性は、それまでの長期継続的な取引に比べて、より拮抗したものになったと推察される。

表5-3　一番茶期に防除が必要な3害虫に対し有効な農薬の
最大残留基準値の比較

(単位：ppm)

【事例1：カンザワハダニ】

| 農薬成分名 | 最大残留基準値 | |
|---|---|---|
| | 日本 | 米国 |
| アクリナトリン | 10 | — |
| アセキノシル | 40 | — |
| アバメクチン | 1 | 0.01 |
| エトキサゾール | 15 | 15 |
| クロルフェナピル | 40 | 0.01 |
| シエノピラフェン | 60 | — |
| シフルメトフェン | 15 | — |
| スピロメシフェン | 30 | 40 |
| テトラジホン | 1 | 使用不可 |
| テブフェンピラド | 2 | — |
| ビフェントリン | 30 | 30 |
| ピリダベン | 10 | — |
| ピリミジフェン | 5 | — |
| ピリミホスメチル | 10 | — |
| フェンピロキシメート | 40 | 20 |
| フルバリネート | 10 | — |
| プロパルギット | 5 | 10 |
| プロフェノホス | 1 | — |
| ミルベメクチン | 0.7 | — |

【事例2：コミカンアブラムシ】

| 農薬成分名 | 最大残留基準値 | |
|---|---|---|
| | 日本 | 米国 |
| アセタミプリド | 30 | 50 |
| クロチアニジン | 50 | 70 |
| ジノテフラン | 25 | 20 |
| シハロトリン | 15 | — |
| チアクロプリド | 30 | — |
| チアメトキサム | 20 | 20 |
| ピリミホスメチル | 10 | — |
| フルバリネート | 10 | — |
| フロニカミド | 40 | — |
| メチダチオン | 1 | 使用不可 |

【事例3：ツマグロアオカスミカメ】

| 農薬成分名 | 最大残留基準値 | |
|---|---|---|
| | 日本 | 米国 |
| イミダクロプリド | 10 | — |
| エチプロール | 10 | 30 |
| ジアフェンチウロン | 20 | — |
| ジノテフラン | 25 | 20 |
| チアメトキサム | 20 | 20 |
| トルフェンピラド | 20 | 30 |
| ピリフルキナゾン | 20 | — |
| ピリミホスメチル | 10 | — |
| フェニトロチオン | 0.2 | — |
| フルバリネート | 10 | — |
| フロニカミド | 40 | — |
| メソミル | 20 | — |

出所：農林水産省消費・安全局・国立研究開発法人　農業・食品産業技術総合研究機構（平成28年10月）
「輸出相手国の残留農薬基準値に対応した病害虫防除マニュアル —抹茶・かぶせ茶編—」。
注1：「—」は不検出を意味する。
注2：下線は、米国の最大残留基準値が日本の基準値より大きいことを意味する。
注3：当該マニュアルは、2016（平成28）年7月現在の情報に基づき作成しているため、その後、基準値が
変更されている農薬成分も存在する。

## 4．産地内の茶農家との関係性が製茶企業の戦略に与えた影響

　あいやは、2001年に米国に現地法人を設立後、輸出を本格的に始める。海外
に輸出する製品とするためには、前項で述べたとおり、茶葉の生産において使
用できる農薬はきわめて限定的であった。あいやが求める特定の原料について、
完全に競争的な外部市場は存在しない。また、中小製造業にとって人的および

物的資産の投資が必要な農業生産の内製化という選択肢は現実的に考慮できる
ものではない。

　そこであいやは、当該原料の生産を産地内の茶農家に依頼した。茶農家はあ
いやの要求に答え、生産方法を大幅に変更し、あいやの求める品質の茶を生産
することを決断した。米国市場における顧客ニーズに対応するため、茶農家は、
有機栽培に近いレベルを目指して生産管理を行っているのである。

　西尾の抹茶産地では、どのように産地内の茶農家を一つの方向に向かわせた
のだろうか。第2節第4項で述べたとおり、50年ほど前にあいやの呼びかけに
よって組織された茶農家の組織において人間関係を深め、長い時間をかけて買
い手企業と売り手との間に顔の見える関係が形成されていった。そのような関
係性のなかで、買い手企業は、自社の経営状況を説明した上で、なぜそのよう
な原料が必要なのかということを説明したのである。

　その関係性はあいやが海外進出するはるか以前に存在していたのである。前
項で述べたとおり、茶農家は、輸出に対応した管理により生産した抹茶原料を、
国内の食品会社向けに販売することも可能であるが、国内市場向けであれば農
薬の低減は求められておらず、慣行栽培によるものでも販売可能であるため、
薬剤を使用しない方法で栽培した価値が失われてしまう。そのような、特定の
取引において価値をもち、他の取引に利用する場合には、その価値が非常に低
下するような特殊的資産（Williamson, 1985）の形成を可能とするあいやと茶農家
との関係性がすでに準備されていたのである。長い時間をかけて構築した両者
の関係性が、特殊的資産の形成を引き出し、さらには海外市場への資産特殊性
の高い製品の投入が茶農家とあいやの関係の価値を増大させる起爆剤としての
機能を有していたと考えられる。

　そして、あいやは、自社の顧客企業が求める製品の品質と数量を確保してい
くために、茶農家が生産したてん茶はすべて買い取る。必要なものだけを購入
すれば在庫を抱えるリスクは回避できるが、全量買い取るというリスクをとる。
それによって、茶農家は、販売先を確保できないというリスクを回避すること
ができる。そして茶農家は、生産管理を変更することによって、生産物の品質
が低下するリスクが高まるが、品質が低下しないように管理を徹底するのであ
る。

　一方、当該産地において茶農家は、同業者間で技術や生産管理に関する情報を共有し、お互いに経験から学び、産業レベルの学習効果を発揮していたが（西田，2019）、あいやはそれらの学習効果を享受することができる。農業は、再生産までのリードタイムがほかの製造業に比べて長いという特徴がある（吉田，2015）。抹茶についても、茶の樹を定植後、収穫できるようになるには約5年を要する。このような状況のなか、西尾の茶農家は同業者間で、どの品種が抹茶に適しているかなどの技術情報や、どのタイミングでどのような作業を行っているかなどといった栽培方法に関して情報交換を行っている。あいやが産地内の茶農家と取引することにより、それらの学習効果を享受することができると捉えることができる。

　製造業者が最終市場に向けてどのような性質の製品を投入し、そのためにどんな原料を必要とするかは製造業者の戦略的意図が反映される。あいやが海外へ販路を拡大し、原料として輸出に対応したてん茶を求めたのも、あいやの意思決定の結果である。そのような特殊的資産の形成を促すためには、あらかじめ特殊的資産の形成を可能とする製茶企業と茶農家との関係性が準備されている必要があると考えられる。

## 第4節　製茶企業による革新を支えた茶農家との長期継続的な取引関係

　本章では、愛知県西尾市の抹茶産地を事例として取り上げ、サプライチェーンを構成する茶農家と製茶企業の取引関係が製茶企業の戦略に与えた影響について議論した。

　あいやの新事業への挑戦は、茶業界に大きな変革をもたらした。あいやが新規マーケットの開拓に挑戦した1960年代は抹茶の需要は茶道用が主流であった。そのようななか、食品加工原料として抹茶の新たな需要を創造し、食品業界に販路を拡大していった。そして、日本国内のみならず世界各地に販路を拡大していく。抹茶入りのアイスクリームや菓子は、今や国内では当たり前だが、抹茶という商品を誰も知らなかった海外においても「Matcha」として広がり始めている。抹茶は、菓子やアイスクリーム、飲料と組み合わせることにより、誰

でも気軽に手に取れる食材として年々人気が高まっている。

　その革新を支え、あいやの戦略を後押ししていたのが、産地内の茶農家との独自の取引関係であったと考えられる。長い時間をかけて買い手企業と売り手との間に顔の見える関係が形成されていき、そのような関係性のなかで、買い手企業は、自社の経営状況を説明した上で、どのような原料がなぜ必要なのかということを説明した。そして、製茶企業は買い取ったてん茶は必ず製品として販売していくのだという覚悟のもと、茶農家が生産したてん茶は全量買い取るのである。その長期継続的な取引関係は、自動車産業における日本企業の国際競争力の源泉の一つといわれている自動車メーカーとサプライヤーの取引関係とは異なる、独自の関係性であったと考えられる。

　あいやの海外進出により、あいやと産地内茶農家との間で資産特殊性の高い抹茶原料の取引が開始されたが、そのことが茶農家とあいやの関係の価値をさらに増大させたと考えられる。海外での販路拡大にあたり、製茶企業は契約先の茶農家における生産方法を大きく変化させ、顧客企業の需要に対応していった。その生産方法の変更により、製茶企業と茶農家との間で取引される財の性質は変化し、両者の間で特殊的資産が形成された。製造業者が最終市場に向けてどのような性質の製品を投入し、そのためにどんな原料を必要とするかは製造業者の戦略的意図が反映される。特殊的資産の形成を促すためには、あらかじめ特殊的資産の形成を可能とする製茶企業と茶農家との関係性が準備されている必要があると考えられる。

　海外でのさらなる販路拡大に向けて、製茶企業と茶農家の関係性がどのような役割を担っていくのか、愛知県西尾抹茶産地の今後の展開に注目していきたい。

●注 ─────────

1) この項の記述は、岡崎信用金庫「産地探訪シリーズ⑤西尾の抹茶」、『調査月報』、1985年3月号、特定農林水産物等の名称の保護に関する法律に基づく「西尾の抹茶」（登録番号第27号）の特定農林水産物登録簿による。

2) この項の記述は、岩崎邦彦「茶の流通システム」、藤島廣二・安部新一・宮部和幸・岩崎邦彦、『食料・農産物流通論』、筑波書房、2009年、第7章、pp. 111-113による。

3) この節の記述は、株式会社あいやホームーページ　https://www.matcha.co.jp（2020年5月2日アクセス）、株式会社あいや「Aiya」（会社概要パンフレット）2019年，坂口香代子（2009）「中部発・地域ブランド　西尾の抹茶（西尾茶協同組合）インタビュー　西尾茶協同組合　代表理事　杉田芳男氏　西尾市茶業組合　組合長　稲垣富弘氏」CREC.（167），pp. 65-68，西田郁子（2019）「地域産業の生産財取引における関係構築戦略 ― 愛知県西尾抹茶産地の流通システムの事例―」，『企業経営研究』，第22号，pp. 47-61による。

4) 2018年12月13日付けの中日新聞（31面）によれば、あいやの抹茶年間出荷量は、1,200トンとの記述がある。産業規模は明らかとなっていないが、抹茶の原料となるてん茶の生産量が2,666トン（2017年、全国茶生産団体連合会調べ）であることから、あいやの業界シェアは45％と業界トップレベルであると推察される。

5) 株式会社あいや「Aiya」（会社概要パンフレット）2019年，p. 4。

6) 慣行栽培とは、各地域で慣行的に行われているレベルの化学農薬および化学肥料を使用する一般的な栽培方法。

7) 有機農産物の生産は、化学的に合成された肥料および農薬の使用を避けることを基本とする。

8) 抹茶に使う柔らかな新芽は害虫の被害を受けやすく、栽培環境は益虫や鳥たちの住む生態系が守られ、自然に恵まれた場所である必要がある。そのため、標高500m、厳冬の気温が、マイナス10℃以下になる愛知県豊田市の山中において有機栽培に取り組んでいる。

9) 高嶋克義・南知惠子（2006）『生産財マーケティング』，有斐閣，pp. 5-10，79-81.

10) 農産物中に残留する農薬成分の最大上限値を定めた値であり、ppmで表示する。

## 【参考文献】

岩崎邦彦（2009）「茶の流通システム」，藤島廣二・安部新一・宮部和幸・岩崎邦彦，『食料・農産物流通論』，筑波書房，第7章，pp. 103-115。

岡崎信用金庫（1985）「産地探訪シリーズ⑤西尾の抹茶」，『調査月報』，1985年3月号。

坂口香代子（2009）「中部発・地域ブランド　西尾の抹茶（西尾茶協同組合）［含　インタビュー　西尾茶協同組合　代表理事　杉田芳男氏　西尾市茶業組合　組合長　稲垣富弘氏］」，CREC.（167），pp. 57-68.

高嶋克義・南知惠子（2006）『生産財マーケティング』，有斐閣。

西田郁子（2019）「地域産業の生産財取引における関係構築戦略 ―愛知県西尾抹茶産地の流通システムの事例―」，『企業経営研究』，第22号，pp. 47-61。

農林水産省消費・安全局　国立研究開発法人　農業・食品産業技術総合研究機構（2016）「輸出相手国の残留農薬基準値に対応した病害虫防除マニュアル ―抹茶・かぶせ茶編―」。

藤本隆宏・西口敏宏・伊藤秀史編（1998）『サプライヤー・システム：新しい企業間関係を創る』，有斐閣。

吉田誠（2015）「日本農業の構造的問題 —危機を乗り越える経営力—」，『いま問われる農業戦略：規制・TPP・海外展開』，ミネルヴァ書房，第2章，pp. 63-153。

Williamson, O. E.（1985）*The Economic Institutions of Capitalism*, New York, Free Press.

株式会社あいやホームーページ　https://www.matcha.co.jp　2020年5月2日アクセス。

特定農林水産物等の名称の保護に関する法律に基づく「西尾の抹茶」（登録番号第27号）の特定農林水産物登録簿　農林水産省食料産業局Webサイト　http://www.maff.go.jp/j/shokusan/gi_act/register/index.html　2017年5月26日アクセス。

# 第 6 章

# 富有柿の産地・岐阜における
# 流通戦略

朝日大学　村橋　剛史

## 第1節　富有柿の特色

　柿は栄養価が高く、ビタミンC、ビタミンA、カリウムなどが豊富である。柿は大きく甘柿と渋柿に分けられる。果実が完全に成熟しても渋が抜けないものを渋柿といい、成熟すると渋が抜けるものを甘柿という。渋柿は渋抜きという渋を取る作業が必要になる。一方、甘柿は渋みがないためそのまま生食が可能である。種子があると渋が抜け甘柿になるものは不完全甘柿といい、種子の有無にかかわらず甘柿となるものを完全甘柿という。完全甘柿でも寒い地域では渋が残ることがあるため、関東、東海以西で栽培されている。

　富有柿（写真6-1）は完全甘柿の代表的な品種である。大玉で肉質が緻密なうえ、高糖度で食味がよく、根強い人気がある。完全甘柿にはほかに静岡・愛知県で栽培されている次郎柿などがあるが、富有柿が甘柿の約60％のシェアを占めている。

　富有柿の発祥の地は岐阜県瑞穂市である。明治時代に瑞穂市の福嶌才治が御所柿をもとに現在の富有柿の原型を作り上げた、そして接ぎ木により苗木の育成を行い、1912年の全国園芸共進会で全国一となったこともあって全国に知られるようになった。1955年には富有柿が農林大臣賞を受賞し、コメの減反政策もあって富有柿の栽培量が大きく増加した。岐阜県は現在も柿の有数の産地で

写真6-1　富有柿

あり、瑞穂市柿振興会の主催により2015年から富有柿発祥の地でみずほ感謝祭が行われている[1]。

　富有柿の収穫は11月上旬から12月上旬の40日間の期間に集中している。果樹である富有柿は、樹高が高いためコストの高いハウス栽培は困難で、ほとんどが露地栽培である。

　富有柿の栽培の特色としては古くから栽培している人が多く、他の作物への転換が比較的少ないことが挙げられる。比較的おいしい柿が安定して作りやすいため、富有柿を作り続けている人が多い状況である。

# 第2節　富有柿の生産状況

## 1．全国の生産状況

　全国の柿の生産量は渋柿を含めて、2017年で約22万トン、栽培面積は約2万ヘクタール[2]であり、和歌山県、奈良県、福岡県が生産量のベスト3となっている。

　日本における富有柿の主な生産地は奈良県、岐阜県、福岡県である。現在は奈良県が日本一の生産量を誇っている。しかし、岐阜県は発祥の地であること、また品質に定評があること、東海地区は富有柿の消費量が多いことなどから、

富有柿といえば岐阜という人も多い。

柿全体の生産量は10年前に比べて約5％減少しており、他の果物に比べれば生産量の減少幅は少ない。生産量の減少は、農家が高齢化により後継者がいないなどの柿の生産者数の減少によるところが大きい。富有柿は根強い人気はあるが、柿全体の生産量と同じように、生産者数の減少により生産量も漸減しているとみられる。

図6-1　岐阜県内の富有柿の産地

## 2．岐阜県の生産状況

　岐阜県の柿の栽培面積は約1,250ヘクタール、出荷量は2018年で約12,500トン[3]であり、ここ10年間で約10％強減少している。岐阜県では渋柿も栽培されているが、甘柿の方が多く、その中でも富有柿の比率が圧倒的に高く、約75％を占めている。

　岐阜県では富有柿発祥の地である瑞穂市周辺が現在でも主要な富有柿の産地となっている。ほかに周辺の本巣市、大野町、岐阜市でも多く栽培されている。この4ヵ所が富有柿の中心産地である。このうち、大野町はいび川農業協同組合（JAいび川）の管轄で、残りの3ヵ所はぎふ農業協同組合（JAぎふ）の管轄である。それ以外にも北方町、羽島市、海津市、美濃加茂市でも栽培されている（図6-1）。

　本巣市の柿は贈答用商品として使われるものも多く、糸貫の柿として有名である。しかし、系統共販の金額では、大野町がトップであり、岐阜県の系統共販の約50％を占めている。ただし、本巣市は系統外の自主流通が多く、それを含めれば富有柿の生産は大野町より多いとみられている。

　岐阜県全体の柿の生産量は漸減しているが、その要因は、高齢化による柿農家の減少である。後継者がいないなどの理由で少しずつ柿の木が切られたり、柿畑が宅地などに転用されたりしている。

図6-2　柿栽培年間スケジュール

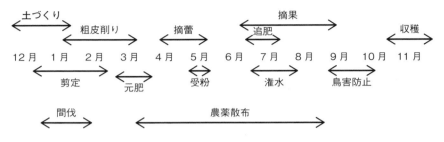

出所：大野農園、でらうま柿農園HPを参考に作成。

## 3．栽培サイクル

　年間の栽培サイクルは図6-2のようになる。最も忙しいのは、収穫時期であり、農家はこの時期に近隣の人に手伝いにきてもらい作業を行っている。

　冬場は間伐と剪定が重要な作業となる。間伐は混みあった木を伐採し、剪定は古い枝を切るものでこれによって新しい枝が育ち、よりおいしく大きな果実が収穫できる。この剪定は経験が必要な作業で、剪定の巧拙で収穫できる果実に大きな違いが出る。適切な剪定を行うには、翌年の枝の伸びを予測し、どの枝にも満遍なく日光が当たるように配置するようにし、それにあった剪定を行うことが必要になる。間伐や剪定は柿の木の若さを保つだけでなく、風通しを良くすることによって病虫害の予防に対しても需要な役割を果たしている。施肥は3月ごろに元肥を7月に追肥を行う。化成肥料が中心であるが、鶏糞などの堆肥も使われる。

　次に重要な作業が摘蕾と摘果である。摘蕾は蕾（つぼみ）を取る作業で4月下旬から5月下旬の開花までの間に行う。原則一枝にひとつの蕾を残して取り除き、栄養を集中させ、大玉の果実ができるようにする。その後の生理落果の状況に合わせ摘果という最終的な果実の調整を7月から8月にかけて行う。

　収穫時期は11月上旬から12月上旬である。果実のうち20％ぐらいはヘタスキ（へたと果実の周りに隙間があり傷みが生じること）などの不良品が発生するため、選別を行って出荷する。箱詰めや発送作業、受注管理も重なり最も忙しい時期である。

　柿栽培は施肥や農薬散布が必要であるが、あとは自然栽培であり他の農作物に比べれば手間はかからない。反面、気候の影響を受けやすく、特に夏から秋の気温や台風の状況などによって生産量が異なってくる。2017年は比較的豊作だったが、2018年は台風による落果の被害、2019年は高温による色付きの遅れなどがあり、例年に比べ収穫は少なかった。特に2019年は9月、10月の高温のため収穫時期が約1週間遅れ、11月末から12月上旬に出荷のピークがずれたため、売上に悪影響を及ぼしており、今後も地球温暖化の影響が懸念される。

## ４．柿振興会

　岐阜県の富有柿の生産者は各地域で柿振興会を作っている。糸貫（本巣）、瑞穂、大野、岐阜が4大振興会で、250～400戸の柿農家が各振興会に加入している。柿振興会は単に柿農家の協同組織というだけでなく、柿の生産や流通においてきわめて重要な役目を果たしている。

　生産面においては、柿振興会が中心となって間伐、剪定、農薬散布、施肥、摘蕾、摘果の指導を行っている。摘蕾や摘果を適切に行うことは果実の品質を向上させることにつながるが、一方収量は減少してしまうという問題がある。柿振興会では、小規模柿農家に対して県農林事務所などの協力も得て栽培知識の普及に努めており、適切な栽培が行われるように柿農家に啓蒙を行うとともに、家庭選果が適切に行われるような指導も行っている。

　柿の流通においても柿振興会の意向が非常に重視されている。柿の流通にあたっては選果や出荷などにおいてJAが中心になって運営しているものの、出荷計画や販売方針などにおいては柿振興会の意思決定を受けてそれに沿った対応が行われている。また、市場の卸売業者やその販売先である量販店の仕入れ担当者も生産状況の視察を兼ねて柿振興会との交流を行っている。反面、柿振興会の役員は古くからのつながりで選ばれることが多く、また大人数で意思決定に時間がかかるため、現状維持型の運営が行われやすいという問題点もある。

　柿振興会に加入する柿農家はどの振興会も年々少しずつ減少している。後継者不在などで廃業する柿農家が毎年あることが主な原因であるが、柿振興会の活動に対する負担感から小規模な柿農家を中心に柿振興会を脱退して青果業者などを通じて販売する傾向がみられる。

## 5．栽培における多品種化、高付加価値化の取り組み

　富有柿の収穫は11月中旬から下旬に集中するため、富有柿だけでなく他の品種も栽培している柿農家も多い。大規模農家では、9月中旬に収穫する西村早生、10月上～中旬に収穫する早秋柿、10月中～下旬に収穫する太秋柿、10月中～下旬に収穫を行う早生富有柿も栽培している。甘柿全体の栽培のうち西村早生の比率は約6％、早秋柿の比率は約2％、太秋柿の比率は約3％、早生富有柿の比率は約15％となっている。

　このような多品種化は新たな需要を掘り起こす可能性があり、作業の平準化にも寄与する。早秋柿はやわらかく糖度が高いという特色があり、太秋柿はサクサクした食感で梨のようなジューシーな味わいがあり、いずれも富有柿よりやや高い価格で取引されている。しかし、早秋柿は生理落果が多く日持ちしないという欠点があり、太秋柿は外観に劣り歩留まりが悪いという欠点がある。また、岐阜県では、袋掛け富有柿や果宝柿といった糖度が高い高級な富有柿を今後の新たな戦略商品として栽培に力を入れている。

　2017年に新品種ねおスイートが開発され、天下富舞の登録商標で販売されている。糖度が高く多汁で食感がよく、まだ試験的な栽培で年間数千個程度しか作られておらず、最高ランクの天下人は糖度が25度もあり2019年産のものは2個70万円というきわめて高額な価格で取引され[4]、今後のブランドとして期待されている。また、ベビーパーシモンという一口大の糖度の高い柿も生産販売されている。

# 第3節　岐阜県産の富有柿の流通状況と消費動向

## 1．流通の概況

　岐阜県における富有柿の流通は大きく系統共販と自主流通に分けられる。系統共販というのは、JA（農業協同組合）が農家から柿を集荷、選果して、全農を通じて全国の青果市場に卸し、青果市場では卸売業者から仲卸業者に販売され、仲卸業者から小売店に販売される方法である。生産者である柿農家は前述のと

おり柿振興会を作っており、柿振興会の意向を尊重する形で流通が行われている。

　岐阜県の富有柿は東海3県、特に愛知県への出荷が多い。愛知県には次郎柿という有力な柿があるが栽培は主に三河地方で行われており、時期が富有柿と少しずれていて期間も少し短い。そのため、特に尾張から名古屋地区にかけては富有柿が主力商品として販売されている。

## 2．消費動向

　国内販売の中心はスーパーマーケットと果物専門店である。果物専門店は年々減少しており、スーパーマーケットのウエイトが高まっている。スーパーマーケットでは以前は自家消費用の商品の販売がほとんどであったが、最近は贈答用の柿の販売も行っている。富有柿の里いとぬきやパレットピアおおのなどの道の駅の直売所でも贈答用の柿の販売は行われており、柿農家が自主流通するルートは多様化している。一方、コンビニエンスストアでのカットフルーツとしての販売など新しい形で柿の販売が行われるようになってきている。

　柿の消費量は年々少しずつ減少している。他の果実に比べ購入量の減少が大きいわけではないが、2018年の年間1世帯当たりの購入数量は約2.5kgで10年前より0.6kg減少している[5]。柿の消費の中心は50代以上の中高年者であり、ほとんど柿を食べない消費者もいる一方、柿が好きな消費者は毎年定期的に柿を購入している。食の多様化や流通技術の進歩で消費される果実の多様化が進む中、中高年者による根強い需要が下支えとなっていると考えられる。また、柿農家の高齢化に伴い柿の生産量自体が減少しており、輸入も少ないため供給面の減少も消費量の漸減につながっている。

　一方、若年層においては柿の消費が少なく、他の果物との競合では劣勢にある。皮をむく必要がある、種がある、生食以外の用途がないなどが敬遠される理由である。消費者に対する果物の消費に関するアンケート調査では、食べやすい、安価、日持ちが求められ、ばら売りや店頭試食などで購入量が増加するとしている[6]。

　他の果物では、安価で簡便に食べられるカットフルーツ、品種改良により皮ごと食べられるシャインマスカットなどが消費を伸ばしている。富有柿はすで

に完成された商品であり、改良が難しい。現在は出荷量も減少しているため柿が余る状態は生じていないが、将来的には富有柿のおいしさを知ってもらうなど若年層への販売強化が重要な課題である。

## 3．輸出

　政府は高級農産物の輸出拡大を進めており、農産物全体では香港、中国、アメリカ、台湾が上位の輸出先である。このうち柿は2018年の輸出量が約700トンで、5年前に比べ約1.8倍と増加してきている。JA全農岐阜に事務局を置く岐阜県農林水産物輸出促進協議会が輸出の拡大に努めており、柿も飛騨牛や鮎と並んで重要な輸出推進品目となっている。岐阜県の2018年の柿の輸出量は約50トンで5年前に比べると約2倍になっているが、ここ3年間はほぼ横ばいである[7]。

　香港とタイが主力輸出先であり、2018年には揖斐郡ブランド推進協議会が香港のショッピングセンターに30トンの富有柿を輸出したことが話題になった[8]。最近ではアメリカやオーストラリアにも富有柿を初輸出した。輸出にあたっては全農などの協力を得ているが、現状では大幅な輸出拡大は見込みにくい状況である。現地の大手量販店とのパイプ作りなど輸出できる環境を整えることが重要である。

## 4．加工品

　干し柿以外の柿の加工品には、柿ジャム、柿ジュース、柿酢、柿ドレッシング、柿ピューレ、柿のケーキ、柿チップ、柿タルト、柿のドライフルーツなどがある。ある程度の種類はあるが、製造業者は限られていて、土産品的な扱いで販売されており、岐阜県など柿の産地以外の販売はほとんど行われていない。このため、販売価格は比較的高く、価格競争力は十分といえない。

　加工品の少ない理由として、まず香り・風味に乏しく、柿を入れても入っているのかどうかわからないという点が挙げられる。甘柿でも渋みは残っており、加工品にすると違和感として残るため、この対策も必要になる。また、固液分離が難しく果汁が絞りにくく、ペクチンや糖分が多いためパウダー状になりにくいという問題もある。見た目も黒っぽくなりやすく不利だということもある。

規格外品の処分というニーズはあるものの生食以上の味の加工品を作りにくい。

　また、柿加工品の多くは地元の小規模な製造業者が生産しているため、商品開発などに余裕がないという面もある。仮にヒット商品が開発できても加工用途の柿の供給量が少なく、大規模生産を行った場合材料が調達できないという問題も生じる。

　農業の6次産業化による高付加価値化を図る中で、岐阜県では柿の加工食品の開発を重点目標と位置付け、農業技術センターなどを通じてその振興を図ってきた。その中で瑞穂市柿振興会女性部により「柿りん」という組織が2008年に立ち上がり、地元農家から柿の提供を受け柿加工品の商品開発を行った。主力商品はペーストにした柿を加工した柿ジャムであり、JAや岐阜県内の土産物店などで販売している。パッションフルーツ入りなども開発しており、飛騨美濃すぐれもの認定や岐阜県観光連盟推奨土産品認定を受けている。

# 第4節　系統共販における流通戦略

　系統共販においては、流通経路は古くから確立され、ほとんど変わっていない。系統共販が今も柿の流通において主流であり、系統共販が柿流通に果たす役割は非常に大きいといえる。複雑な仕組みではあるが、長年の積み重ねによりそれぞれ関係者が必要な役割を果たす合理的な仕組みが作られている。

## 1．流通の仕組み

　生産者は生産した柿を農業協同組合（JA）の各選果場に運ぶ。大きさや外観で選果され、等級別階級別に選果されたものがJAから全国農業協同組合連合会岐阜県本部（JA全農岐阜）を通じて、全国の市場に運ばれる（図6-3）。

図6-3　系統共販の仕組み

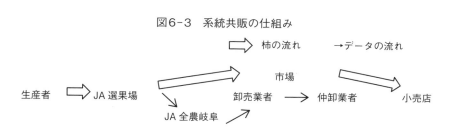

　JA、JA全農岐阜は販売を委託された立場であり、形式的には生産者の団体である柿振興会から市場の卸売業者を通して仲卸業者に販売される。JAでは選果、運搬、事務手続きに伴う手数料を、全農は仲介や決済の手数料を受け取る。

　系統共販のほとんどはこのように市場で販売されるが、一部の商品はJAの直売所などでも販売されている。選果場でも柿の直売が行われる場合がある。

　販売価格は基本的には小売店と市場の卸売業者との交渉で決まる部分が大きく、卸売業者は今年の作柄や過去の販売価格、柿振興会の要望、小売店の要望などを総合して実質的に価格設定を行っている。柿振興会自体は直接価格決定に関与していない。

## ２．選果

　選果はJAが選果場を設けており、そこで行われている。4大産地の選果場では電子カメラと画像処理ソフトと目視によるチェックを組み合わせることにより重さ、大きさ、色、傷などを瞬時に判別できる。これによって、大量の柿を短時間で選果し、規格別に梱包して市場に届けることができる仕組みを整えている。選果を効率的に行うため、柿農家はまず家庭選果をしっかり行う必要があり、選果場への持ち込みは基本的に家庭選果で良品としたものに限られている。

　選果は販売上きわめて重要な意味を持っている。なぜなら、選果によって不良品を排除することになり、販売先に対し品質を保証することができるからである。また、選果によってグレード分けが適切に行われることによって販売先も価格設定が行いやすく、素早い取引が可能になる。

　選果基準はJA全農岐阜によって、岐阜県で統一した基準で行われており、選果場による違いは基本的にない。柿は大きく正品と平箱（良品）に分かれ、正品はさらに傷がなく色合いが非常によい赤秀（秀品）と目立つような傷がなく色合いがよい青秀（優品）、一般品の無印に分かれる。また各等級の中で大きさによって、Ｓ、Ｍ、Ｌ、２Ｌ、３Ｌ、４Ｌと分かれ、同じ等級であっても１個あたりの大きさの大きいものの価格が高い。大きさが大きいものは見栄えがするし、また収穫量が少なく根強い需要があるためである。しかし、平箱でも味に

それほど違いはないため、自家消費用に価格の安い平箱を求める消費者も少なくない。

　選果は電子カメラを搭載した選果機で自動的に行われるが、最終的には検査員の目を通して行われており、選果場による多少のばらつきが生じる可能性もある。生産者には生産した柿の歩留まりを高くし、売上を増やしたいという要望があるが、選果基準を緩くしてしまうと柿を買う卸売業者側の評価が下がることになり、販売価格が低下する要因となってしまう。

　厳格に選果を行っているという評判は、流通時の価格が高くなりやすい効果を生む可能性がある。また、大玉の柿は希少価値があり主に贈答用に使われるため、ブランドとしての評判が生じやすく、価格が高くなるという面がある。選果は手間のかかる作業であるが、柿の価格の維持に大きな効果を発揮する重要な作業である。そのため、正確性を保ちながらいかに効率を上げるかということが重要な課題になる。

## ３．販路と全農の役割

　全農はJAの各選果場からの出荷量の報告をもとに、調整を行って市場ごとにどの選果場の柿をどれだけ販売するかの指示を行っている。この調整においては柿振興会の要望、市場の要望、過去の実績、選果場ごとのブランド力などを加味して総合的に行っており、系統共販が有効に機能できるよう重要な役割を担っている。

　岐阜県の柿の多くは名古屋の市場で販売されている。2017年の系統共販では、名古屋を中心とする中京市場の出荷が約50％、東京を中心とする京浜市場の出荷が約30％で、その他は北陸市場や長野市場などとなっている[9]。東海三県の卸売市場における甘柿の卸売流通量は約6,000トンで、うち岐阜市中央卸売市場が約1,000トン、名古屋市中央卸売市場が約4,000トンとなっている。平均の卸売価格は岐阜が165円／kg、名古屋が290円／kgとなっている[10]。西日本には奈良、和歌山、福岡という有力な産地があるため岐阜県の柿はほとんど流通していない。10年前と比べると京浜市場の割合が減少し、中京市場の割合が増加している。

　中京市場の出荷が多いのには次のような理由がある。まず、名古屋の市場が

大きいことである。生産者としては安定した販売が見込めるというメリットがあり、購入する卸売業者も安定して良質の柿を仕入れられるというメリットがある。きちんとした選果によって不良品のトラブルはほとんどなく、お互いに信頼関係があり、スムーズに取引ができている。間に全農が入っている安心感も大きい。

　また、首都圏に比べ配送コストが少なく済むことも名古屋向けの出荷が大きい理由である。小売店が大規模化しており、各エリアで必要とされるロットも大きくなっていることも首都圏への出荷を難しくしている。系統共販の出荷量は減少しており価格も高い品質が評価され底堅い需要があるため、他地域に販路開拓を必要とする誘因も少なく中京市場の割合が高まる結果となっている。

## 4．最近の動向と卸売業者の戦略

　富有柿の出荷量は全体的に減少しているが、特に系統共販の減少幅が大きい。地域のつながりが以前に比べ希薄化し、柿農家が減少していることもあって柿振興会の求心力は低下している。専業の柿農家と小規模な柿農家では柿栽培に対する考え方も異なり、従来の仕組みを維持していくのは容易でない。そのため、系統共販にも消費者のニーズにこたえつつ、生産者や関係者にもメリットがある仕組みを作っていくことが必要となっている。

　系統共販では柿振興会とJAや公共機関が協力して栽培指導を行う仕組みができており、良質な柿の出荷が行われている。系統共販の商品は、共通な選果基準に基づき選果基準が行われており、小売業者は高い品質の柿を安心して購入することができるという大きなメリットがある。一方、生産者も大口の販売先を確保でき自らは販売促進活動を行わず生産に集中できるメリットがある。このメリットをうまく生かしていくことが必要である。

　系統共販では、販路である大規模小売店と柿振興会を卸売業者が結びつけており、重要な役割を果たしている。卸売業者は小売店が生産者に訪問し、小売店は作柄などの情報を得る一方、生産者も消費者の動向などを知ることができる機会を設け、両者の交流を図っている。また、卸売業者が小売店に赴き、販売促進の協力を行って小売店での消費拡大を図っている。

　従来は系統共販では規格外品の取引は正規品の販売に影響があるとして販売

は行われず、柿農家は規格外品を独自に販売する必要があった。それが系統共販から離脱する一因にもなっていたため、系統共販でもこういった規格外品の取り扱いが検討されるようになった。JAの協力を得て独自に規格外品を販売するルートを開いている柿振興会もあり、最近では系統共販の仕組みの中にも卸売業者の協力を得て一部規格外品が流通するルートもできつつある。

　規格外品は正規品に比べ見た目は劣るものの味はそれほど大きな違いがない。規格外品の多くは生食用となっているが、コンビニエンスストアなどにカットフルーツ用として供給するなど本来の商品と競合しない工夫が行われており、規格品に特段の影響は生じていない。取扱量が少ないため、仲介する卸売業者などにとってのメリットは大きくないが、生産者の要望に応える新しい販路の開拓として今後のあり方を示唆している。市場では系統共販が中心であるものの、それ以外に他の青果業者が出荷した柿も同時に流通しており、また卸売業者は冷蔵柿なども取り扱うなど商品の幅を広げている。系統共販は生産者の意向が重視され現状維持的な流通になりがちであるが、卸売業者によってより消費者のニーズに合った生産者の取り組みが求められている。

## 第5節　自主流通における流通戦略

### 1．農家による直接販売

　系統共販以外の流通には、農家自身による直接販売、青果業者を通じた販売、そのほか道の駅などでの販売がある。

　農家自身による直接販売は、シーズンには畑の軒先での販売も行われるが、多くは収穫前に注文を受け、あらかじめ代金を受領し収穫したものを発送する注文販売が主流である。この注文販売の多くは産地贈答と呼ばれ、贈答用の柿を農家から直接贈り先に届けるものである。特に、ランクの高い柿は贈答用として高く売れるため、従来からのお得意様用に産地贈答用商品として販売されている。

　また、注文販売には贈答用以外にも自家消費用として比較的低価格の商品をお値打ちに購入したいという要望があり、そういった要望にも応えるように低

価格帯の商品の品ぞろえを行っているところもある。低価格帯の商品は高級品との競合が生じるという懸念もあるが、実際には贈答用と自家消費用の需要は別で低価格帯商品を販売しても高価格商品の販売に影響するということはほとんどない。

　農家による直接販売では毎年買っていく固定客の割合が非常に多い。多くの農家では収穫前にかなりの注文をすでに受けており、その後の注文は集荷量に合わせて調整しながら受け付けている。注文を出すのが遅いと買えなくなる恐れがあるため、多くの固定客は早めに注文を出すので、農家にとってもそれほどの宣伝を行わず安定した売上が見込める。

## ２．選果

　自主流通においても選果は重要である。青果業者経由の場合は、青果業者が選果を行っている。JAの選果場と同じようにカメラと新しい画像処理システムを有し、効率的で正確な選果に努めている青果業者もある。インターネットなどの直接販売を行っている農家は簡易な選果機を所有しており、それを使って選果しているが、その際には全農の基準とほぼ同じ基準になるようにしている。ただし、自己選果したものが直接消費者などに届けられる仕組みであり、適切な選果が行われるかどうかは各農家や青果業者の運営に委ねられているところがある。

　大きさのS、M、L、2L、3L、4Lは系統共販と同じ分類であり、また等級もやや区分けが異なるところもあるが、基本的に赤秀、青秀、平箱という区分によっているところが多い。自主流通であっても選果には十分な注意が行われており、むしろ評判を高くすることによって販売価格を高くするという戦略がとられる傾向にある。いくつか調査した2019年の販売価格は表6-1のとおりである。

表6-1　自主流通柿の主な販売価格

| 販売者（略号） | A | B | C | D | E |
|---|---|---|---|---|---|
| 贈答用2L 12個 | 3,400円 | 3,000円 | 3,500円 | 3,000円 | 3,200円 |
| 平箱L約15個 | 2,100円 | 1,800円 | 2,500円 | 2,000円 | 2,000円 |

## 3．青果業者の取り組み

　JA経由の系統共販には決められたルールで行う必要があるが、ルールに縛られないそれ以外の販売ルートを求める農家もある。地場の青果業者が野菜や果実を農家から集荷し、独自に有しているルートで販売している。特に本巣市の大熊青果有限会社、中村青果株式会社は富有柿の取り扱いが多く、柿の自主流通に重要な役割を果たしている。販売方法は系統共販と同じく委託販売であり、売上から手数料を差し引いて柿農家に渡すことになる。

　両社ともに約200件の柿農家から数百トンの柿を仕入れており、青果業者を経由して販売する柿農家の割合は増加傾向にある。柿を選果場まで運ぶ余裕のない柿農家に対しては集荷するといったサービスも行っており、柿農家の支持を得ている。また、出荷する柿農家を組織化し、栽培講習会や生産者親睦会を行い柿農家との意思疎通を図り、柿農家の声を聴くとともに柿農家に購入者の情報を提供している。

　系統共販に比べしがらみが少ないため、独自の営業努力が行いやすい。青果業者は他の野菜なども取り扱っており、販売先とより幅広い商談が可能な点が有利である。系統共販が名古屋に偏った販売となっていることもあり、地元の小売業者だけでなく、特に関東圏の市場の開拓を積極的に行っている。冷蔵によって2～3月ごろまで生食が可能で、より熟成した濃厚な甘みのある冷蔵柿の販売に積極的に取り組んでいる。大熊青果は自社で直売所も有しているため、より消費者の需要に敏感であり、それを生かした営業活動を展開できている。

## 4．インターネット販売

　農家による直接販売は現在でも電話、ファックスによる販売方法が主流でインターネット販売はあまり行われていない。これは購入者の多くが50～80代の年配客であり、昔ながらの注文方法が好まれるためである。また、柿農家も高齢でインターネットやコンピュータに詳しくないということも要因の一つである。

　しかし、中には非常に充実したホームページを有している柿農家もある。このホームページは柿のインターネット販売の窓口になっているだけでなく、柿

農家からの重要な情報発信の場にもなっている。

　贈答用の柿は安い商品ではないし、また贈答先に失礼のないように品質が信頼でき安心して頼めるところに頼みたいという心理が働く。充実したホームページのところはお客さまから信頼を得やすいというメリットがある。

　インターネットの作業については外注するという方法も選択肢の一つであるが、柿農家は比較的規模の大きい専業農家であっても家族経営であり、なかなか外注に見合うだけの売上を上げられない。実際、今回取材した農家はホームページの運営とインターネット販売をほぼ自分で行っていた。

　最近では、楽天などに出店して富有柿を販売する柿農家も増えている。富有柿では岐阜県産をブランドとして前面に出しているところが多い。このようなインターネット通販のサイトを使えば自社でシステムを構築する必要がなく、手間が少なくて済む。ただし、出店料や販売手数料がかかるデメリットもある。岐阜県養老町ではふるさと納税の返礼品に富有柿が利用されているが、それも楽天市場を通じて行うことができるようになっている。

## 第6節　柿農家の生産、販売戦略の事例

　柿農家の生産、販売戦略の事例を、取材した順に紹介する。

### 1. せっきーファーム

　せっきーファームは瑞穂市にある柿農家で、関谷英樹氏が代表を務めている。関谷氏はもともとサラリーマンで農業経験はなく柿栽培とは無縁であったが、東日本大震災を機に地元をPRできる仕事がしたいと、岐阜にUターンしてきた。富有柿の生産者が激減していることを知り、富有柿の担い手となって岐阜の柿をPRしたいと考え、2012年1.5ヘクタールの農地を借り富有柿の栽培を始めた。

　現在はほぼ専業で柿の栽培にあたっている。まだ40歳ぐらいで数少ない若手柿農家の1人である。最初は慣れないことが多く失敗も多かったが、栽培開始から7年を経過して安定した生産ができるようになった。栽培は年間スケジュールに沿って計画的に行い、栽培の講習会にも積極的に参加している。地

元の人との交流も深まり、栽培を委託されることも多くなった。現在は3ヵ所で計2.5ヘクタールを耕作している。栽培状況を記録し生産管理を充実させ生産性の向上を図っている。

　販売については、ホームページによる直売も行っているが、地元のJAを通じた系統共販が中心で、出荷の半分以上を占めている。直売においては選果、注文の管理、発送などをほぼ1人で行っており、手一杯の状態である。

　また、新しいことに積極的にチャレンジしている。特に生食用として販売が難しい柿を加工用として食品加工会社や菓子店などに供給し、ケーキやグラッセなどの新しい柿加工品を開発している。贈答用の柿もハロウィン柿などの新しい商品を開発するとともに、柿畑をギフト専門の観光農園として開園している。

## 2．でらうま柿農園（後藤柿農園）

　でらうま柿農園は本巣市にあり、現在は父とその息子で運営している。栽培面積はそれほど広くなく、息子は他の仕事も一部行っている。栽培の特色は土づくりを重視していることで、通気性、保水性、排水性、保肥性が高くさまざまな微生物が棲む土づくりを行っている。これは木にとって良好な環境を保つことがおいしい柿づくりにつながるとの考えによる。息子は、栽培にあたっては本巣市の講習により指導を受けるとともに、富有柿や農業技術について富有柿センターや図書館で調査を行うなど研究熱心であり、ホームページでも積極的に情報発信を行っている。

　選果は基本的に全農とほぼ同じ基準で自分で行っている。現在の販売は約80％がインターネット販売であり、非常にインターネット販売の比率が高い。注文は北海道から沖縄まで全国からきており、ホームページを見て注文するお客さまが多い。配送はゆうパックを利用している。注文は9月下旬から行い、前年の販売状況と今年の生育見込みをもとに注文を受ける量を調整している。供給する柿が不足しないように収穫時期にはこまめな調整を行っており、売れ残りは発生していない。一部は地元の市場等でも販売している。

　息子は仲卸業者に勤めていた経験があり、農産物の流通に詳しく、その経験を生かして販売を行っている。平箱の商品をちょいワル柿、けっこうワル柿とユニークなネーミングで販売していることも寄与し、新規客の割合が30％と

比較的高い。

## 3. 大野農園

　大野農園は本巣市にあり、家族で経営している柿農家である。現在は父とその息子が中心になって運営している。父はもともとサラリーマンであり、定年退職後に本格的に柿栽培に取り組むようになり、現在は息子と2人でほぼ専業で柿栽培を行っている。栽培は富有柿が約70％であるが、早秋柿や蜂屋柿（干し柿）なども栽培し、リスクと作業の分散を図っている。

　大野農園では、2003年に大野農園生産直売所を設置、14年間は仮設家屋で営業していたが、2017年に現在の建物に建て替えた。直売所は本巣縦貫道から東へ300ｍのモレラ岐阜の近くにあり、本巣縦貫道には人目につく大きな看板が設置されている。営業は10～12月までで家族が交代で店番にあたっており、常駐はしていないが、場所柄若い客の問い合わせも多く、集客に大きく貢献している。

　また、大野農園は非常に充実したホームページを作成しており、これによってインターネット通販を行っている。きっかけは父が柿栽培に取り組むようになったとき、生産管理、販売管理をパソコンで行うようになったことであり、60の手習いでホームページを独力で作成し、インターネット通販も行うようになった。ホームページでは商品のカタログや注文だけでなく、大野農園の情報を積極的に発信している。このように生産者の情報の充実は消費者に安心感や親近感を与える効果があると考えられる。さらに、お客さまの声も積極的にホームページに掲載し、不良品の場合の対応も明示しているため、消費者は安心して注文を行うことができる。

　現在の販売は約70％が生産直売所やインターネットによる直売であり、残りは集荷業者や道の駅などを通じて販売している。生産直売所とホームページという二つの宣伝媒体によって強い販売力があるため、栽培に力を入れることができている。ホームページを通したお客さまとの交流もやりがいとなっている。

## 4. 青木農園

　青木農園は大野町で約2ヘクタールの柿栽培を行っている有力な柿農家であ

る。ここでは一部直接販売も行っているが、ほとんどはJAいび川にある大野町かき振興会を通じて販売している。大野町では系統共販の割合が高いが、青木農園も同様で、大野町かき振興会の主要メンバーの1人となっている。

　柿栽培は息子が中心になって行っており、すでに約10年の栽培経験があり、現在も柿栽培技術の向上に努めている。大野町かき振興会はぎふクリーン農業の認証を取得しており、青木農園でも農薬の使用を抑え、安心、安全な柿づくりを行っている。肥料も化成肥料と有機肥料を併用して行っている。

　JA経由以外の販売の比率は10％以下である。直売の贈答用柿は主に固定客に対し直売を行っており、遠方からの注文もある。一部規格外の商品は農産物直売所などにも出荷している。袋掛け富有柿や果宝柿といったブランド柿の栽培にも取り組んでいる。

# 第7節　岐阜県の取り組みと富有柿流通の今後

## 1．岐阜県の取り組み

　岐阜県では2011年に2020年度を目標年度とする岐阜県果樹農業振興計画書を策定し、これに基づいて長期的な果樹農業の振興を図っている。果樹全体の流通販売対策としては、ブランド化の推進、流通コストの削減、冷蔵・選別機能の強化、直売やネット販売、輸出などの多元的流通、出荷情報の充実によるパートナーとの信頼確保が挙げられている。柿については、生産面では、高齢者の活用、経営規模の拡大、高品質安定生産、新品種の拡大などを振興方針としている。また、流通面では、出荷量を2009年並みの15,200トンと予測し、選果施設の集約による合理化と規格の安定化、加工品の拡大などに重点的に取り組むとしている。

　現在でも基本的にはこれに沿った形で柿の生産流通の振興が図られているが、柿農家の高齢化による生産減少が続いており、柿栽培を伝承していくことが急務となっている。柿農家の中心はサラリーマンをリタイアして栽培を始める人であり、60代から70代の人が中心になっている。そのため、30代、40代などの若手の柿農家は数えるほどであり、新規に柿栽培に参入する人もほとんどい

ない。現在も柿栽培塾など新たに柿栽培を行う人を育てる取り組みは行われているが、委託栽培を推進するとともに、柿栽培の魅力を発信して新規就農者を開拓していく必要があろう。岐阜県産富有柿のブランドを生かしながら、柿振興会と現在情報発信している柿農家との連携など新たな取り組みを積極的に支援し、より多くの人々に富有柿の魅力を知ってもらう方策を考えることが重要である。

　また、柿加工品や柿のブランド化についても岐阜県が生産者やJAと協力して推進を行っている。現在は富有柿の全体の流通量からすれば少量にとどまっており、消費者のニーズを捉えた将来の柱となる商品の開発に取り組む必要がある。

## ２．富有柿流通の今後

　系統共販は中間に入るJA、全農、卸売業者が生産者と小売業者の間に入ってうまく流通量や価格の調整が行われており、その意味では大変優れた仕組みであるということができる。しかし、生産者と消費者との距離が遠いため、ともすれば社会のニーズから外れた自分たちの利益を守る取り組みになりやすいという問題がある。現在の生産者やブランドを守る一方、卸売業者の協力などを得て新たな商品や新たな市場を開拓していくことが求められている。

　柿農家が直接インターネット通販を行ったり、地元の青果業者が新しい流通ルートを開拓したりといったことにより自主流通していく柿は今後も増えていくだろう。しかし、系統共販が岐阜県の富有柿というブランドイメージに大きな寄与があったことを忘れてはならない。今後は岐阜県の富有柿というブランドを育てるとともにより消費者のニーズに合った流通を行うことが必要となると考える。

**謝辞**

　本稿を執筆するにあたっては、今井敬潤氏（瑞穂市在住、岐阜女子大学非常勤講師）をはじめ、多くの関係者から資料の提供や取材の協力をいただいた。協力くださった方々をここに記し、深謝の意を表する。

　岐阜県農業技術センター果樹・農産物利用部、岐阜県農政部農業経営課、岐阜農林事務所農業普及課、岐阜市役所農林部農林園芸課、全国農業協同組合連合会岐阜園芸販売課、いび

川農業協同組合、瑞穂市柿振興会、せっきーファーム、後藤柿農園、大野農園、青木農園、柿りん、大熊青果有限会社、中村青果株式会社、セントライ青果株式会社、名古屋青果株式会社、道の駅富有柿の里いとぬき

●注
1)「富有柿発祥の地瑞穂市　福嶌才治さんありがとう」, pp. 87-97。
2)「果実日本」, 第74巻, 2019年9月号, p. 35。
3)「岐阜県農業の動き」, 令和元年度版, p. 42。
4) 2019年10月29日付読売新聞朝刊。
5)「果実日本」, 第74巻, 2019年9月号, p. 35。
6)「果実日本」, 第74巻, 2019年9月号, pp. 59-60
7)「岐阜県農業の動き」, 平成30年度版, p. 52／令和元年度版, p. 55。
8) 2018年12月8日付岐阜新聞朝刊。
9)「岐阜県農業の動き」, 令和元年度版, p. 42。
10)「第65次東海農林水産統計年報」, 平成29年～30年版。

**【参考文献・参考資料】**

石垣和義（2016）「岐阜県のカキ」, 樹林舎。
今井敬潤（2017）「岐阜県の柿と栗のこれからを探る」, 岐阜県農業の未来を語る講演会資料。
河崎勇喜（2019）「カキの市場動向と産地への要望」,『果実日本』, 第74巻, 2019年9月号, pp. 56-60。
岐阜県「岐阜県農業の動き」, 平成28年度版～令和元年度版。
岐阜県「岐阜県果樹農業振興計画書」, 2011年。
鷲見彩子（2019）「明治からつづくブランド柿「富有」の産地「本巣市」」,『果実日本』, 第74巻, 2019年9月号, pp. 8-12。
東海農政局「東海農林水産統計年報」, 2015年～2018年。
瑞穂市柿振興会（2019）「富有柿発祥の地 瑞穂市～福嶌才治さんありがとう」。
薬師寺博（2019）「カキ生産の現状と技術動向」,『果実日本』, 第74巻, 2019年9月号, pp. 34-38。

青木農園ホームページ　　　　　https://aokinouen.jimdofree.com/
大熊青果ホームページ　　　　　http://www.o-seki.co.jp/
大野農園ホームページ　　　　　http://www.ohno-nouen.com/
せっきーファームホームページ　http://www.sekkiy-farm.com
セントライ青果ホームページ　　http://www.centrai.co.jp/
でらうま柿農園ホームページ　　http://www.fuyugaki.com
中村青果ホームページ　　　　　http://www.nakamuraseika.com/about.html
JAいび川ホームページ　　　　　https://www.jaibigawa.or.jp/backorder/gifts.html

# 第 7 章

# 静岡県焼津市における
# 水産加工業のイノベーション

—— 伝統の承継と技術革新 ——

豊橋創造大学　岩本　勇

## 第1節　焼津市の概要

### 1．焼津市の概要

　静岡県焼津市は、東京から西へ約193km、名古屋から東へ約173km、京浜・中京のほぼ中間に位置する。静岡県の中央部で、北は遠く富士山を臨み、高草山（501m）、花沢山（449m）などの丘陵部を境に県都静岡市に接し、東に駿河湾を臨み、西南は一望に広がる大井川流域の志太平野で、西に藤枝市、大井川を挟んで吉田町と島田市に接している。

　年間平均気温16.5℃、冬季の降雪もまれな温暖な気候で、面積は70.62km$^2$、北部山間部を除き平坦な区域に現在、約5万8,200世帯、約13万9千人の市民が生活している[1]。

　このように焼津市は静岡県の中央に位置し、関東と関西を結ぶ東海道のほぼ中央という交通アクセスにおいて好条件な漁港である。そしてこの焼津には「焼津港」、「小川港」、「大井川港」の三つの漁港があり、水産都市焼津の中核として役割を果たしている。

　「焼津港」は遠洋漁業、「小川港」は沿岸・沖合漁業が主であるため、魚の種

類も漁船も違ってくる。「焼津港」は、江戸時代よりかつお漁が盛んで、現在は、かつお・まぐろを主とする遠洋漁業の基地となっている。「小川港」は、さば・いわし類・あじ類などの多獲性魚を採補する沿岸・沖合漁業の基地として栄えている。また、大井川河口の左岸を掘り込んで建設された「大井川港」は、日本唯一の駿河湾の桜エビ漁を行う、大井川港漁業協同組合の漁業基地としても利用され、駿河湾名物の桜エビやシラスなどを水揚げしている。

## ２．焼津市の水産加工業の歴史

　この焼津は、かつおの歴史がたいへん古く、その歴史は今から約1,400年前の弥生時代にまでさかのぼる。それは焼津神社周辺の「宮の腰遺跡」から発掘された遺物に端を発し、この遺跡から土器類や剣・鏡・勾玉などの土製模造品、米などの食糧品に混ざって魚の骨片が出土したことによる。そして、その骨片は考古学者の鑑定によって「かつお」の骨であることが分かった。これによって当時、焼津一帯の集落の人々が米食をし、かつおを獲って食べていたことが証明された。このことから焼津は、大昔から「かつお」とは切っても切れない縁の深い町であると考えられる。

# 第２節　焼津の鰹節産業

## １．焼津とかつお節

　焼津は現在、全国でも有数のかつお節の生産地として知られている。焼津とかつおの歴史は、今から1,400年余以前の弥生時代にまで遡ることは前述のとおりである。927（延長5）年に醍醐天皇の命により撰集された「延喜式」（平安時代初期の法律・社会を知る重要な文献）に、駿河国焼津浦より堅魚（かたうお）、煮堅魚（にかたうお）、堅魚煎汁（かたうおいろり）の貢租があったと記述されている。また奈良の正倉院に保存されている「駿河国正税帳」という古文書のなかにも、焼津を中心とした地域が煮堅魚の特産地として記録されている。堅魚や煮堅魚は、かつおを素干ししたり、煮て日干ししたもので、今の「かつお節」のルーツと考えられている。

　これらの文献を通してみても、焼津の「かつお節」の発祥はかなり古く、土地の産業として根を下ろしていたことがわかる。現在一般に使われている名称は、戦国時代から江戸時代初期の間に変わったものと考えられる。しかし、当時のかつお節は現在のかつお節とは相当な違いがあった。

　その後、1704（延宝2）年に紀州（和歌山県）の漁師である甚太郎があみだした「燻乾法」が、現在のかつお節という言葉の起源と言い伝えられている。焼津においては徳川三代将軍家光時代の、当地方の田中城主（藤枝市）松平伊賀守忠晴が遺した古文書、1642（寛永19）年の「萬覚」と「駿河田中城中覚書」の中に、田中領分にあるものとして、「かつお節」の名称が残されている。これらの史実からみると焼津では、すでにそれより50年余早く「かつお節」の名称が用いられていた。

## ２．大坂と江戸

　国土の狭い日本だが、大坂（関西）と江戸（関東）ではさまざまな文化が異なっている。そしてかつお節に関しても、大坂と江戸では違いを発見することができる。

　西の主要生産地である土佐・薩摩は、天下の台所である大坂へかつお節を輸送する際に、発生するカビに悩まされた。その後、長年の製造経験の中から、節の表面に良カビを生やすことにより、悪カビが生えることができない環境にしてしまうという、苦肉の策が考えだされた。「毒をもって毒を制す」の諺どおりの製法で、このカビ付けは1回だけ行われ、これを「節一乾」と呼ぶ。このかつお節が、現在の大阪の味の文化として受け継がれている。

　また、大坂に集められたかつお節は、江戸を中心として各地に「下りもの」[2]として流通した。江戸へは海路を使って船で輸送したが、昼は陸を見ながら走り、夜は港につけ、風や雨の日は港で待機をし、回復してから出港するという天候任せの航海だったので、輸送には10日から1ヵ月ほどの時間がかかった。一乾の節はまだまだ水分が多く、潮風・波しぶきに当たることにより、新たなカビが発生した。

　また、江戸に到着してから蔵に保管している間もカビが発生し、再三払い落とす必要があった。しかし、「カビが付き、それを払い落とす」の繰り返しの

中で、経験的に「かつお節が良質化する」ことに、江戸のかつお節問屋は気がつく。その良質化とは、魚臭さが減少し、旨みが増大して特有の香気が醸しだされ、だしが濁らなくなる等である。結果的にカビが付くことが繰り返されたかつお節が出回り、江戸の味の文化として定着した。

　大坂のかつお節は、悪カビが生えないようにすることを目的に、カビ付けを1回だけ行った荒節である。それに対して江戸のかつお節は、美味しく良質化を目的にカビを数回付けた本節である。カビ付けの目的が違うことによりできた荒節と本節が、東西の味に影響を及ぼしたことになる。

## 3．伊豆節と焼津節

　西の土佐・薩摩に対して、東の一大産地は西伊豆の田子であった。伊豆七島の近海でかつお節に適した魚質のかつおがたくさん獲れ、気候風土も合わせてかつお節造りに大変適した土地である。ここで生産される「伊豆節」は、大坂に送られることがないので、当時の全国的な知名度は土佐・薩摩には及ばないが、江戸のかつお節問屋との直接的な取引で、販路はしっかりと確保されていた。

　江戸のかつお節問屋は、カビ付けの効用を田子のかつお節職人に教え、少なくても3番カビ付けまで行った本節の製造を要求した。田子の職人はこれを難なくこなして、先進地土佐のかつお節とは違った独特の「伊豆節」を生み出した。明治初年において、3番カビ付けを完成品とする「本節」の誕生である。

　土佐式が、納屋の中に裸節を蔵置して、悪カビの発生を防止する目的で1回のカビ付けを行ったのに対して、伊豆では悪カビの発生防止だけでなく、更にかつお節の味を良くする目的を持たせ、3回のカビ付けを徹底して行うことにより、「伊豆節」は天下の名産品の仲間入りを果たした。

　その後、明治40年代には、4～6番カビ付けの「本枯節」が出現して完成される。これに合わせて「伊豆節」は、全国的に大変高い評価を受けるようになった。カビ付け方法の足跡の年代設定は、諸説があり明確ではないが、1900（明治33）年に著されている「静岡賀茂田子かつお製造法」には4番カビ付け以降の記述もあり、明治40年代より前に「本枯節」が造られていたとも考えられる。

　「伊豆節」は、駿河湾の対岸に位置する焼津に伝えられ「焼津節」として発展

する。焼津は、田子から学んだ製法に更に改良を加え、機械化による大量生産に移行した。かつお漁が遠洋化するのに伴い、焼津港は国内有数の水揚港となり、潤沢に原料の確保ができるようになった。東海道本線の鉄道開通により、東京への輸送ルートも確保され、一気にかつお節産業が発展し現在に至っている。

## 4．焼津のかつお節産業の発展経緯

　焼津のかつお節生産は、1880（明治13）年頃から西伊豆の荒節や、千葉県、茨城県、福島県などの荒節を買い入れ、焼津で仕上節に加工して東京などの消費地市場に出荷するようになった。地の利の良さを活かした、資本力の大きい焼津の業者の経営法である。

　同時に技術面の高度化にも努め、1890（明治23）年頃には土佐、薩摩、伊豆などの各地から優れた技術を取り入れて「焼津節」の改良型を完成させた。同時に焼津のかつお漁船も徐々に大型化し、伊豆諸島沖の脂肪の少ないかつおを水揚げできるようになり、遂に1895（明治28）年の国内勧業博覧会では、かつお節の1、2、3等賞を独占するまでになった。ここで焼津のかつお節は、全国の標準型として統一されたといわれている。

　一方、1889（明治22）年の東海道本線開通は、焼津のかつお節産業の発展に力を添えた。各地からの荒節移入が明治時代後半から増加し、大正時代（1912～1926年）には、焼津がかつお節の全国的な集散地となり、三陸地方から鹿児島に及ぶ各地から荒節を移入し、さらに焼津の代表的な業者は、台湾、奄美大島、ロサンゼルス近くの漁港などへ進出して荒節を作り、それを焼津に移入して仕上節に加工した。

　焼津のかつお節業者の活動は、このようにスケールも大きく、大手かつお節業者は20世紀初めから50～100人規模の従業員を雇用した。さらに経営者自身が製造技術の派遣教師になって全国各地へ出張し、その地で荒節が生産できるようになると、これを焼津に移入して仕上節に加工し、大消費地市場へ出荷した。彼らはかつお節産業における大問屋となり、技術指導者であり、問屋主導型流通システムを築いたパイオニアである。

　焼津は、こうして20世紀初めから日本一のかつお節産地となったが、その

製造現場は、1960年代の高度成長期にいたるまでは、熟練従業員の技術と労働に依存する手工業的生産を維持していた。個の製造法が近代的工場制に変わったのは、1970年代後半以降のことであり、またその過程は、かつお節生産力が上位企業に集中する過程でもあった。つまり力のある業者が多い焼津、枕崎、山川の三産地にかつお節生産が集中することになった。

## 第3節　焼津水産加工業の発展を支えた基盤整備と技術革新

### 1. 運河と海運

　初めて焼津港から焼津の中心市街地を歩いたとき、その地域の独特な特性に気づくであろう。それは海と海岸線と並行して作られたメインストリートと複数の河川である。駿河湾に面した沿岸には、瀬戸川の他、小石川、黒石川等の中小河川が並行して流れており、これは小舟を使った水路に適している構造である。つまりこれらの河川は、人工的に作られたものであると考えられる。

　なかでも黒石川を木屋川河口に流して沿岸漁業専従の漁港施設として整備されたものが小川湊である[3]。駿河湾の特徴は岸近くから水深が深く廻船までの荷役距離は短いが、激しい東風からは防ぐものがなく、廻船は清水湊に避難しなければならなかったことである。

　焼津湊は古来東風の高汐により幾度となく被害を受けたが、これと同時に、駿河湾の水深、潮流により海岸が侵食されることも焼津湊が克服しなければならない課題であった。しかし明治後期にはいると、この岸近くから水深を確保できる特徴は、遠洋漁業基地にとってまたとない地形的利点として利用されることになった。

　それまで焼津浦と称する漁村であった焼津郷四ヶ村は、徳川時代、田中藩その他の廻米積み出し港として整備された。堀川（黒石川）、小石川、瀬戸川の河口に水深3mを越す船溜まりが生まれ、これを新屋港と称した。当時は河岸稼ぎ、廻船問屋が並び、漁業のまちではなく、海運のまちであったという。

　明治初期、焼津湊には200石から1,000石の廻船15雙があり、東京から讃岐

までを航海して米・塩・肥料・材木・雑貨の運搬に従事していたとされている。また小川湊は大井川筋からの材木を積み出すためにも賑わったものといわれている。東海道鉄道建設に際しては建設資材、レール、機関車等の輸送もまた、主に海運により、焼津港を利用した。

焼津のかつお漁船は駿河湾において、徳川幕府からはじめて船鑑札[4]を獲得した。これは他の港への避難に備えての準備である。焼津地区は、他の漁村に比べて特別な好条件を持っていたとは考えにくい。しかし焼津のかつお漁船が発展したのは、海運産業としての廻船業が漁業と並存していたことが影響していると考えられる。

## 2．用水の整備と工業利用

焼津は水産だけでなく農業生産も整備された。幕藩体制は農業生産を基盤としていたため、耕地拡大や生産力維持・向上のため、用水を確保することが重要であった。また河川の氾濫や堤防の決壊による田畑への流失を防ぐことは、農民のみならず領主にとっても課題であった。焼津市域は、瀬戸川、朝比奈川、黒石川、栃山川などから水を引いて用水を整備し、田畑に水を張り巡らせた。

水産加工業が発展すると農業から工業へと産業構造が移行する。焼津市内においても農地が工場へと変化し、農業で使用された良質な水が工業用水として利用された。この農地の用水が水産加工場を発展させた要因とも考えられる。

## 3．本枯節の開発

焼津の「鰹節」の発祥はかなり古く、土地の産業として根を下ろしていたことは前述のとおりである。天然調味料である「鰹節」は、私たちの遠い祖先が生み出し、日本人の食生活と共に歩んできた世界に誇れる食品である。現在も、毎年11月23日に皇居で行われる新嘗祭には、神饌用のかつおぶしを焼津鰹節水産加工業協同組合から献上している。

そして全国屈指の品質を誇る焼津の鰹節は、その地位を維持する秘密が焼津の伝統的な製法にある。焼津の鰹節の製造技術は独特で、生切り（なまぎり）工程では土佐（とさ）切りと伊豆固有の地切り（じぎり）を併用した方法を用いる。煮熟（にじゅく）では他と比べて焙乾（ばいかん）を重視しており、焙乾以降

1週間から10日間焙乾を重ね、黴（かび）付けでは焙乾を十分に行っているので削り終えた節を再び焙乾することはなく、日乾のみで樽に詰め、15日から20日すれば好ましい状態で蒼黴（あおかび）が発生、日乾の後これを払い落とすことなく樽詰めにする。改良を重ねながら受け継がれてきた製造技術は、今や鰹節の標準型として全国に普及している。

　かつお節となまり節の違いは製造工程にあり、なまり節は製造工程上の「煮熟」の後に「骨ぬき」をして表面の水分を乾燥させたものである。つまり「焙乾」の作業で1回目の焙乾を一番火といい、この段階の節をなまり節と呼んで、それ以降のものと特に区別している。なまり節は、新鮮なかつおを原料としてつくられる焼津の特産品で、明治以前より生産されていた無添加物自然食品である。

## 4．遠洋漁業を可能にした動力、冷凍の技術革新

　焼津かつお漁業は大正期に急成長した。焼津魚市場の取扱高は、地元船と地元外船を含めて100万円から570万円へと急激に伸びた。当時は港もなく、海岸に設置された魚揚場は、かつおで溢れかえる状況だったいう。

　この成果は、かつお漁業はもとよりさば釣漁業の生産能力の増強によるものである。かつお漁船の隻数増加、船型の大型化（50トン型へ移行）、機関の高馬力化（100馬力へ増強）やディーゼル機関化、操業海域の拡大（小笠原諸島、三陸沖、鹿児島沖へ拡大）、さらにはまぐろ漁業との兼業化による周年創業へと進展したことが要因である。さば釣漁業も小型船ながら5〜6トン型から15〜20トン型となり、伊豆七島近海の新漁場に進出し豊漁であった。沿岸漁業は、定置網、いわし地曳網、手繰網等が営まれた。

　その後明治初期に、漁船の大型化をはかり、沖合の漁場に挑むようになり、遠洋漁業の基礎がつくられた。1908（明治41）年、初めて石油発動機付漁船が建造され、漁場も黒潮流域の遠方に拡がった。昭和初期、かつお・まぐろ兼業船が建造され、遠洋漁業は発展し、1952（昭和27）年以降、南洋漁場の開拓で、東はミッドウェイ島近海から西は南シナ海、南は赤道付近にと縦横に活躍し、焼津は全国一の遠洋漁業基地として、世界にその名を轟かせた。

　かつお漁船には、遠洋かつお一本釣り漁船と海外まき網漁船の2種類があり、

獲った魚を冷蔵庫（マイナス40℃）で保存し鮮度を保持し水揚げする。まぐろ船は、遠洋まぐろはえなわ漁船で漁獲し、冷蔵庫（マイナス55℃）で保存し鮮度を保持し水揚げしている。

　現在では、焼津港に水揚げする大型漁船は年間700隻を数え、その航跡は、太平洋からインド洋、大西洋と世界中の海域に及ぶ。全国有数の水揚げ実績を誇る、遠洋漁業水揚げ基地に発展している。

## 5．地域内における分業システム

　これらの技術革新によって漁獲量が格段と増え、同様に水産加工業も急拡大する。とりわけかつおの水揚げ高増大は、鰹節製造業の大規模化をもたらした。景気変動を受けつつも鰹節の生産体制は整備され、他県からの荒節移入を伴いながら地節（焼津生産の節）生産量は大正期を通じて大幅に伸長した。

　この大量生産を支えた生産システムが地域内における分業である。鰹節の生産プロセスは、大きく分けて ①原魚（見分け）⇒ ②解凍 ⇒ ③生切り・身割り ⇒ ④籠立て（カゴタテ）⇒ ⑤煮熟 ⇒ ⑥放冷 ⇒ ⑦骨抜き ⇒ ⑧水抜き焙乾「一番火」⇒ ⑨修繕 ⇒ ⑩間歇焙乾 ⇒ ⑪削り（整形）⇒ ⑫日乾・カビつけ、の流れである。大量生産に応じるため、専門化・単純化・標準化が整備され、地域内で分業システムが形成される。日本型経営システムの特徴である垂直型組織が焼津市内で作り上げられた。

## 6．巨大マーケットと繋がる東海道本線

　東海道鉄道開通によって、焼津港の海運は急速に衰退した。一方、焼津の漁業は、沿岸から遠洋へと急速に発展した。1908（明治41）年には発動機付き漁船が竣工し、これ以降、焼津港は遠洋漁業基地として急速に発達した。そして鉄道による水産物輸送と共に、もともと廻船業と漁業が密接な関係を持った焼津の産業は、海運から漁業へ、そして水産加工業へと業種転換が進んだと考えられる。

　しかし焼津港の港湾施設はこれ以降も沖積み、沖取り湊の姿のままであり、大正時代を通じて艀による水揚げ、氷の積み込みには大変な苦労が伴った。昭和初期から築港の機運が高まり、1949（昭和24）年より本格的な工事に入り、

港湾施設としても遠洋漁業基地焼津港の名に恥じないものが整備され現在に至っている。

　ここで改めて焼津の地域特性を整理すると、現在は水産業、水産加工産業が主力であるが、江戸時代までは海運物流業が主力の産業であったと考えられる。明治後期には帆掛舟から動力船に代わり遠洋漁業が盛んになり、さらに大正期には東海道本線という鉄道が敷かれ、東京や関西への巨大マーケットにアクセスすることができるようになった。そして海運のために人工的に作られた河川は、水産加工業の製造業には欠かせない水資源として利用され、産業の発展に寄与したのである。

## 7．焼津漁港の整備

　焼津漁港の整備は、1939（昭和14）年に国の施策として着手されて以来、1951（昭和26）年に漁港指定を受け、漁港整備計画の工事が進められ、内港整備から外港整備に着手している。1977（昭和52）年から、荷捌きの合理化、船の大型化等に対応するため、焼津港は外港の完成を目指し、小川港も狭隘な内港から外港への転換を進め、1982（昭和57）年度から漁港整備長期計画の整備が行われた。

　狭隘となった焼津地区内港の荷捌き機能を移設し、遠洋漁業、流通・加工拠点としての充実を図るため新港の整備を進めた。1994（平成6）年度、水産都市「焼津」の核となる都市型漁港と流通加工の拠点の形成を目標に、焼津・小川地区を一体化させるための埋め立て造成が進められてきた。計画期間が終了した2001（平成13）年度までに、新屋・城之腰地先の埋立てが完了し、新市場の整備とともに新港への機能移転が徐々に進んでいる。静岡県では、水産都市「焼津」の核となる都市型漁港と流通加工の拠点の形成を目標として焼津漁港の整備を進めている。

　古い歴史と伝統のある焼津漁港は、漁船の大型化など新しい時代に対応するため、新たな整備がはじまり、焼津外港には、2010（平成22）年には9m岸壁が完成し、遠洋漁業の大型冷凍運搬船や海外まき網船が盛んに水揚げを行っている。焼津新港は、最新の効率的な水揚げ設備、先進的な衛生設備を備えた市場、マイナス65℃の超低温冷凍倉庫などが整備され、全国最高レベルの漁港

として、日本の漁業の中心的な役割を果たしている。

## 8．日本唯一駿河湾の桜エビ漁・シラス漁—大井川港漁業基地

　2008（平成20）年に旧・志太郡大井川町が焼津市に編入合併されたことで、焼津市の漁港には桜エビやシラスの水揚げを中心とする大井川港が加わった。桜エビ漁は、毎年3月下旬から6月上旬の春漁と、10月下旬から12月下旬の秋漁の2回行われ、桜エビは、日本で唯一駿河湾のみで水揚げされる。桜エビ漁は産卵期を除いた春と秋に、それぞれ約2ヵ月間に限定されている。桜エビ漁場は、主に大井川沖と富士川沖で、大井川漁協の大井川と、由比漁協の由比・蒲原、3ヵ所の基地に許可証を持つ漁船が、2艘が一組になり網を引く船曳き網で漁をする。漁獲された桜エビは、大井川漁港と由比漁港に水揚げされる。

　また、深海性の桜エビは、日中は水深200〜500mの深さに生息しているが、夜間になると30〜60mの水深まで上がってくる。そのため、桜エビ漁は夜間に出漁し、漁も夜間に行われる。漁法は「船曳き網」で、2艘の船で網をひいて、浅瀬にいる桜えびに網をかけて捕獲する。また、現在主流の漁法は、フィッシュポンプを使用し、素早く漁獲し効率的に水揚げしている。

　1894（明治27）年12月、鯵の夜曳漁に出掛けた今宿（由比町）の望月平七と渡辺忠兵衛は、富士川尻沖の漁場に着いてから、網を浮かせておく浮樽を積み忘れたことに気づき、しかたなく浮樽無しで網をおろしたところ、網に一石以上もの桜えびが入った。これを機に桜えび漁は一気に盛んになり、駿河湾の特産品として全国にその名を知られるようになった。

## 9．缶詰加工による水産加工技術革新

　焼津の水産物は、冷凍品のまぐろやかつおをはじめ、近海生鮮ものサバやアジなど50種類以上の魚やそれらを加工した、缶詰・佃煮・かつお節・塩サバ・黒はんぺん・蒲鉾などの練り製品などが生産されている。焼津では、1935（昭和10）年頃、農林水産省水産講習所教授の清水亘博士が、まぐろを利用したプレスハム製品を試作した。1938（昭和13）年、南興食品株式会社（焼津市）が清水博士の指導を受けながらまぐろを原料に、ツナ・ハムの製造を開始し、1948（昭和23）年、ツナ・ハムの本格的生産をスタートした。1974（昭和49）年、

製造方法の大幅な変更、防腐剤の使用を取りやめ、加熱殺菌をして10℃以下で流通保存（低温度流通製品）、の3通りによる製造方法が採られるようになっている。焼津は、ツナ缶といえば静岡といわれるツナ缶の生産地に発展している。

## 10. 不活性ガス注入によるパッケージ技術革新

かつお節の削り加工は、1912（大正元）年、広島県福山市の海産物商店が、煮干しを機械的に削り、紙袋または紙箱に入れて、「削りかつお」の商品名で発売した。大正10年頃には、職人が300人で毎日20トンを削り、副業に容器の袋張りをする者だけでも、200～300人もいたそうである。

最初は、煮干しからスタートしたが、その後はかつお節も削られ、「花かつお」の呼称で現在に至っている。この削り節の出現で、消費者の労力は軽減されたが、日持ちと味に問題があった。節に含まれる脂肪が、削るとすぐに酸化するのと、その酸化により生成される過酸化物により、2次的な作用が同時に進行し、色素・たん白質・香気成分などに変化を与え、脂やけを起こす。削り節は節と比べて表面積が大きいため、酸化の影響が大きく、劣化のスピードは非常に早い。

この弱点を解決する商品が、1969（昭和44）年に発売された。これは、削りたての品質を維持するためには酸素を除去し、不活性ガスによる置換包装を行うことで解決された。パッケージ技術の進歩である。この技術革新によって、消費者向けのかつお節流通はパック詰めの商品に変化し、製造業主導の流通システムが構築されていく。

# 第4節　焼津水産加工業者の伝統承継

焼津市における水産加工業の代表はかつお節製造業であり、高知県などからの技術移転による技術・技能の向上に加え、焼津港におけるかつお水揚げ量の増加と共に発展してきた。

近海かつおが水揚げされる春先から秋口にかけてかつお節を製造する傍らなまり節や佃煮の製造が行われ、冬場の裏作的な位置づけとして練製品の製造が行われていた。その後、かつお節から他業種へのシフトを行う業者が出現した

ことで、業種毎の専門化が進んだ。また、1970年代半ばから開始されたかつおたたきの製造規模が拡大していることも注目に値する。その他の業種としては塩サバ製造があり、1960年代中盤に隆盛をみたものの、近年は減少傾向を辿っている。

　焼津市の水産加工業は、その幅広い加工業種のラインナップによって、焼津港に水揚げされる漁獲物の受け皿となってきた。かつおを中心としつつも、幅広い魚種・品質の漁獲物を大量に処理し得るという特質が、焼津港を全国でも有数の水揚げ港にする一要因となり、さらに全国有数の水揚げ港に立地し、かつ大消費地である東京・名古屋と近接しているという好立地も相まって、一大水産加工集積地として成長した。

　大量生産大量消費の現在において、焼津水産加工業者の伝統承継について幾つかの企業の取り組みを紹介する。

## 1. 江戸時代中期より承継された「しめ鯖」

　株式会社岩清は1832（天保3）年創業で現在は7代目に至っている。1868（明治元）年から鰹の加工の裏作として、鯖の加工（しめ鯖）を始めた。岩清の主な業務は以下の三つである。一つ目は京都や大阪などへ鯖寿司の原料として塩鯖を出荷することである。二つ目は小売事業として、しめ鯖、鯖の粕漬け、麹漬けの鯖商品のほか、カツオの塩辛やイカの白づくりなどの製造販売を行っている。三つ目は保税事業で、自社冷蔵庫を持ち、国外の輸入品や塩鯖などの自社製品、焼津・大井川地方の工場の原料（鰹節や黒はんぺんの原料）、水産物を保管するこの地域に欠かせない冷蔵機能を担っている。

　鯖の加工商品の一つである「鯖の麹漬け」は、焼津ならではの食文化が生み出した商品で、焼津発祥ともいわれている。昔から麹屋などが多くある焼津であり、麹の文化が鯖と融合して、まろやかな旨味が特徴の商品となった。その他、本店に併設されている加工場で作られている商品は「かつおの塩辛」で、かつおの内臓と塩で発酵させる。木樽の中で常温保存させ、約6ヵ月間発酵させる。木の棒を使って、毎日撹拌作業を繰り返す。木樽には長年培った良い菌が付着しており、この手作り製法は江戸時代より承継された技術である。

　「しめ鯖」の製造は、多いときは1日に1トン近い鯖を加工する。7人の職人

が仕入れた鯖の解凍、捌き、塩ふり、運搬の一連の作業を行う。特に岩清のこだわりは、「背切り」という手法で鯖を加工することだろう。一般的には「腹切り」と呼ばれる方法で捌くが、岩清は鯖の背から包丁を入れ、内臓を傷つけることなく鮮度を保っている。この「背切り」の技術は機械ではできない手仕事がなす職人技である。

　鮮度の追求には仕入れも大切で、鯖は鮮度の落ちが速いため目利きが重要で、7代目の店主が小川港で直接目利きした鯖を仕入れている。時には鯖の腹を開け、鯖が何を食べているか確認することもある。小川港で上がる鯖は脂が薄く身本来のさっぱりとした味が特徴である（静岡福祉大学 福祉心理学科 原田さゆり）。

## 2．「鯖だし」

　小石安之助商店は、鯖、鰹、宗田鰹、ムロアジを取り扱い、それらの節を使った出汁の味にこだわりを持ち続けている。焼津市内において、工場と販売所が併設されている工場直売所を経営する。現在では、鰹以外にも鯖やムロアジも扱う雑節を商品としているが、これは先代の3代目社長が決断した。もともとの創業は、初代が提灯の生産や修理を生業とし、大いに繁盛した。その後、時代の変化に伴って2代目社長が鰹節の生産をはじめ、3代目社長が鰹節だけでなく違う節ものを商品として生産することとした。現在の社長は4代目で節の生産加工を承継した。

　4代目社長のこだわりは、「料理は、まず香りから楽しんでもらいたい。私たちもそこに合わせて、上品な香りを持つ鰹節、料理そのものの香りを崩さない鯖節などを生産している。その後に、料理の味を楽しんでいただく。そのために私たちは、皆さんにとって飽きのこない味を追求する。また、健康な舌、つまり味の濃い料理を食べるのではなく、薄い味だとしても料理本来の味を感じとれる舌を持ち続けてほしいという想いがある。私たちは、工場直売所であるため、最終消費者への販売に力を入れている」ということである。先代の技術を継承し、新たな販路開拓のため6次産業化への移行に挑戦している（静岡福祉大学 医療福祉学科 村瀬 開）。

## 3．伝統技術を承継する鰹節研鑽会

　鰹節研鑽会とは、昔ながらの伝統的な鰹節作りの技術を次の世代に伝えていこうという取り組みである。焼津では1970年代に急速に機械化が進んだことによって、従来の伝統的な技法による鰹節の製造が減少した。このままでは伝統的な技術が失われ、鰹節製造の基本を失えば発展することはないという考えのもと、伝統的な技術を若い世代に伝えるための技術指導の場として鰹節研鑽会が1983（昭和58）年に発足した。

　鰹節製造の機械化は、包丁を使わず鰹を捌くことで生産を効率化させることができるが、形を整えて切断することができないためにカビで長期間熟成させた本枯節を生産することができない。現在の流通する鰹節は、約9割がカビで長期間熟成させていない荒節になった。「めんつゆ」や「だしパック」へと需要がシフトしたために形はこだわらなくなった。1960年代から70年代は、機械化のみならず新幹線や東名高速道路の開通によって流通が大きく変化し、需要も大量生産へと大きく変化した時代だった。

　研鑽会では、ベテランの鰹節職人が指導員となって、若手に生切の技術指導を行う。機械ではなく包丁を使うことで、鰹の形を整えて切ることができる。見栄え、姿形の美しさだけではなく、歩留まり率も違い、味までもが変わるという。例えば油分が多い鰹では粉っぽくなるなど、綺麗な削り節にならないが、油分は機械では選別することができず、包丁であれば加減を利かせることができる。包丁も鰹捌き専用のものが使用される。それぞれ長年使いこまれた包丁が揃っている。鰹を捌いたら1時間ほど煮熟し、煮終わったら冷水につけて冷やす。この工程でなまり節となり、その後骨を抜いて焙乾する。骨を正確に抜かないと焙乾時に形が崩れる。手火山という焙乾法で、下からナラやクヌギを燃やして燻していく。焼津では1週間から10日ほど焙乾を重ね、焙乾の工程を特に重視している。

　今回の研鑽会で作られた鰹節は、5ヵ月ほど掛けて5回のかび付けや熟成を重ねて最高級の本枯節となり、11月に皇居で行われる新嘗祭にて天皇陛下に献上される（静岡福祉大学 福祉心理学科 紅林慶太）。

# 第5節　イノベーションと流通戦略

　このように焼津は、豊かな海洋資源に恵まれ、古くは海運業が栄えた地域であるがゆえに水路が整備され、その水路が農業用水から工業用水へ移行し水産加工業が発展した。さらに船舶動力の機械化による遠洋漁業と漁獲量の急増に合わせて、関東と関西の中間に位置する立地が、東海道本線といった鉄道に加え、東名高速道路といった幹線道路の整備によって、大正期から巨大マーケットに直接アクセスできる好条件が重なり、急速な水産加工業の発展につながった。

　特に明治時代や大正時代に築かれた鰹節産業は焼津市の主力産業に成長し、そのほかの水産加工業も盛んになった。ここで特筆すべきことは、焼津の鰹節産業が地域内分業を生み出したことである。この地域内分業とは、鰹節の生産工程ごとに独立する企業がサプライチェーンを構築し、生産の元請会社、下請、孫請というようなピラミッド組織の連携を構成し、その地域が一つのかつお節工場のように機能する姿を表している。焼津のように地域内で生産工程ごとに独立した企業が連鎖する地域は例を見ない。

　地域内分業で発展を遂げた焼津のかつお節産業は、成熟期を迎えた日本経済の中では、年々国内マーケットが減少し、企業間競争の激化、デフレーションの進行によって低価格化を余儀なくされている。

　下請（孫請）と元請会社との価格交渉では、製品価値ではなく、労働価値しか認められない。製品価値とは、商品が持つベネフィットに相当する価値であり、商品の開発努力によって付加価値を高め、販売単価を引き上げることができる。一方、労働価値とは、既に商品開発は完了しており、その商品を効率的に生産する価値である。したがってローコストで生産できるほど価値が高まる。言い換えれば企業が努力するほど取引単価は低くなる。

　このような低価格化のなか焼津のかつお節産業は、先人、先達の努力によって原料かつおの一大水揚げ基地とともに、かつお節・削り節といった製品の一大生産地、集散地として全国をリードしてきた。このパイオニア精神を活かして、新たな流通戦略に挑戦している。

## 1．地域ブランド確立

2006年12月に「焼津かつお節」の商標が登録され、地域ブランド確立に向けた取り組みが進められている。「焼津かつお節」とは、焼津市で生処理・煮熟・煤乾製造した仕上節・荒仕上節・荒節の内、ブランド認定基準を満たしたものであり、ブランド品審査会における検査をクリアしたものが認定される。

## 2．伝統技術の承継

前述の1983年に発足した「焼津かつお節伝統技術研鑽会」では、古くから伝わる製造技術を保存・伝承するため、熟練工による若手への技術指導が行われている。また、2007年には青年会による独自の講習会、「焼津かつお節道場」も開始されており、かつお節の製造技術に関する取り組みが進んでいる。

## 3．工場併設型の直売所

地域内における分業システムによって成長を果たした焼津の水産加工業は、下請け、孫請けといった垂直型の生産組織を有している。そのように下位に属する水産加工業者が自ら最終消費者とのチャネルを開発し、6次産業化への挑戦を試行している。焼津市行政は、直売所パンフレットの開発や大学との連携事業を通じ、商品開発およびマーケティング活動を支援している。

## 4．グローバル化と海外への販路拡大

焼津の産業発展の歴史は、自らが販路を拡大するために、古くは江戸や大坂への販売、全国への販売、そして海外への販売というように、優れた商品開発と物流機能を駆使し、積極的なマーケット拡大に努めてきた。現在もその気風は継承され、アメリカ、ヨーロッパ、中東などへ商品開発と物流強化で販路拡大に挑戦している。

特に海外に出汁を輸出するということは、日本の食文化そのものを輸出することを意味し、単純に鰹節だけを販売しても受け入れられない。和食の文化、出汁の文化を発信し、共感が得られ、出汁の扱い方を指導し、その国で応用されるという一連の行程が必然として求められる。

そのほかハラールフードとして、水産加工品の商品開発が注目されている。周知のとおりハラールフードを食するムスリム[5]は、現在、世界人口の4分の1を占めると予測されている。魚はハラールの食材であり、焼津の食品加工技術で今までにないハラールフードを開発する余地は十分に残されている。

## 5．インターネットによる消費者販売

焼津の水産加工業者は中小企業の割合が多くを占めている。低成長時代を迎え企業間競争が激化したことから、多くの事業者は自ら活路を見出すために、6次産業化や最終消費者への直接流通など、果敢な挑戦を進めている。近年ではインターネットを活用した通信販売も積極的に活用し、企業からの情報発信や最終消費者とのコミュニケーション活動も定着している。今後はグローバルな展開も期待することができる。

## 6．消費者起点の流通システム開発

1960年代以降、日本では大量生産・大量消費の流通が台頭した。チャネルリーダー移動の視点では、メーカー主導型チャネルから小売主導型チャネルへの移行が進んだ時代でもあった。

一方、品質よりも価格を重視する商品が社会に溢れるなかで、価格よりも品質を求める消費者組織が現れるようになった。この消費者組織がマーケットを構築し、流通システムに影響を与えることにより消費者主導型チャネルが形成された。

焼津の水産加工業においても、品質とこだわりの商品を重視し、少量生産・少量消費の流通を目指して、見込み生産から受注生産への移行および受注生産の仕組みを開発した。また、焼津の伝統技術と手作りを守ろうとする動きも出てきた。現在、焼津では、最終消費者に対して食の安全性や健康を重視した和食文化の啓蒙を情報発信する活動も進めている。

## 7．超高齢社会のまちづくりとの連携

焼津市全体の高齢化率は約30％[6]、中でも人口が集中する中心市街地では40％を超えていると考えられる。今後ますます高齢化率は高まり、超高齢社会が

到来する。その環境下において、地域住民の生活の質を高めるさまざまな活動が試行されている。その中でも、地域産業の活性化と地域住民の健康度向上を目的とした研究開発が進められている。

　その概要は、地域住民の余暇活動ニーズを調査し、その余暇活動の構成要素を抽出し、その要素が健康度に与える関係性（生活習慣病、精神疾患、生活の質など）を明らかにし、その要素が健康度にプラスに影響するような余暇活動を再設計するという手法である。

　このように焼津市の地域産業は、生産者視点で商品を販売するという観点にとどまらず、消費者視点からみた流通システムの構築や、超高齢社会そしてグローバル化社会などの社会環境変化への対応とした地域活性化事業を進めている。これらは複合的多角的な専門性を知見とした、類まれない、新たな地域活性化モデルとなるだろう。

**謝辞**
　本書は、静岡福祉大学岩本研究室が22年間にわたって焼津市の地域活性化フィールドワークの実践を基に整理したものです。中でも第4節で紹介した地域企業の事例は、静岡福祉大学岩本ゼミナール所属の福祉心理学科 原田さゆり、医療福祉学科 村瀬 開、福祉心理学科 紅林慶太が整理したものです。厚くお礼申し上げます。

●注
1）焼津市の住民基本台帳（2020年4月30日現在）より。
2）江戸時代、文化の中心であった京都から江戸へ優れた商品が運ばれた。モノが下って来たので「下りもの」と言った。
3）小川港は焼津の中でも近海漁業の港として現在でも栄えている。
4）新造船に対して藩が発行した納税用の登録証明書。船名、船主、積石数、寸法が記された。
5）ムスリムとはイスラム教徒を指す。
6）焼津市「平成30年度版統計やいづ（第102号）」、焼津市ホームページより。

【参考文献】
岩本勇（2014）「第3章　焼津かつお節産業の現状と課題」,『地域産業の振興と経済発展』三学出版, pp. 59-82。

岩本勇（2016）「第8章　焼津の地域資源と産業化への取り組み」，『地域産業の経営戦略』税務経理協会，pp. 143-163。

岩本勇（2019）「平成30年度nexco中日本東京支社連携事業　焼津市における地域活性化モデル開発事業」，静岡福祉大学。

岩本勇（2020）「2019年度nexco中日本東京支社連携事業　焼津市における地域活性化モデル実験事業」，静岡福祉大学。

消費者庁食品表示課（2010）『かつお削りぶし，かつおぶしの流通状況』。

中原尚知（2011）「静岡県焼津市における水産加工業の現状と課題」，『構造再編下の水産加工業の現状と課題』，東京水産振興会，pp. 59-69。

にんべん（2013）「鰹節の歴史」，『かつお節塾』。

平田良（1997）「焼津かつお節産業の課題」，『静岡精華短期大学紀要』，第5号，pp. 1-14。

焼津市（2008a）『焼津市史　図説・年表』。

焼津市（2008b）『焼津の歴史あれこれ』。

焼津市（2015）「東京と名古屋のほぼ中間に位置」，『静岡県焼津市のすがた』。

焼津水産加工業組合（2007）「焼津と鰹節」，『焼津鰹節』。

若林良和（2004）『カツオの産業と文化』，成山堂書店。

若林良和（2009）『カツオと日本社会』，筑波書房。

和田俊（1999）『かつお節』，幸書房。


「鰹節博物館」（2013）http://www.daiyan.jp/index.htm，2013年2月アクセス。

川口博康（2016）「海外のかつお節産業」
　　http://www.npo-tebiyama.org/pdf/oversea_k.pdf#search='%E6%B5%B7%E5%A4%96%E3%81%AE%E9%B9%B9%E7%AF%80%E7%94%A3%E6%A5%AD'

社団法人静岡県建築士会（1993）「5-5.焼津湊」，『海の東海道』，1993年3月。
　　http://www.tcp-ip.or.jp/~ask/urbanism/uminotoukaido/sea/sea05/sea055/1055.htm，2016年アクセス。

焼津鰹節水産加工業協同組合（2013）「焼津と鰹節」
　　http://www.yaizukatuobushi.jp/blog/?page_id=776，2013年2月6日アクセス。

NPOピアホリディ文化交流協会（2016）「日本の郷文化」2016年アクセス。

# 第 8 章

## 新潟県阿賀野市における
## バイオベンチャーの海外展開

—— バイオテックジャパンによる
フィリピン進出の事例分析 ——

NSGグループ 広報ブランド戦略本部顧問、
元事業創造大学院大学　　宮島　敏郎

京都橘大学　　丸山　一芳

### 第1節　バイオテックジャパンの事業概要と
### 植物性乳酸菌

#### 1．ベンチャー企業の海外展開の現状

　かつて国際ビジネスの領域を担うのは主に大規模多国籍企業であったが、規模としては中小企業に属するベンチャー企業にも海外展開するケースが少なからず見受けられるようになった。

　図8-1は、2020年版『中小企業白書』が示す海外子会社を保有する企業割合の推移である。それによると2017年の時点において、大企業で31.3％、中小企業でも15.3％の企業が海外子会社を保有しており年々増加傾向にあることが分かる。

図8-1　海外子会社を保有する企業の割合

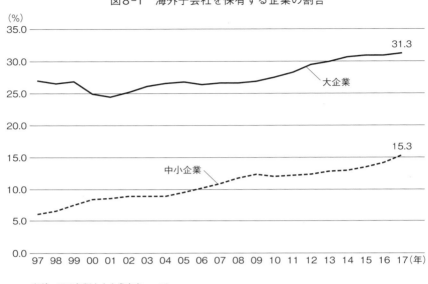

出所：2020年版中小企業白書，p. 19。

　海外直接投資を行っている企業が進出した国・地域としては、2000年代前半までは中国への進出が約50％を占めていたが、その後中国に設立される子会社の数は減少傾向にあり、ASEANを始めとしたアジア諸国への進出が増加している。

　人口減少が進む日本では需要減少に加え産業構造や市場の変化に直面し、新たな市場を求めさまざまな困難やリスクを乗り越えて海外市場に活路を見いだそうとする中小企業が増えてきているのである。本章では、バイオ事業を行う地方のベンチャー企業がフィリピンに子会社を設立し事業を展開するケースを論じることで、海外展開の成功条件や方法論を議論していく[1]。

## 2．江川清貞氏によるバイオテックジャパンの創業

　株式会社バイオテックジャパンは、江川清貞氏が1994年に資本金1,000万円で創業した新潟県阿賀野市にある研究開発型のベンチャー企業である。世界的にも数少ない植物性乳酸菌の専門メーカーである。直近の売上高は2020年3月

期で約8億4千万円であり、従業員は42名である。優良な菌株220種類約3,000株を保有する民間企業では世界的な「菌バンク」として存在している。その中核技術について同社では以下のように表現している。

> 3,000株以上の植物性乳酸菌から開発対象に適した乳酸菌を見つけ出し、また複数の乳酸菌を組み合わせることによって、食味・物性（物質が有する性質）などを調節する技術を駆使しあらゆる開発対象の新たな可能性を生み出しています。私たちはこれまで、自社商品に活用している「低たんぱく化」を始め、抗菌作用に着目した農業用乳酸菌、乳化作用を持つ米摩砕液などを、乳酸菌の力を利用し技術を開発してきました[2]。

　同社は味噌や醤油さらには漬物や日本酒など、和の伝統的な発酵食品を生み出す秘伝のように職人たちが暗黙知として伝えてきた植物性乳酸菌に企業として科学のメスを入れた。2000年には、植物性乳酸菌を使ってタンパク質を低減させた「低たんぱく米」がヒット商品となり経営を軌道に乗せている。2011年には植物性乳酸菌発酵研究所も設立し、最適な植物性乳酸菌の菌株選定ノウハウをはじめとする、植物性乳酸菌の技術提供とこの技術にもとづいた製品づくりを経営の柱としている。
　動物性乳酸菌より多くの面で優れた能力を持つ植物性乳酸菌に関する技術や知見を、自社の経営資源として確立しているのである。

## 3．植物性乳酸菌とは

　動物性乳酸菌と植物性乳酸菌の区別を初めて提唱したのは元東京農業大学教授の岡田早苗氏[3]で、1988年に「場を浄める乳酸菌」[4]と題する論文を発表した。その中で乳酸菌を生息する場所によって動物性と植物性の二つに区分した。
　動物性乳酸菌はヨーグルトやチーズなどに多く存在し、ミルクの乳糖を乳酸に変える乳酸菌で、腸内の環境を整える効用がある。しかし、胃酸に弱く人間の消化管の中では分解されやすい。米や小麦、野菜、果物などには乳糖がほとんど存在しないので、発酵という代謝が進みにくい。対して植物性乳酸菌は野菜や穀物に生息するもので、漬物や味噌などの発酵食品に多く含まれている。

乳酸菌のうち西欧の食で利用されてきたのは「動物性乳酸菌」であるが、和の食文化を支えてきたのは「植物性乳酸菌」である。乳の代謝では動物性のほうが優れているが、植物質の発酵は植物性乳酸菌の方が適しているものが多い。

　植物性乳酸菌は、食物の酸味や風味をほどよくし、保存性を高める。さらに、整腸作用やコレステロールを低下させる機能、免疫調整機能など、人の健康に寄与するさまざまな機能が注目されている。

　日本の伝統的な発酵食品においても、旨みや保存性に大きな役割を果たしてきたのが植物性乳酸菌である。例えば、和食における植物性乳酸菌の扱いは、熟練した作り手の経験と勘が頼りだった。「先祖伝来の木桶でつくると美味しくなる」というような、いわゆる暗黙知として伝承されてきたのである。その木桶の中に巣くっている微生物を科学的に解明し、どのような種類がどのくらい存在するのかをデータ化していくという仕事は、誰にもなされていなかったのである。

## ４．創業者の江川清貞氏

　創業者で現在は代表取締役会長を務める江川氏は、４人兄弟の末っ子として新潟県の旧小須戸町矢代田の薬局に生まれた。母は薬剤師で、その実家は造り酒屋であった。年の離れた上の３人はみな理系の学部へ進学し、すぐ上の姉は教員で他２人は研究者になった。このように幼少時から発酵や乳酸菌などに関する専門用語を使った会話を日常的にふれることの多いバイオに縁のある環境で育った。

　新潟明訓高等学校では柔道部に所属し、大学は同志社大学の法学部に進学した。大学時代はフラメンコ・ギターに熱を上げていた。司法試験を志していたが４回生の時に父が亡くなり、学生結婚していた江川氏は司法試験を断念し、同志社の先輩が社長である特殊精密機器のメーカーに就職した。この企業は、宇宙ロケットの燃料輸送におけるバルブの配管継ぎ手などのメーカーで、顧客は宇宙開発事業団や石川島播磨重工業などであった。石油化学業界や医薬品、食品業界にも製品を納めていた。新潟出身ということで新潟県担当営業となり20代の後半を新潟県内に所在する日立系、三菱系、松下系など大企業の工場を担当した。

　営業活動に自信が出るにつれて独立への思いが募ってきた。しかし、人をマネジメントした経験が無く、金融などの知識も足りない。そこで転職を決意し、いわゆるマネジメントを学ぶため、その後の独立を前提として生命保険会社のキャリア採用で採用された。そこでは、10年にわたり女性セールスパーソンのマネジメントに携わることになるのである。

　この生命保険会社では30人くらいの女性をマネジメントした。エネルギッシュな集団で年上の女性が多かったなかで人をマネジメントするという経験を積んだ。そして脱サラするなら40歳までにと、38歳で起業した。小学生の2人の娘がおり、「ダメだったら夜逃げと覚悟を決めての起業だった。その緊張感はやったものでないと分からないだろう」と江川氏は話している。

## 5．三つの共有理念

　生命保険会社時代に考えた起業の三つのキーワードは「健康」、「安全」、「環境保全」で、植物性乳酸菌はこの三つを満たしていた。このキーワードは、現在でも「三つのテーマ」として、バイオテックジャパンの共有理念とされている。「健康」は、「食品を通じて、健康的かつ美味しいものを食べたいと願う現代のニーズに応え、より多くの人々の健康と喜びに寄与します。」としている。「安全」は、「添加物代替品の研究開発、発酵という自然現象を利用した独自技術など、安全な環境で安心できる素材を使って高品質なサービスを提供します。」としている。最後の「環境保全」は、「土壌改良微生物の開発などをはじめ、企業の仕事が環境を守るという理想的な事業を展開し、自然とともに生きる企業を目指します。」としているのである。

　植物性乳酸菌を核としたビジネスの展開において、参謀役を果たしたのは江川氏の兄であった。兄は新潟県食品研究所[5]という公的機関における食品関連の研究員で、有効微生物まで全部殺してしまう「無菌化」の研究を担当していたのであった。

　江川氏が相談した時に兄は、有効微生物活用の技術開発に取り組んでいた。相談を受けた兄は酵母などいろいろある中で、植物性乳酸菌がこれからの時代に絶対に必要になるとアドバイスした。江川氏は創業にあたり、植物性乳酸菌に科学を持ち込んで解明し、データベース化して安定的に同じ味を作って提供

することにビジネスチャンスを見出した。日本の伝統食である味噌、醤油、漬物、日本酒などに、旨味や保存性もたらす神秘的な微生物であるのが植物性乳酸菌である。その商品開発のパイオニアとして微生物バイオベンチャーをスタートしたのである。

## 6．中核技術の確立

　バイオテックジャパンは植物性乳酸菌の四つの効用を使って、顧客の抱える問題の解決や新商品の開発にあたってきた。それは、「タンパク質の分解作用」、「耐熱性菌の抑制」、「アミノ酸の生成」、「乳酸の生成による雑菌の抑制」の四つの効用である。これらを活かした現在の事業は、「低たんぱく食品の開発や改良、添加物を使用しない調味液の開発や改良」、「玄米などにおける耐熱性菌の問題解決」、「植物性乳酸菌の効用を利用したさまざまな商品開発」、「顧客が現在持っている植物性乳酸菌の効用のグレードアップ」である。これまでに植物性乳酸菌で多数の特許を取得しており、その技術や知見は、食品業界や製薬分野で高く評価されている。

　売上高の約8割を占めているのが低たんぱく米である。バイオテックジャパンは低たんぱく米の生産を、他メーカーからの受託開発によって開始した。当時すでに低たんぱく米は市場に出回り始めており、新潟にも先行企業があったために後発でのスタートとなった。しかし、よい商品を生み出せるという確信が江川氏にはあったため低たんぱく米に、事業をフォーカスすることにしたのである。

　バイオテックジャパンにおける低たんぱく米の製造は、米を植物性乳酸菌で発酵させ、米の中のタンパク質を全部脱落させて行うものである。他社は酵素をつかってタンパク質を落とすために製法が大きく異なる。それをパックご飯や、あるいはもう一度炊いて食べる「米粒（ベイリュウ）」の製品として販売している。乳酸菌の力で時間をかけてタンパク質を脱落させると、とても手間はかかるが味のいいものができる。じつは、生産効率から考えると他社のように酵素剤を使えば簡単にタンパク質を脱落させることができるのでそちらの方がはるかに優れている。しかし、最終的な商品の質にこだわると、時間と手間をかけながらタンパク質を脱落させていく植物性乳酸菌による発酵という手法の

表8-1　受託開発例

| 受託企業 | 開発例 |
|---|---|
| 菓子メーカー | 天然酵母の開発 |
| 油脂メーカー | 乳化剤代替品の開発 |
| 漬物メーカー | 食味向上乳酸菌の開発 |
| 機能性食品メーカー | たんぱく質調整ごはん・パンの開発 |
| 食品メーカー | 製パン用乳酸菌の開発 |
| 製粉メーカー | 新素材としての小麦の開発 |
| 製粉メーカー | 研究開発のアウトソーシング業務 |
| 調味料メーカー | バクテリオン、食味向上のための乳酸菌の開発 |
| 醸造メーカー | 食味を阻害しない耐塩性乳酸菌の開発 |

出所：バイオテックジャパン[6]。

方が、味と食感および色と香りにおいて優れているという。

　タンパク質を脱落させ低たんぱく食品を作るのは、食事の際に腎臓機能が低下した人が食物のタンパク質で腎臓のフィルター機能を目詰まりさせ、透析しなくてはならなくなるのを防ぐためである。バイオテックジャパンでは、「低たんぱく米」とそれを粉にしてつくる「低たんぱく米粉パン」を主力商品として展開してきた。増加傾向にある糖尿病患者は、かなりの割合で糖尿病性腎症を患う。患者はこれらの製品があることで、美味しく食べながらタンパク質による腎臓の目詰まりを防ぐことができるのである。

　バイオテックジャパンは創意工夫を重ねて植物性乳酸菌による発酵という手法で味・香り・食感・色において差別化を実現した商品を投入した。業績は順調に伸び、現在は低たんぱく米のパックご飯の市場で国内のトップシェアを占めている。

　さらに大手企業のOEMの受託を行い、それらの大企業の厳しい審査基準を満たすために品質管理技術も向上し、他社からも信用を得ることができビジネスが広がった。表8-1は、バイオテックジャパンにおけるこれまでの受託開発実績である。低たんぱく米という実績から業界における知名度と信頼性が高まり多くの受託開発も行ってきた。

　バイオテックジャパンは植物性乳酸菌の使用方法について、幅広い知見を持っている。例えば微生物の増殖を抑えるための方法を問われたなら、他の雑菌が入ってこないようにする能力を持った植物性乳酸菌を提案できる。あるいは

　乳化剤を外してマーガリンを作りたいという要求に対しては、米を乳酸菌で発酵させると乳化効果が高まり天然の乳化剤としての役割を果たすなどの提案をすることができる。このように創業以来、植物性乳酸菌の利用方法について知見を積み重ねてきた。

　バイオテックジャパンによれば、一般的な乳酸菌の研究は一つの菌の能力について行われ完結している。しかし、同社では一つの植物性乳酸菌の可能性を徹底的に追及するだけではなく、さらにさまざまな植物性乳酸菌の「組み合わせ」によって菌の単独使用では不可能な発酵能力を引き出すという研究を重ねてきている。その組み合わせの知見にこそ差別化の源泉としての自社の中核能力の構築をなそうとしてきたのである。

　例えば、ある素材を植物性乳酸菌で発酵させると、植物性乳酸菌は「酸」なので酸を出してpHが下がってくる。しかし、ある植物性乳酸菌を組み合わせて使えばpHは逆に上がるのである。こういった事実をさまざまな実験データで把握してきた。一つの植物性乳酸菌だと大きな効力がなくても、組み合わせで全く異なる効力を発揮するケースは珍しくないのだという。こういった知見を差別化の源泉にするためには実験回数が膨大となってしまうのであるが、これまでの経験から実験結果の予測を行い、効率の良い実験ができるという能力も備わってきているのである。

　脂肪ゼロのヨーグルトをオリジナルの動物性乳酸菌で作りたいという依頼を地元のヨーグルトメーカーから受けたときは、数百株を分離して全部発酵させてみた。担当した研究員は、ヨーグルトメーカーの提携牧場に行って糞尿にまみれ、牛に蹴られそうになりながら牧場の中にある乳酸菌を何百株も集めた。どの乳酸菌がヨーグルトの発酵に使えるのかを発見するために、発酵前のヨーグルトに多種多様に乳酸菌を植えてそれをひとつひとつ比較していった。チーズ臭くなるとか、苦い味になるとか、pHの下がり方はどうかといったことについて、3種あるいは4種の乳酸菌を何百通りも組み合わせて確かめていった。

　さらに酵母も研究し販売した。このことで乳酸菌単体の提案だけではなく、「乳酸菌と酵母」や「乳酸菌と別の菌」というプラスアルファの組み合わせで提案するのである。今日では、「植物性乳酸菌」、「発酵」、「米」のキーワードで食品会社や医薬品メーカーが事業化を検討するとき、必ず事業提携の相手と

して名前の出る新潟のバイオベンチャーとなったのである。

## 7．シェア拡大と市場開拓の限界

　26年を経た今日バイオテックジャパンは、220種約3,000株に及ぶ優れた植物性乳酸菌の株菌を保有しビジネスを展開している。その乳酸菌の情報を広く一般に公開・提供することで需要拡大を図る一方で、複数の植物性乳酸菌の組み合わせに関する技術を自社の中核能力として確立した。

　バイオテックジャパンは、マイナス85℃で社内に保存している植物性乳酸菌220種約3,000株のすべてを産業用に活用できる体制を整えている。同社ホームページにはその効用が菌ごとに記載されている。植物性乳酸菌という微生物の存在を広く知らしめ、その効用についての理解を深めてもらい市場を拡大し消費を増やしていけば自社の売り上げの拡大にもつながるという考え方からである。さらに、生産技術の一部も公開することによって業界全体の底上げを図ろうという戦略である。

　市場を拡大していくと同時に、シェアも拡大していく戦略を併せ持つ。植物性乳酸菌に関する自社の「組み合わせ技術」や「使い方」については、ブラックボックスにしている。植物性乳酸菌の需要が増加し、他企業が製品の中で使用することになればなるほど、バイオテックジャパンの知見と技術が必要になるという戦略である。

　この「組み合わせ」による複合発酵は、単一の乳酸菌による発酵では出てこない新しい効果が確認されている。そして、その組み合わせで可能性は無限に広がっていくのである。菌種のオープン化と、クローズドな組み合わせ技術こそがバイオテックジャパンの財産であり、今後も模倣困難な競争力の源泉としての中核技術であり続けると思われる。

　同社の主力製品は低たんぱく米で、売上の8割を占めており植物性乳酸菌の市場ではトップシェアで他社の追随を許さない。しかし、低たんぱく米の市場拡大は限界に達し飽和感も出ていた。このことを江川氏は、「日本のマーケットには限界を感じていた。次世代の経営者層が事業を拡大していくためのマーケットを開拓していく必要があった」としている。こうしてバイオテックジャパンは、新たな市場を求め海外展開を図ることにしたのである。

# 第2節　フィリピン進出と海外展開

　メーカーが国際化する際には、多くが以下のような発展段階を経るといわれている。すなわちまず輸入入により国際化の第一歩が踏み出される。次いで生産技術の移転、さらに資本の移転が続く。そして次の段階として、現地での子会社や合弁会社が設立される。バイオテックジャパンは、輸出や技術移転を行ったことがなく、その意味ではドメスティックな企業としてやってきた。最初の海外展開が、フィリピンにおける子会社である「バイオテックJP」の創業だったのである。

　なぜそのような海外展開の戦略を採用したのか、そしてまたそれはどのように行われたのか。本節では、フィリピンへの進出と国際化の戦略を取り上げる。

## 1．JICA案件としての採用

　バイオテックジャパンの海外展開は、主力製品である低たんぱく米の販売をメインに米を主食とするアジアの国々でスタートすることになった。その最初の国となったのが、英語を日常言語として使える東南アジアの有力国で、日本やベトナムそしてシンガポールやインドネシアなどのハブ的なポジションに位置するフィリピンだったのである。江川氏が右も左も分からぬフィリピンに単身乗り込んだのは、創業から20年目にあたる2014年のことである。

　「その事業の対象となる世界に飛び込まなければなにも始まらない」というのが植物性乳酸菌のビジネスを始めた創業時から今日に至る、江川氏の企業家としてのスタンスである。フィリピンへの進出には社内の経営陣から多くの反対意見があったが、「オフィスにいてもその可能性は分からない。まずは現地へ行き情報を得て人脈をつくり、チャンスを手繰り寄せなければならない」と説き伏せ、まず自らが乗り込んだのである。

　2015年、マニラ郊外の経済特区で、現地法人である子会社の「バイオテックJP」を設立登記し江川氏自らが社長に就任した。日本のバイオテックジャパン本社の社長との兼務である。申請から1年で許可が下りたのは、フィリピンでは例外的なほど順調なペースだったという。

　マニラ郊外の経済特区にある工業団地で社屋兼工場となる建物を借り、低たんぱく米の生産を開始した。フィリピンにおける第1ステージがスタートした。

　フィリピンでは外国企業への規制もあって、現地の企業とアライアンスしなければ企業活動は困難であり、特にB to Cビジネスの成功は期し難い。江川氏は情報入手と人脈づくりを目的に、行政機関や研究機関そして現地企業を回った。その動きの中であるフィリピンの経済人から、「フィリピンにビジネスで貢献したいというあなたの気持ちは、まさにODAの精神だ。JICAに相談してみるといいのではないか」というアドバイスをもらった。

　独立行政法人国際協力機構JICA（Japan International Cooperation Agency）は、日本の政府開発援助（ODA）を一元的に行う実施機関として開発途上国への国際協力を行っている。その事業のひとつに「中小企業等の海外展開支援」がある。

　フィリピン経済人にはJICAへの大きな感謝と信頼がある。江川氏は、JICAの支援事業に採用されることで自社への信頼を得て、フィリピン企業とのアライアンスに結びつけようと考えた。そして「腎臓患者向けの低たんぱく米の普及・実証事業」をテーマに、JICAの支援事業に応募したのである。

　JICA案件として採用されるためには、まず解決しなければならない問題があった。東南アジアで栽培されているのは長粒米であり、低たんぱく米に加工するために植物性乳酸菌で除タンパクしようとするとボロボロになってしまうのである。

　この問題をクリアするため訪れたのがフィリピン国立稲研究所（Philrice）だった。「バイオテックJP」の求めに応じ、その解決手段を探ったPhilriceは、乳酸発酵しても形が崩れず味も損なわない長粒米を選び出すことに成功した。

　さらに国立食品栄養研究所（FNRI）に依頼し低たんぱく米の安全性の証明と食事療法の有効性の検証をしてもらうと共に、食事療法に相応しいガイドラインとレシピをつくってもらった。こうした取り組みと並行して、コンサルタントを使ったマーケットリサーチも行った。

　JICAの審査プロセスでの取り組みは、低たんぱく米をフィリピンで販売するためのビジネスプランを磨き上げていった。事業計画書を提出するとそれに対するコメントが戻ってきてそれをまた修正する。このやり取りを繰り返すた

びに、顧客ターゲットやマーケティングの課題やその解決のための手法が明確になっていったのである。

　こうして磨きこまれた事業案はJICA案件に採用され、ODAとして1億円の事業契約を締結することができた。採用の理由は「低たんぱく米ですでにトップシェアを獲得していることと、植物性乳酸菌による発酵という技術が他企業にはないこと」だった。「腎臓患者向けの低たんぱく米の普及・実証事業」は、2016年1月から2年間にわたりJICA案件として実施されたのである。

　1億円の資金獲得以上に大きかったのが、JICA案件として認められたことによる信用効果であった。「バイオテックJPはフィリピンに腰を据え貢献することを目指す企業である。それをアピールするための材料になり、日本政府のお墨付きがある事業を行っているという信用を与える効果も大きかった」と江川氏は振り返っている。フィリピンではJICAのプロジェクトを手掛けているというと、信用してもらえるまでの時間がかからないのだという。

　「バイオテックJP」が採用されたJICAのODAは、日本の中小企業に対しての委託事業制度で、優れた技術を世界に広めていく手助けを目的としている。しかし実際には申請して契約を獲得しても、単発のプロジェクトで終わってしまうことが多く、ODA後にさらなる事業化の実現にまでこぎつけるケースは少ないのだという。

　申請し採用された案件についてリアルな事業展開をはかる「バイオテックJP」は、JICAの実績への貢献が評価されJICAフィリピンのプロモーションビデオにも取り上げられている。「いまじゃJICAの星と言われているんですよ」と冗談めかしてにこやかに江川氏は話す。

　自社の技術と製品をアピールできる基盤づくりが、江川氏のフィリピンにおける第1ステージの目標だった。そのために必要だったのはマーケットリサーチができる程度の生産規模を持ち、事業のリアリティをアライアンスの候補相手に示せるようになることだった。その目標は実現した。さらにJICA案件に採用されたことが、信用をアピールしていくための絶好の材料となった。こうして「バイオテックJP」は第1ステージを終え、次の第2ステージへと入っていくのである。

## 2．人的資源管理などに見る現地への適応と問題解決

　フィリピンのような新興国においてビジネスを展開する企業にとっては、現地政府の規制や現地の経済状況への対応、すなわち「現地適応」による活動が重要だといわれる。それは自国で培ってきた能力や経営資源を、そのまま市場の状況や規制が異なる現地に適用することが相応しくないことが多いからである。

　その場合「現地適応」して獲得すべき能力は、本国で培ってきた能力とは別なものになる。すなわちそれは、当該国における規制やローカルマーケットのニーズなどビジネスを取り巻く状況への適応力である。

　さらに単に「現地適応」するのみならず、現地のニーズをそれまで以上に満たす製品やサービスを提供することができれば、あるいは現地で起きているビジネス上の問題を現地で行われているやり方の上をいく手段で解決できれば、それは現地適応する以上の結果を得ることができる。

　江川氏は、フィリピンにおける人的資源管理や戦略策定などの「問題解決」にあたりそうした姿勢で臨んだのである。

　現地でビジネスに取り組んでいくためには、海外進出企業の本社と子会社の集権と分権のバランスをどうするかが避けて通れない問題である。通常海外の子会社は本社の指示を無視することができず、その行動や意思決定の権限は制約される。これに対して海外の子会社に自律性が与えられれば、現地の事情を知らない本社の指示に振り回されることなく、現地事情を踏まえた適切な対応をとっていくことができる。

　「バイオテックJP」においては、親会社のバイオテックジャパンの社長でもある江川氏自身が、子会社である「バイオテックJP」の社長も兼任した。その結果「バイオテックJP」は高い自律性を持つことになり、現地の問題解決の取り組みにおいて高い自由度を持つことができた。

　その自律性の効果はまず人材採用において発揮された。人的資源管理はその国の文化や習慣に影響を受けやすいファンクションである。江川氏は、現地における人脈やアライアンスの開拓そして人材採用などについて、本社にその結果は報告するものの、一つ一つ許可を求めるようなことなく取り組むことがで

きた。

　設立以来の５年間に「バイオテックJP」が採用したのはすべてフィリピン人である。レベルの高い大学の卒業生を何人も採用し、現地採用者を重要ポジションにつけてきた。現地採用スタッフに権限や責任を与えることが、その能力を活かした現地のリソースやネットワークの獲得につながるという考えからである。

　2020年６月に新工場が発足するまで、社長を補佐する最重要ポジションであるアシスタントオブジェネラルマネージャーを務めてきたのは、２人の若いフィリピン人だった。２人ともフィリピン国立大学（University of the Philippines）という最難関大学の卒業生である。

　フィリピン人の採用にあたり江川氏は、フィリピンの企業一般とは異なる人事制度を設けている。それは65歳までの就労を保証するというものである。フィリピンでは長くても２年程度の雇用契約しか結ばない企業が大半で、しかも給料はその間上がらないのだという。フィリピンに支社を持つ日本企業でも、まず２年ないし数年契約で働いてもらい、優秀だと評価すれば順に日本人社員と同じ定年制の雇用形態に移行していくというところが多い。

　江川氏は入社を希望する若者に、「会社の成長と共に幹部として登用していき、経営戦略の立案実行や社員の統括にあたってもらう」と説明している。

　「バイオテックJP」の幹部候補である有望な若手社員は、新潟のバイオテックジャパンで研修を受けることもできる。その日本での研修の様子を撮影した動画がホームページやSNSで紹介されている。日本に憧れる優秀なフィリピンの若者にアピールするためである。

　江川氏が行っているのは、現地企業の雇用制度に対する若者の不満や日本に対するあこがれを見据えた人的資源管理である。それは単なる「現地適応」を超えたオリジナルな問題解決手段といえる。

　フィリピン人社員を可能な限り厚遇し、重要な役職につけていく方針について江川氏はこう語る。「日本人が社員の中心なら、フィリピン人社員と私とのコミュニケーションは減り、彼らにとっての学びの機会が失われてしまったはずだ」。

　彼らとのコミュニケーションのため江川氏は、苦手だった英語もフィリピン

における努力でほぼ不自由ないレベルまで上達し、社員はもちろん取引先や関係者とはすべて英語でコミュニケーションをとっている。

　江川氏はマニラ郊外にマンションを購入し夫人と2人で生活しており、パーティーに参加する際には夫人を伴うことにしている。そうした姿勢は、現地の企業人にフィリピンで本腰を入れてビジネスを行う日本人としての信頼感を生んでいる。このように現地の事情を十分に理解し日々のビジネス活動を行うことができているのも、江川氏自身が現地へ乗り込んで自律的に取り組んできたからこそである。

　技術面でも現地事情への取り組みがなされた。植物性乳酸菌を使った低たんぱく米製造の技術を現地で採れる長粒米に応用するために、フィリピン国立稲研究所（Philrice）の協力を得て乳酸発酵しても型崩れもせず味にも問題のない長粒米の品種の選別に成功したのである。

　このように「バイオテックJP」は現地の問題に対し新たな解決方法で対応してきたのである。

## 3．人脈ネットワークとアライアンスの展開

　第1ステージで土台作りを行った江川氏が第2ステージで取り組んだのが、ビジネスパートナーを探しアライアンスを組むことだった。

　フィリピンでは海外資本100％でも会社をつくることができる。「バイオテックJP」は、フィリピン経済区庁（Philippine Economic Zone Authority：PEZA）が行っている制度を活用して、バイオテックジャパン100％出資の会社として設立された企業だ。PEZAは優遇税制などにより外資誘致を促進しようというフィリピンの貿易産業省（DTI）に属する機関だ。

　PEZAが指定した工業団地に設立された企業、特にフィリピンからの輸出による外貨の獲得や雇用を創出する輸出型企業に対してはインセンティブが与えられる。その内容は、法人所得税の免除や資本財・原材料・補修材料の輸入関税、ならびに固定資産税を除く地方税の免税などである。「バイオテックJP」もその対象である。

　しかし、フィリピン国内における製品の最終消費者への販売、つまりB to Cのビジネスは、フィリピンの資本が半分以上入っていなければ認められない。

　そして留意すべき点は、たとえ現地資本から半分以上の出資を得ることができても、会社の実質的な支配権を相対的に多くの株を持つに至った現地の企業や投資家に握られてしまったのでは元も子もないということである。出資者探しには信頼できる相手を探すことが不可欠なのである。

　江川氏は人とフレンドリーに接することのできる人柄である。いいアライアンスの相手を探すため、持ち前のフットワークで人脈の開拓にあたった。フィリピンで十指に入る財閥である「ユーチェンコグループ」傘下のゼネコンである「EEIコーポレーション」の社長、ボビー・キャステロ氏と出会い親しい間柄になったのは、そうした動きの中のことであった。キャステロ氏を紹介してくれたのは、かつて江川氏が新潟の自宅でお孫さんをホームステイで受け入れて世話してあげたフィリピンの著名人であった。キャステロ氏は、ドゥテルテ大統領の海外訪問の際に同行を指名されるほどのフィリピン経済界の大物である。

　こうした関係を得ることに大きく貢献したのは、「バイオテックJP」がJICAのプロジェクトを手掛けているという信用であった。キャステロ氏との話し合いにより、EEIコーポレーションが「バイオテックJP」の株の60％分を出資することになった。こうして「バイオテックJP」は、フィリピン企業としてのポジションを得たのである。

　外資系企業がフィリピン国内で製品を販売するためには、その企業の50％以上の株をフィリピンの企業やフィリピン人が持つことが必要である。「バイオテックJP」が、その条件を満たす販売用の子会社として設立したのがBEOコーポレーションである。

　BEOコーポレーションの持ち株比率は、バイオテックジャパンが30％、「バイオテックJP」が30％、残りの40％はフィリピンにおける医師や弁護士など江川氏の友人・知人である。

　江川氏は、政財界に広く人脈を持つキャステロ氏の紹介でネットワークを広げてきた。厚生大臣とも知己を得たのに加え、フィリピン医師会のトップとも家族ぐるみの付き合いを持つなど、医学界や関連業界の主要人物に食い込んでいる。フィリピン医師会のトップは多くの弟子を医学の世界に持っており、そのルートで紹介を得ることもできるようになった。BEOコーポレーションへ

図8-2　BEOコーポレーションの出資関係

出所：インタビュー調査より筆者作成。

の出資依頼についても、そうした人脈が役に立った。EEIコーポレーションの6割の出資を得た「バイオテックJP」はすでにフィリピン企業として扱われるようになっている。よって「フィリピン企業またはフィリピン人」の出資がBEOコーポレーションの70％を占めることになり、フィリピン国内において消費者に販売ができる体制が整ったのである（図8-2）。

　フィリピンの経済界で着実に人脈を広げてきた江川氏が彼らに感じるのは、トップクラスの経済人の深い思考だという。その多くは欧米の大学や大学院に留学経験を持ち、学士や修士あるいは博士の学位を得ている。そんな人たちとのコミュニケーションで心がけているのは、背伸びをせず誠意を持って接することだという。心の触れあいを大事にして信頼を勝ち取ることに多くのエネルギーを注いできたのである。

　江川氏はこのようにフィリピンにおける人脈作りとアライアンスを進め、フィリピンの制度や規制をクリアしていった。それは現地で自律的に動くことができるがゆえの成果だったといえる。

## 4．マーケティング方針と新工場の建設

　2020年6月、マニラ郊外の米どころとして知られるタルラック州に造成された新工業団地に、「バイオテックJP」の新工場が完成した。事業費用は第四銀行と国際協力銀行などの協調融資を受けた。1,500㎡の工場にはパウチタイプとトレータイプの2ラインがあり、生産能力は日産2万5,000食である。

　低たんぱく米「ECHIGO」や低カロリー米の量産が8月からはじまった。本格的なBtoCビジネスを進めていく、第3ステージがスタートしたのである。

写真8-1　江川清貞氏とフィリピン新工場

出所：バイオテックJP。

　売上高は初年に2億円、2025年に10億円を目指す。

　新工場は、100ヘクタールの広大な敷地の最もゲートに近いところに位置しており、24時間体制で詰めている警備室が目の前である（写真8-1）。

　2020年6月、新工場の完成に伴いこれまでの十数人の社員に加え新たにフィリピン人20人を採用した。

　新工場での本格的な生産体制に合わせ組織を再編した。技術系と営業財務系のゼネラルマネジャーをそれぞれ置き、社長の下に2人の現場トップを置いた。技術系のゼネラルマネジャーのみ日本の本社から呼び寄せ、その下にフィリピン人のアシスタントゼネラルマネジャーを置いた。

　それまでの工場は1ヵ月に2万食程度の生産量で、小売りはできないものの卸業務や病院や商社などへの販売は認められていた。新工場では低たんぱく米をそれまでの30倍の1ヵ月で60万食生産することが可能になった。その低たんぱく米の販売会社として設立した子会社BEOコーポレーションを通して一般消費者へ販売する体制が整ったのである。

　江川氏の将来構想は、米のプランティングから乾燥、精米そして加工と出荷まですべてをグループ企業で行っていくことである。

　フィリピンにおける低たんぱく米事業は、人口の所得上位1％の富裕層をターゲットにしている。1％と言ってもほぼ100万人に相当する。フィリピン

の富裕層は健康志向が強く、健康ベネフィットがあれば価格を気にせず製品やサービスに対価を支払うという。

そして低たんぱく米の必要度は、むしろフィリピンの方が日本より高いともいえる状況がある。糖尿病が悪化して腎臓が悪くなると透析の必要があるが、フィリピンでは透析の機器が普及していないのである。

その顧客ターゲットの設定があてはまるのはフィリピンだけではない。東南アジア諸国にはいずれも一定の割合で富裕層が存在し、フィリピンの富裕層はその周辺諸国の富裕層とつながっている。彼らの間にあるネットワークにより、製品の情報はクチコミでの波及効果が期待できるという。

糖尿病患者は先進国、発展途上国を問わずほぼ一定の割合で存在している。フィリピンでの成功は、一気にアジア全体さらにはグローバルな成功につながっていく可能性を秘めているのである。

## 5．アジア全体への展開とその課題

フィリピンでのチャレンジにはたびたび本社のバックアップがあった。イベントのたびに技術の専門家を派遣してもらい、留学経験があり英語が堪能な江川穰専務に、プレゼン資料の作成やプレゼンそのものをやってもらうこともあった。そしてフィリピンのJICA案件に携わったことは、バイオテックジャパン本社の能力をいろいろな意味で高める結果にもなった。本社の海外進出のマインドを高める効果をもたらし、現在は日本からタイに低たんぱく米を輸出している。タイで販売する低たんぱく米の生産についても、江川氏はいずれ本社ではなくフィリピンの工場が担いたいとしている。

まずはタイとフィリピンとのつながりをつくり、さらに5年後にはフィリピンを基点にシンガポールやベトナム、インドネシアなどとの取引を実現させる。これが江川氏の描く海外展開構想である。

日本のバイオテックジャパンは25周年の2019年6月に社長が創業者の江川清貞氏から長男の江川穰氏に交代し、江川清貞氏は会長に就任した。江川清貞氏は引き続き、「バイオテックJP」の社長を務め、2024年に迎える30周年に向かって東南アジア各国での展開に取り組んでいきたいとしている。本社の研究で開発された技術を用いて各国の工場で生産し、現地適応によるマネジメント

やマーケティングによる販売活動を行う。そしてその収益の中からロイヤリティを支払って本社に還元する仕組みを構築していく。それがバイオテックジャパングループの目指す将来の姿である。

　また「バイオテックJP」は今フィリピンで、農業に植物性乳酸菌を使う取り組みでのODAを目指している。水田の水に植物性乳酸菌を少し入れるだけで土壌菌の組成が変化し、稲が根を強く張るようになり強風でも倒れにくくなり水もしっかり吸うようになるという。日本では米の収穫が1割から2割程度増えたという実績がある。長粒米とフィリピンの気候においても同じ結果が得られるかを調査し証明することによる採用を目指している。

## 第3節　まとめと考察

　グローバル化の進展で、海外の子会社が持つ戦略的な役割は大きくなる一方である。世界各地に根ざすリソースを活用して現地に合った戦略を進め、それを本国の本社の持つ経営資源と組み合わせることで競争優位を勝ち取るためである。

　そのためにはいくら事前にデータ収集や分析を本国の本社で行って戦略を組み立てようとしても限界がある。現地で活動を行ってはじめて得ることができる生の情報や人脈があり、はじめて知ることのできるニーズや問題がある。

　江川氏は現地に飛び込み地元経済人と交流しネットワークを構築し情報収集を行い、自律的に現地に合った戦略を構築していった。それは「現地適応」するために企業人として自らが「現地人化」したと言っても過言ではない取り組みだった。

　そして現地で生じている問題に対し、既存のものとは違うオリジナルな解決方法を打ち出すことでビジネスを展開してきた。乳酸発酵しても型崩れせず味も変わらない長粒米の選別に現地の研究機関の協力を得て成功したのは、江川氏ならではのフィリピンで地に足をつけた取り組みゆえだった。優秀な現地人材獲得に成功したのは、現地の若者の就職事情を知り、そこにある問題にオリジナルな解決方法としての答えを打ちだしたがゆえであった。B to Cビジネスをやるための必要不可欠な条件であったフィリピン企業による出資は、

　3年から5年の任期満了をひたすらに待つ日本の大企業からの派遣社員とは一線を画する行動によるもので、夫人を帯同して生活を現地化し、帰国しないという不退転の決意を行動によって示したことで自ら築いた人脈がなければ得ることは難しかったであろう。

　「バイオテックJP」のケースは、海外展開において現地の問題の本質を把握し、それに対し新しい解決方法を事業として示すことの有効性を示している。そのために重要であったのが創業社長ならではの自律性を有する取り組みである。すなわち、進出先の子会社にベンチャーの創業社長自らが勤務することで、ある意味において子会社を本社化するという、「第2の創業」を果たす国際的企業家精神の発揮が有効であることを示している。

**謝辞**

　本章執筆にあたり、インタビュー調査や訪問調査、資料提供など江川清貞氏をはじめとするバイオテックジャパンの皆様に大変お世話になりました。心より感謝を申し上げます。

●**注**

1) 2013年4月からバイオテックジャパン本社で3回のインタビュー調査、2017年3月と2019年10月にはフィリピンの「バイオテックJP」で2回のインタビュー調査を行い、社内文書などの提供と合わせてオリジナルデータを収集してデータベースを構築して分析した。
2) http://www.biotechjapan.co.jp/advantage　（2020年5月12日アクセス）
3) 現在は高崎健康福祉大学農学部教授・東京農業大学名誉教授。
4) 岡田早苗（1988）「場を浄める乳酸菌」、『微生物』、4、pp. 151-166。
5) 現新潟県農業総合研究所食品研究センター。
6) http://www.biotechjapan.co.jp/development　（2020年5月12日アクセス）

**【参考文献】**

岡田早苗（1988）「場を浄める乳酸菌」、『微生物』、4、pp. 151-166。
丸山一芳（2014）「シンガポール進出における日本発スポーツ事業の国際的起業家精神」、『関西ベンチャー学会誌』、第6巻、pp. 43-53。
宮島敏郎・丸山一芳（2016）「株式会社バイオテックジャパン ―バイオベンチャーにおける中核技術の創造と活用に関するケース―」、『事業創造大学院大学紀要』、第7巻第1号、pp. 129-143。
Cavusgil, S. T. & Knight, G. (2009) *Born Global Firms: A New International Enterprise,* Business Expert Press.

Yin, Robert K. (1994) *Case Study Research: Design and Methods, 2nd ed.,* Sage.（近藤公彦訳『ケース・スタディの方法』，千倉書房，1996年）

# 第 9 章

# 紀州湯浅醤油の伝統と革新

羽衣国際大学　　日向　浩幸

## 第1節　醤油の起源

　悠久の刻を経て今の時代に語りかけてくる匠の技と文化が息づく紀州湯浅は日本の醤油発祥の地である。この湯浅醤油の歴史はおよそ756年にも及んでいる。熊野古道の宿場町であった湯浅が繁栄した頃、開山覚心（法燈円明国師）が中国から帰国し、由良興国寺に入山した。1228（安貞2）年、由良氏に伝えたのが金山寺味噌[1]の製法である。この金山寺味噌の製造過程でできる樽に溜まった液を使って煮炊きすると味が変化することが分かり、その液汁を利用するつもりで作れば新しい醤（ひしお）が誕生すると考えたのが始まりとされている。この醤は動物性として魚醤（うおびしお）・肉醤（ししびしお）、植物性として草醤（くさびしお）・穀醤（こくびしお）がある。魚醤・肉醤は塩辛につながり、穀醤は味噌・醤油へと発展した。湯浅醤油から下総の銚子醤油、讃岐醤油などへと発展して行った。正応年間（1288～1293年）には近隣にも醤油が販売されている。また、1535（天文4）年には醸造家の赤胴三郎四郎が百余石の醸造を行い、大阪雑魚場小松屋伊兵衛方に醤油を送り、販売を委託したのが他国へ醤油を販売した始めとされている。19世紀前期に卸仕入湯浅醤油屋の年行司を勤め、明治初期に醤油製造元の添行司をしていた久保家の歴史を回顧した『醤油沿革誌』によれば、久保家の初代藤右衛門は湯浅町で呉服太物商いをしていたが、2代目、瀬七の頃、本業の傍ら1706（宝永3）年に醤油醸造業を始め、

1708（宝永5）年9月摂津国難波（大阪市）に醤油製品を輸送し好評だったため、それ以来、次々に輸送した。そして、1711（正徳元）年には原料の選択に気を使い、大豆は美作（岡山県北東部）産の精選されたもの、小麦は相模（神奈川県）産の良質なものを使用し、塩は赤穂（兵庫県赤穂市）産を用いることにしたので、享保年間（1716〜1736年）以降製造高が増加したといわれている。また、3代目、瀬七の頃、1762（宝暦12）年に和泉国（大阪府南部）に、1764（明和元）年には河内国（大阪府東部）に広がっていったとされる。

　関西を中心に造られたのは淡口醤油で、日本国内の生産量の15％程度を占めている。香りが薄くつけ醤油やかけ醤油には不向きだが、素材の色や味が活かされる吸い物、煮物、鍋物には合っている。関西より遅れて関東では、濃口醤油が造られている。かけ、つけ、たれ、だし、煮物、焼き物等あらゆる用途に使われている。ヒゲタ醤油は、1616（元和2）年に千葉県銚子の飯田沼村の草分百姓である田中玄蕃家が、摂津国西宮の商人真宜九郎右衛門から醤油醸造技術を伝授され、醤油業を始めた。また、同じく千葉県銚子にあるヤマサ醤油は、和歌山県有田郡広川町の紀伊国有田郡広村出身の浜口儀兵衛が18世紀初頭から味噌や醤油の仕込みを始めた。醤油の全国一の生産量を誇っている千葉県野田市の野田醤油（キッコーマン醤油）は、1661（寛文元）年に上花輪村高梨兵左衛門家が醤油醸造を始めたことによる。生産量のうち約半数をキッコーマン醤油、ヤマサ醤油、ヒゲタ醤油、正田醤油（群馬県館林市）、ヒガシマル醤油（兵庫県たつの市）の大手5社が生産している。

# 第2節　湯浅町の概要

　湯浅町は、和歌山県有田郡の市町のひとつであり、紀伊半島のほぼ中央部で、紀伊水道に面しており、大阪から南へ約100km、和歌山県の県都和歌山市から約20km南下した所に位置する（東経135度11分40秒、北緯34度1分44秒）人口12,919人、面積20.80km²（2015年4月現在）の町である。JR紀伊本線や阪和自動車道を利用すれば大阪から約90分、和歌山市からは約30分、関西国際空港からは約60分で訪れることができる。

　湯浅町の歴史は、この地の豪族湯浅氏がわが国最古の山城といわれる湯浅城

を築いた平安時代末期に始まり、熊野御幸の重要な宿駅として栄え、吉川に逆
川王子跡が、別所に久米崎王子跡が現在も残っており、この両王子社跡の間の
ほぼ中間部分が、2004年に世界遺産に登録された熊野古道が唯一商店街を通る
場所として知られている。

　その後、1889（明治22）年の市町村制施行によって、有田郡湯浅村となり、
1896（明治29）年に和歌山、新宮、田辺に次いで旧城下町以外では初めて町制
を施行して湯浅町となった。1956（昭和31）年には湯浅町が田栖川村と合併し
て現在の町域となっている。

　湯浅町は地形状恵まれたリアス式海岸の入り江の奥に位置していることから
天然の良港として古くから物流の中心であった。また、温暖な気候と燦々と降
り注ぐ太陽に恵まれ、有田みかん・田村みかん・三宝柑[2]などの農業生産が盛
んである。特に湯浅醤油は、紀州藩の特産品として手厚い保護を受けて、運搬
のための海運業や醸醤に伴うさまざまな工業製品の発展を促し、一時は100軒
近くの醸造元を数えるなど湯浅繁栄の基礎を形作っており、現在でも醤油発祥
の地として全国的に有名である。また、紀伊水道に面した湯浅湾は古くから沿
岸漁業が発達し、なかでも鰯の稚魚であるしらす漁が盛んで、町のしらす加工
は全国の1割、和歌山県の8割以上を占めているほか、鯵や太刀魚など新鮮な
海の幸が豊富である。また、湯浅町と広川町の間を流れる広川では、毎年2月
中旬頃から3月下旬頃にかけて四つ手網漁法でのシロウオ漁が行われている。
さらに柑橘類の三宝柑は、和歌山県が全国の生産量の8割以上を占め、その3分
の2が湯浅町で生産されているなど多くの特産品がある。このように、湯浅町
は恵まれた自然環境の中に位置し、熊野古道の宿場町としてまた醤油醸造の町
として栄えた面影を残しながら、味噌、醤油の製法を765年にわたり伝えている。
2006年12月19日には全国初の醤油の醸造町として国の重要伝統的建造物群保
存地区[3]に選定された。この保存地区は16世紀末期頃に開発されたといわれる
北町、鍛冶町、中町、濱町を中心とする醤油醸造業が最も盛んであった一帯に
あって、通りと小路で面的に広がる特徴的な地割と、醸造業関連の町家や土蔵
を代表とする近世から近代にかけての伝統的な建造物がよく残されている地区
である。醤油醸造などの商工業を中心に発展した湯浅の町並みは、その重厚な
歴史的風致を今日によく伝えていることから価値が高いと評価されている。

## 第3節　醤油づくりの製造工程

　湯浅醤油においては、昔ながらの製法で、伝統の味を守るため原材料を厳選するなど、こだわりをもって作られている。全国的に大豆は、脱脂加工大豆などの輸入品が使用されていることが多いが、湯浅醤油では、国産の丸大豆を使用している。特に各醸造元では産地や生産者を決め、大豆の定品質化を図っており、小麦も大豆と同じく特定の国内生産者に委託し、醤油づくりに最適なものが使用されている。仕込み水は、美味しい醤油づくりの決め手になる。醤油成分の67%は水であるため、醤油の味は水質により決まるともいわれている。そのため、蛍の名所といわれている湯浅の山間から得られる水が用いられており、上質で豊かな水が湯浅の醤油づくりを育んできた。塩も産地を特定し、ミネラルを多く含む天然海塩や岩塩が使われている。醸造過程で使われる種麹は、発酵をつかさどる菌類で、麹菌が使われている。

　醸造蔵角長 4) は、1841（天保12）年創業、湯浅醤油の老舗である。この角長で製造・販売している醤油は濃口醤油であり、すべての工程を伝統的生産方法で行っている。その製造工程は複雑で、常に自然の恵みを受けて醸造されているため長い期間と手間隙を必要とする。

写真9-1　醸造蔵角長の「もろみの仕込蔵」

2019年9月18日筆者撮影。

（1）原料処理

　原材料は、大豆、小麦、塩、水である。大豆は、十分に洗浄し（撒水）、水に浸して水分を吸わせる（浸漬）。次に、ボイラーで圧力蒸気を作り、圧力釜（蒸煮缶）にて高圧で短時間蒸す。小麦は、生麦を煎り上げ、それを二つ割り、三つ割りに砕く。

（2）盛り込み

　前段階で処理した蒸した大豆・煎って砕いた小麦に種麹菌を混ぜ合わせ、麹室に入れる。その間、温度・湿度の管理をするとともに数回の撹拌作業を行い4日間かけて麹菌を繁殖させる。

（3）仕込み

　4日間かけて麹菌が十分に繁殖した時点で、仕込桶（発酵容器）に、麹菌が繁殖した大豆・小麦と塩、水とを混合して貯蔵する。100年以上を経た杉の木桶には、酵母菌が住みつき、今までの醤油の味を引き継いで味を安定させる。その上、創業からの蔵をそのまま生かしている蔵元では、壁や床、天井、梁にも酵母菌が住みつき、美味しい手作り醤油に欠かせない役割を果たしている（写真9-1）。

（4）発酵

　仕込み後1年から1年半かけ発酵させる。その間、麹の発酵状態にあわせて撹拌作業を繰り返す。6月から7月は発酵の最盛期となり、この期を経て諸味は熟成し、麹の分解作用によって醤油本来の味や香り、色あいが生まれる。

（5）圧搾

　発酵が進み味や香り、色あいが整った時点で、仕込み桶から取り出し、濾布に包み込み、搾りにかける。搾り出された液汁を生揚げと呼び、これが生醤油と呼ばれるものである。生揚げの段階では、まだ麹菌は生きているので、温度・空気等の条件が整えば発酵を始めることがある。

（6）火入れ

　生揚げを清澄させた上で、釜で約半日かけてゆっくり炊き上げて仕上げる。

（7）瓶詰め

　半日かけて炊きあげられた醤油を容器に入れ、清澄が十分行われた上で、瓶・徳利等の容器に詰める。

(8) 出荷

　瓶・徳利等の容器に詰められた醤油を包装した上で、段ボール等に入れて荷出する。

# 第4節　マーケティング・ミックス（4Ps）分析

　本節では、湯浅醤油の価値を評価するために4Ps分析を試みる。製品コンセプト、ポジショニングおよびターゲットを設定した後に、そのターゲットに効果的に製品を訴求できるように、Product（製品）、Price（価格）、Place（流通チャネル）、Promotion（販売促進）の諸政策を決定する。湯浅醤油のマーケティングの特徴を4Psの枠組みで分析すると表9-1のようになる。ここでは、湯浅醤油の特徴がより的確に把握できるように、一般の醤油と比較して示している。

　特に、Product（製品）においては、手づくりによる伝統製法と醤油醸造の香りに生きるまちづくりに特徴がある。

表9-1　湯浅醤油の4Ps分析

| 4P | 一般の醤油 | 湯浅醤油 |
|---|---|---|
| Product<br>（製品） | ・もろみの発酵期間は半年から1年<br>・機械化による大量生産 | ・もろみの発酵期間は1年6ヵ月、2年、3年<br>・手わざによる伝統的製法 |
| Price<br>（価格） | ・ヤマサ醤油の500mlで212円<br>　（税抜き）<br>・キッコーマン醤油の500mlで213円<br>　（税抜き）<br>・ヒゲタ醤油の300mlで132円<br>　（税抜き） | ・「湯浅手づくり醤油」0.3ℓで481円（税抜き）、<br>　「濁り醤」が720mlで1,574円（税抜き）、<br>　「濁り醤3年熟成 匠」が300mlで1,435円<br>　（税抜き）である。 |
| Place<br>（流通チャネル） | ・スーパー、百貨店、ネット、海外<br>　への販路拡大 | ・スーパー、百貨店、角長の店舗、ネット、<br>　海外への販路拡大 |
| Promotion<br>（販売促進） | ・家庭の利用<br>・各社のブランド<br>・TVCM | ・湯浅の土産品<br>・角長ブランド<br>・醤油資料館（観光名所）<br>・マスコミ等の取材<br>・小学生に醤油造りの工程を体験させる |

出所：筆者作成。

## （1）手づくりによる伝統製法

　創業以来の蔵と桶を使い、昔ながらの製法で作る角長の醤油の特徴は、（a）原材料が江戸期と同一（国産にしてその栽培地も同じ）である。（b）醸造方法、容器その他も吉野杉の桶を主体にして完成までの期間は平均1年3ヵ月かけている。（c）濃く仕込んで可能な限り減塩仕込みをしている。（d）火入れ殺菌方式は、江戸期と同じ松林で煮詰め、防くん剤、アルコール防くんをしていない。加えて角長では醤油の歴史や醤油製造に使用された器具を展示して、その魅力を伝える活動もしている。

## （2）醤油醸造の香りに生きるまちづくり

　醸造の町として重要伝統的建造物群保存地区に選定されている当地区は、紀勢本線の西側、太平洋にそそぐ山田川と広川の間に挟まれた地区一帯で湯浅広港に隣接している。湯浅は、古くから熊野参詣の宿場的な性格を備えている街道の町である。北町通りには町家のほかに味噌や醤油の醸造業に関係する商家、醸造蔵、原料蔵など歴史的建造物が並んでおり、湯浅の町並みのメインストリートになっている。この北町、鍛治町、中町、濱町を中心とする醤油醸造業が盛んだった一帯は、通りと小路で面的に広がる特徴的な地割であり、醸造業関連の町家や土蔵を代表する伝統的な建造物がよく残っている。醸造業に従事する人の町家と醸造場を行き来する通りとして便利な生活道路になっている。こうした醤油醸造など商工業を中心にした町並は、その重厚な歴史的風致を今日によく伝えていることから2006年12月19日に醤油の醸造町としての「重要伝統的建造物群保存地区」に選定された。

# 第5節　協働の窓モデルによる分析

　Lober（1997）の協働形成モデルは、（1）問題の流れ、（2）政策の流れ、（3）組織の流れ、（4）社会的・政治的・経済的流れ、（5）協働の窓、（6）協働企業家、の六つの概念によって構成されている。Loberいわく、多数のステイクホルダーによる協働では、協働の窓が必要であり、協働は、協働の窓が開くことで形成される。本章における協働の窓モデルによる分析では、（1）参加者、（2）協働アクティビスト、（3）協働の場、（4）問題、（5）解決策、（6）活動、（7）組

織のやる気、(8) 協働の窓、(9) 協働の実現の九つの要素によって構成されている。

協働の窓モデルを適用すれば、(1) の参加者は、熊野古道研究会・湯浅の町並み研究会・湯浅町役場・教育委員会・大学・商店街などである。(2) 協働アクティビストは、協働の形成と実行を促進する役割を担う湯浅町商工会事務局長谷中敬治氏である。谷中氏は、(a) 他の参加者に問題や解決策を認識させる。(b) 協働が形成されるうえで必要な協働の窓の開放を促進する。(c) 協働全体の活動を保証するなどの役割を担っている。(d) アジェンダ、諸解決策、活動状況、組織のやる気状況の四つを結びつける。そして、協働の窓を設定している。(3) の協働の場は、参加者の問題が認識・定義される場、解決策が生成・特定化される場、活動が展開される場、組織のやる気が発揮される場の4種類からなる。協働の場は複数設定され、参加者がどの協働の場に参加するかは参加者によって異なる（表9-2）。2002年から2005年までの4年間で約30事業を積み上げた。その上さらに、国土交通省から「みなとまちづくり事業」を受託した。そして、熊野古道が世界遺産に登録され入込観光客数が年間30万人を超え、まちづくりの基盤を確立した。

第2次アクションプランでは、景観整備事業・古民家の活用等を継続して進めるとともに、食堂や土産物店の開店を促す環境を創り上げるために、湯浅の魅力を全国発信して入込観光客数年間50万人を目標にした（表9-3）。この第2次アクションプラン開始直後に、都市再生モデル調査事業を国土交通省から受託した。また、立石茶屋や甚風呂[5] などを行政が整備した。加えて、湯浅の魅力を全国発信するために、イオングループ、キリンビール、イズミヤなどとの連携を積極的に進め大きな効果を上げている。同時に湯浅観光物産フェアを東京・名古屋・大阪・神戸などで毎年継続拡大して開催するまでになった。また、まちづくりの実績が高く評価されてJRや旅行会社が湯浅を組み込んだ旅行パックを売り出し、5千人以上がこれらのツアーパックを利用して湯浅を訪れるようになっている。2006年12月には、文化庁から重要伝統的建造物群保存地区に選定された。そして、2007年10月には、第1回全国醤油サミットを開催した。こうした事業積み上げの継続とテレビなどによる情報発信によって、湯浅の入込観光客数は毎年2万人のペースで増加し、40万人が目前となった。

表9-2　協働の場

| 年度 | 第1次アクションプランの取組事業 |
|---|---|
| 2002年 | 立石道標ライトアップ事業<br>商店街統一のれん事業<br>面影復元図作成事業<br>町内散策コースマップの作成<br>北町ふれあいギャラリー |
| 2003年 | 商店街景観整備事業<br>　（1）西大宮商店街オリジナルプラグ作成設置<br>　（2）島之内商店街路灯補修塗装工事<br>2003年度和歌山大学システム工学部との共同調査研究事業<br>散策マップ作成事業（2002年度のものを改訂）<br>伝統的建物ウォッチング開催事業（青年部ウォークラリー大会）<br>「湯浅のむかし」語り部事業 |
| 2004年 | レンタサイクル事業<br>みなとまちづくり事業<br>　（1）ゆあさのみなと昔面影展の開催<br>　（2）毎年違う内容で実施（大仙堀清掃等）<br>町並み景観整備事業<br>　（1）中川原商店街路灯補修塗装工事<br>　（2）島之内商店街シロウオ漁絵入り蛍光灯看板設置事業<br>　（3）西大宮通商店街路灯補修塗装工事<br>　（4）寺前通り街路灯整備事業<br>商店街共同化事業（Tシャツ製作等）<br>共同調査研究事業（和歌山大学システム工学部）<br>町内回遊ルート設定PR事業<br>アジ君・サバ君オリジナルウェア製作事業<br>県大型観光キャンペーン支援事業。御輿見学スタンプラリー後援<br>集客イベント支援（湯浅まつり・鯖っと鯵まつりなど）<br>回遊ルート道路整備の提案 |
| 2005年 | 町並み景観整備事業<br>　（1）北町商店会吊り行灯提灯製作設置支援事業<br>　（2）JR湯浅イルミネーション設置事業<br>　（3）北鍛冶町商店街消火器箱製作設置事業<br>みなとまちづくり事業<br>　（1）醤油積み出しふ頭昔面影展の開催<br>　（2）観光PRのためのモニター設置<br>大型観光クルーズ船誘致のためのプロモーションビデオ製作事業<br>湯浅町案内等情報発信システム構築事業<br>来町者に対するアンケート調査箱製作設置事業<br>熊野古道景観整備事業<br>JR湯浅駅前駐車場企画運営提案事業 |

出所：湯浅町商工会資料。

## 表9-3　協働の場

| 年度 | 第2次アクションプランの取組事業 |
|---|---|
| 2006年 | 町並み景観整備事業<br>　(1) 駅前通周辺商店街街路灯整備事業（街路灯28基）<br>　(2) 熊野古道案内標柱の設置事業等<br>空店舗対策事業（旧県信店舗出店支援・旧堀田茶補店改修等）<br>都市再生モデル調査事業（国土交通省受託事業）<br>和歌山大学経済学部との共同調査研究事業<br>湯浅町プロモーションビデオ製作事業<br>JRとのタイアップ事業（春秋の駅長プラン等）<br>旅行会社と連携した観光地力養成事業（1泊モデルルート等）<br>キリン「選ぼうニッポンのうまい！2006」関連事業<br>インターネットでの情報発信（HP紀州湯浅散歩等） |
| 2007年 | 湯浅町観光・物産フェア事業（東京・名古屋・大阪・イオン等）<br>有田振興局元気ゆあさプロジェクト事業（立石茶屋整備、語り部養成等）<br>商店街・町並み景観、拠点施設整備事業<br>　(1) 西大宮通商店街オリジナルフラグ作成設置、北町周辺造園工事<br>　(2) 立石茶屋看板製作、行灯麺資料館パンフレット作成<br>旅行会社と連携した観光ルートの新設定とPR強化事業<br>JRのタイアップ事業（春旅、秋旅、JR湯浅駅へ歓迎看板の整備）<br>和歌山県商工女性学校の誘致PR事業（県大会・近畿大会の誘致）<br>全国醤油サミット第1回の開催<br>湯浅行灯アート全国コンテストの開催<br>インターネット等での情報発信強化事業 |
| 2008年 | 伝統的建物ウォッチング開催事業（青年部ウォークラリー大会）<br>「湯浅のむかし」語り部事業<br>レンタサイクル事業<br>ゆあさのみなと昔面影展の開催等みなとまちづくり事業<br>町並み景観、拠点施設整備事業<br>　(1) ファサード整備<br>　(2) 甚風呂整備<br>　(3) 各商店街街路灯補修塗装<br>各商店街振興会商店街共同化事業<br>町内回遊ルート設定PR事業<br>湯浅町観光・物産フェア事業、東京・名古屋・大阪<br>瀬戸内海海の路推進協議会への参加。神戸市・上海へも展開。<br>旅行会社と連携した観光ルートの新設定とPR強化事業<br>JRのタイアップ事業<br>集客イベント支援事業<br>　(1) えびす祭り　(2) 鯖っと鯵祭り　(3) シロウオ祭り<br>　(4) 夏祭り　　(5) 行灯アート<br>インターネットでの情報発信事業（HP紀州湯浅散歩の充実） |

出所：湯浅町商工会資料。

　協働の窓モデルの (4) 問題は、参加者によって認識・定義される問題である。例えば、熊野古道研究会は、熊野古道に関心を持ち研究していたメンバーが湯浅の伝統的な道具類を使って工芸品や灯篭・行灯などを作り、これらと昔の面影を写した写真・絵画・詩歌などを組み合わせてまち角、民家の格子窓・玄関脇などさまざまな場所に設置し、湯浅の町並みそのものをミュージアムに見立てた古道ミュージアムを展開した。また、湯浅の町並み研究会は、和歌山大学・建築士有志・教育委員会などが協働して、江戸時代後期から昭和初期に建設された趣のある古い民家や町並みを伝統的な建造物群として保存する調査活動を開始した。そして湯浅に残る本物の建物に対する勉強会、まちかどウォッチングなどを住民も参加したワークショップ形式で続けてきた。前述の古道ミュージアムと一体になった落ち着いた町並みは2000年以降に訪れた人々にある種の驚きと感動を与えるようになっていた。次に、参加者固有の問題と複数の参加者が共通に認識している問題がある。経済的状況、政治的状況、社会的状況などの外部環境の影響を受ける。参加者が認識・定義した問題は、問題の窓が開くことによって活動の流れの中に流れ込んでいくものである。問題の流れもしくは活動の流れの中で浮遊している問題は、アジェンダを形成し浮遊する。(5) 解決策は、協働の場において生成・特定化され絞り込まれる。参加者によって生成・特定化された解決策は、解決策の流れの中に投げ込まれ、解決策の窓が開くことによって活動の流れの中に流れ込んでいくものである。解決策の絞り込みには、特定の協働の場における専門家が関与し、解決策の最終選抜候補リストを作成する。(6) 活動は、参加者が特定の問題を解決するために展開している活動や特定の問題の解決につながる活動である。参加者によって展開されている活動は、活動の流れの中において、活動のセットである活動状況を構成する。(7) 組織のやる気は、参加者が特定の問題を解決するために発揮するものである。問題が差し迫って窓が開く場合、問題に対する解として生み出された解決策が、組織のやる気と適合するようなものであれば、それらの解決策は、問題と組織のやる気を結びつける可能性をもっている。(8) 協働の窓は、問題の窓、解決策の窓、組織のやる気の窓の3種類がある。多様な参加者によって三つの流れの中に投げ込まれた問題、解決策、組織のやる気は、これら3種類の窓が開くことを契機に、開いている窓を通って活動の流れの中に入る。

(9) 協働の実現は、参加者によって戦略的協働が実現されていることを指している。協働の窓モデルは、問題の流れ、解決策の流れ、活動の流れ、組織のやる気の四つの独立した流れを基本とし、協働の窓が開くことによって合流する。

## 第6節　醤油醸造と協働によるまちづくり

　Town Management Organization（TMO）の事業を行う過程で、熊野古道研究会・湯浅の街並み研究会・町役場・教育委員会・大学・商店街などが協働をベースに動き出した。人口1万2千人ほどの町ではあるが、これまで100事業以上を積み上げ、入込観光客数も50万人を超えている。湯浅町のまちづくりの特徴は、まちづくり研究会の発足とほぼ同時に、旧湯浅町内全体を湯浅らしい情緒豊かなミュージアムのような形で保存・啓蒙しようとする有志が「熊野古道研究会」を、伝統的な建造物を活用して湯浅を和歌山県初の重要伝統的建造物群保存地区の指定を得ようと活動する「湯浅の街並み研究会」という二つのグループが具体的な活動を始めたことにある。湯浅町には、自主独立の気風があり、住民がさまざまなまちづくり活動を自立的に行い、フランスではじまったとされているまちをまるごとミュージアムにする「エコミュージアム」構想を行ってきた。工芸品や行灯などを作り、民家の格子戸などに設置して歴史と伝統を復元させている。

　TMO事業の基本方針は、「懐かしさに溢れ　歴史と文化が薫る　癒しのまちゆあさ～賑わいを生む商業中核拠点の形成～」とし、重要伝統的建造物群保存地区、熊野古道そのものが商店街になっている湯浅道町、醤油発祥の地としての歴史・伝統・文化を最大限活用し、商業と観光が融合した魅力ある中心市街地を形成するものとしている。具体的には、(1) 歴史的文化的環境整備による個性的な地域づくり、(2) 集客力のある商業中核拠点づくり、(3) 賑わいと懐かしさが溢れる施設と仕掛けづくり、(4) 風情があり、食文化の薫る界隈性のある地域づくり、(5) 高齢化社会に対応した、人にも環境にも優しい癒しのまちづくり、の5点を設定している。これまで (a) 立石道標ライトアップ事業（江戸時代から残る古い道標・立石のライトアップ）、(b) 商店街統一のれん事業、(c) 集客イベント支援事業（鯖っと鰺祭り、シロウオ祭り、夏祭り、行灯アートな

ど）、（d）北町ふれあいギャラリー事業（北町の民家と駐車場スペースを情報発信所・休憩所、資料館などとして整備）、（e）町内散策コースマップの作成、（f）熊野古道景観整備事業、などさまざまな地域活性化事業を手がけてきている。こうした推進では、住民を主体にTMO事業を着実に積み上げてきた。そして、2017年4月28日に湯浅町は「『最初の一滴』醤油醸造の発祥の地紀州湯浅」として、文化庁から「日本遺産」[6]に認定された。醤油の醸造業で栄えた町並みには、重厚な瓦葺の屋根と繊細な格子が印象的な町家や白壁の土蔵が建ち並んでいる。通りや小路を歩けば、老舗醸造家から漂ってくる醤油の芳香が鼻をくすぐり、醤油造りの歴史と伝統が形、香り、味わいとなって人々の暮らしの中に生き続けている。

　湯浅醤油のほか、わが国には現在千軒を超える醤油メーカーがあるが、国内シェアの半分は、キッコーマン醤油、ヤマサ醤油、正田醤油、ヒゲタ醤油、ヒガシマル醤油の大手5社が占めている。本醸造が主流ではあるが、温度や湿度を管理した工場内で春夏秋冬の気候を作り出し、諸味にアミノ酸液を添加した混合醸造を用いて熟成を早め、たった3ヵ月で醤油を完成させることもできる。しかし、それは伝統製法の湯浅醤油とは同じ醤油でも別物と考えるしかない。自然発酵で、昔ながらの製法を用いて作る醤油は時間がかかるが、手間隙をかける分、香りも味もおいしくなる。大量生産大量販売される醤油とは異なり、醸造蔵角長では、桶も蔵も創業以来のものをそのまま使っていて、梁や天井に蔵付き酵母が長い年月をかけて住み着き、これが仕込み桶に降り注いでおいしい醤油になっている。湯浅醤油の伝統は今もなお、昔の呼び名「湯浅たまり」の製造手法とともに紀州湯浅に生き続けている。

**謝辞**

　湯浅町のフィールドワークにおいて、2019年9月18日に株式会社角長の代表取締役加納誠氏に聞き取り調査のご協力をいただいた。また、9月19日に湯浅町商工会事務局長谷中敬治氏にも聞き取り調査のご協力をいただいた。ここに記して感謝申し上げます。

●**注**

1）大豆と麦に麹、それに塩を加える。そこに細かく刻んだ茄子や瓜、紫蘇、生麦を混ぜ合わせ醸造する。槽を密閉して8〜10ヵ月熟成させ、金山寺味噌ができる。

2) 三方（三宝）に乗せ殿様に献上されたことから名づけられた希少種である。全国の9割以上が和歌山県で生産され、そのうち約3分の2が湯浅町で生産されている。

3) 1975（昭和50）年の文化財保護法の改正によって伝統的建造物群保存地区の制度が発足し、城下町、宿場町、門前町など全国各地に残る歴史的集落・町並みの保存が図られるようになった。

4) 1841（天保12）年創業の醤油醸造の老舗である。現在も杉の木桶を用い、伝統的な製法を守り続けている。

5) 江戸時代の嘉永年間（1848～1853年）以前に須井甚蔵氏が開業した公衆浴場である。正式名称は「戎湯（えびすゆ）」だが須井甚蔵氏の名前から「甚風呂（じんぶろ）」と呼ばれ、地域住民の憩いの場として親しまれた。

6) 地域の歴史的魅力や特色を通じてわが国の文化・伝統を語るストーリーを日本遺産として文化庁が認定するものである。ストーリーを語る上で欠かせない魅力溢れる有形無形のさまざまな文化財群を地域が主体となって総合的に整備・活用し、国内だけでなく海外へも戦略的に発信していくことにより、地域の活性化を図ることを目的としている。

**【参考文献】**

明山文代（2019）「発酵に学ぶ（其の12）醤油 伝統を守る"湯浅の醤油"」,『産直コペル』, 第33号, pp. 22-26。

麻生憲一（2008）「しょう油製造業の市場分析」,『奈良県立大学研究季報』, 第18巻第3/4号, pp. 47-59。

足立基浩（2005）「伝統をモチーフに市民が結集 ―和歌山県湯浅町のまちづくり」,『住民と自治』, 第507号, pp. 56-59。

井奥成彦（2003）「醤油醸造業史研究の課題」, 九州大学経済学会,『經濟學研究』, 第69巻第3/4号, pp. 83-95。

市山盛雄（1980）『野田の醤油史』, 崙書房。

梅田勇雄（1970）「しょう油の協同作業の実例」,『日本醸造協會雑誌』, 第65巻第5号, pp. 371-375。

梶原勝美（2016）「ケーススタディ：醤油の老舗ブランド㊂「ヒガシマル」」,『専修大学社会科学研究所月報』, 第637/638号, pp. 124-137。

片岡寛（1979）「商品としての醤油の多様化：特に生産ならびに生産規模との関連で」,『一橋論叢』, 第82巻第5号, pp. 489-509。

金兆子（1909）『醤油沿革誌』, 田中直太郎出版社。

加納誠（2016）「"醸造の香りに生きる町"発祥の地・湯浅で伝統を守り続ける」,『望星』, 2016年1月号, pp. 30-36。

キッコーマン醤油株式会社編（1968）『キッコーマン醤油史』, キッコーマン醤油株式会社。

キッコーマン株式会社編（2000）『キッコーマン株式会社八十年史』, キッコーマン株式会社。

小島廣光・平本健太編（2011）『戦略的協働の本質：NPO, 政府, 企業の価値創造』, 有斐閣。

後藤祐一（2013）『戦略的協働の経営』，白桃書房。

田形睆作（2013）「"地域密着でキラリと光る企業" 醤油発祥の地 "和歌山県湯浅" で伝統の湯浅醤油を守り・進化させている『湯浅醤油有限会社』」，『ニューフードインダストリー』，第55巻第9号，pp. 73-81。

日本醤油協会編（1959）『日本醤油業界史』，日本醤油協会。

野田醤油株式会社編纂（1940）『野田醤油株式会社二十年史』，野田醤油株式会社。

野田醤油株式会社社史編纂室（1955）『野田醤油株式会社三十五年史』，野田醤油株式会社。

林玲子・天野雅敏編（1999）『東と西の醤油史』，吉川弘文館。

林玲子・天野雅敏編（2005）『日本の味：醤油の歴史』，吉川弘文館。

長谷川弓子（2018）「伝統産業（醤油）の製品と経営の現状と課題 ―和歌山県湯浅町『湯浅醤油』を事例として―」，『聖徳大学研究紀要』，第29号，pp. 59-65。

藤本隆宏（2004）『日本のもの造り哲学』，日本経済新聞社。

松本幸一（2014）「「企業内教育」の考察 ―宮島醤油の「人材育成」（資料）―」，『社会文化研究所紀要』，第74号，pp. 15-32。

湯浅町誌編纂委員会（1967）『湯浅町誌奥附』，湯浅町役場。

米山淳一（2018）「団塊世代にプレゼンする「日本再発見」歴史の町並みを歩く　第13回 醤油発祥の地，湯浅の町並み」，『鉄道ジャーナル』，2018年7月号，pp. 108-113。

Kingdon, J. W.（1997）*Agendas, Alternatives, and Public Policies, 2nd ed.*, N.Y.: Harper-Collins College Publishers（Originally published in 1984）.

Lober, Douglas J.（1997）"Explaining the Formation of Business-Environmentalist Collaborations: Collaborative Windows and the Paper Task Force," *Policy Sciences*, Vol. 30, Issue 1, pp. 1-24.

McCarthy, E. Jerome（1960）*Basic Marketing: A Managerial Approach*, Homewood, IL: Irwin.


株式会社角長ホームページ
　　https://www.kadocho.co.jp/（2020年5月11日アクセス）
キッコーマン株式会社ホームページ
　　https://www.kikkoman.com/jp/（2020年5月8日アクセス）
正田醤油株式会社ホームページ
　　www.shoda.co.jp/（2020年5月10日アクセス）
ヒガシマル醤油株式会社ホームページ
　　https://www.higashimaru.co.jp/（2020年5月10日アクセス）
ヒゲタ醤油株式会社ホームページ
　　https://www.higeta.co.jp/（2020年5月8日アクセス）
ヤマサ醤油株式会社ホームページ
　　https://www.yamasa.com/（2020年5月8日アクセス）
文化庁ホームページ
　　https://www.bunka.go.jp/（2020年5月11日アクセス）

# 第 10 章

## 香川県琴平町における
## 土産物店の伝統と革新
—— 寺社観光地の活性化対策 ——

静岡英和学院大学　　川﨑　友加

## 第1節　寺社観光地の形成と課題

### 1．寺社観光地の形成

　香川県琴平町は、香川県のほぼ中央に位置する仲多度郡の西部に位置している。2020（令和2）年3月31日現在の人口は、8,545人（男性3,951人、女性4,594人）であり、世帯数は、3,706世帯である[1]。2015（平成27）年度の国勢調査によれば、第1次産業が269人、第2次産業が950人、第3次産業が3,107人となっており、全体の約72％がサービス産業となっている[2]。

　この香川県琴平町は、「讃岐のこんぴらさん」で知られる金刀比羅宮[3]の社寺参詣地として古くから発展してきた門前町である。門前町とは、寺院、神社のある所を中心として、参詣者を対象にした旅館や土産物店、飲食店などが集まって門前にできたまちのことである[4]。この門前町は、庶民の旅[5]の発達に伴い、江戸時代以降に形成されてきた[6]。

　門前町の形成過程について琴平町史編集委員会編（2002）をもとに述べる。門前町は、金刀比羅宮を中心として、江戸時代初期から金光院一族や浪人などが移住し始め、江戸時代後期には全国から参詣客が盛んに訪れるようになり、

商人・職人が移住し参詣道に沿って複数の町が形成されていった。金刀比羅宮へ続く街道は、高松街道、丸亀街道、多度津街道、阿波街道、伊予・土佐街道の5本あり、商店が道沿いに栄えていった。

明治時代になると、1889（明治22）年に讃岐鉄道が開通し、その後、1906（明治39）年に山陽鉄道に買収された後に国有化され、1923（大正12）年には駅舎の移転と路線のルートが変更された。

このように、琴平町の場合には、公共交通機関の施設建設や移転にあたっては、観光産業が最優先と考えられてまちが形成されてきた[7]。

次に、土産物と寺社観光の関係性について論じる。まず、土産物について述べる。ミヤゲの語源は、民俗学の中で議論されているが、その一つに「宮笥（みやけ）」とする説がある。この説は、神崎（1997）によると、伊勢神宮に代表される参詣の旅が盛んになったことに関係があり、神社に参拝に行くときに持っていく笥（やがら）であるとされている。また、もう一つの説が「屯倉（みやけ）」とする説であり、大和政権の直轄地の倉庫を表す言葉から転じて、地域の生産物を都に運ぶという意味とされている。これらの説から、神崎（1997）によると、土産の意味には、「神仏や貴人に対する『献上品』や『もてなし』の意」が潜在していると指摘している[8]。さらに、土産が江戸時代中期以降の「道中案内」や「旅日記」に登場し、寺社参詣の旅が盛んになるにつれて、門前や宿場で土産物が商品化されるようになったとも述べている[9]。つまり、土産品が産業として成立してきた原点が江戸時代の寺社観光の発達とともにあるといえる。

このように、旅と門前町およびその地で営まれている旅館や土産物店、飲食店などの観光産業は、密接に関係があるといえる。その中でも、土産物店は、寺社観光と深く結びついて発展してきた産業であると考えられる。

## 2．琴平町における問題

本項では、江戸時代から続く歴史ある寺社観光地である琴平町の問題について述べる。琴平町における問題は、観光地としての持続可能性の問題、高齢化や後継者問題、空き店舗、秋の行楽シーズンや初詣時の観光客の増加、夏の猛暑による観光客の減少などの季節性の問題などさまざまである。

その中でも、持続可能性の問題を取り上げたい。琴平町は、現在、観光産業

を中心とした産業基盤を保って形成している門前町である。しかし、現状は観光客が減少している中で、中小企業の土産物店が淘汰されてきている。そのため、今後は、観光地として存続できるのかどうかといった問題がある。

　そこで、本章では、香川県琴平町の観光の現状と土産物店の現状を明らかにするとともに、土産物店の経営革新を検証する。その上で、今後の方向性を考察しようとするものである。

## 第2節　香川県琴平町の観光史と土産物店の現状

　香川県琴平町の観光の歴史について琴平町史編集委員会編（2002）および2018（平成30）年の『香川県観光動向調査報告』から検証することにしたい。また、土産物店については、琴平町史編集委員会編（2002）および2019年12月に実施した土産物店へのインタビュー調査の結果を述べる。

### 1．琴平町の観光史

　琴平町史編集委員会編（2002）によれば、大正期から昭和50年代にかけての観光客の推移は、次のとおりである。

　1923（大正12）年は、参拝客数が300万人であった。その後、昭和初期の不況時には一時減少するものの、1927（昭和2）年の高松琴平電鉄の全線開通に伴い、1931（昭和6）年には300万人を回復している。また、同年には国立公園法[10]が施行され、1934（昭和9）年にその第1号として瀬戸内海国立公園が指定された。そして、1945（昭和20）年から1955（昭和30）年にかけては200万人台を推移し、高度経済成長期である1963（昭和38）年には350万人、1973（昭和48）年には433万人となったが、1975（昭和50）年代には370万人から380万人へと減少している。

　図10-1は、1987（昭和62）年〜2018（平成30）年までの琴平町の観光入り込み客数を示したグラフである。本図によれば、1988（昭和63）年の瀬戸大橋の開通に伴い、観光入り込み客数は、5,200万人を記録した。しかし、その後の1989（平成元）年から1992（平成4）年までは、4,000万人台を推移していたが、1993（平成5）年以降は3,000万人、2001（平成13）年には2,860万人へと減少した。

図10-1　琴平町の観光入り込み客数

（人数：千人）

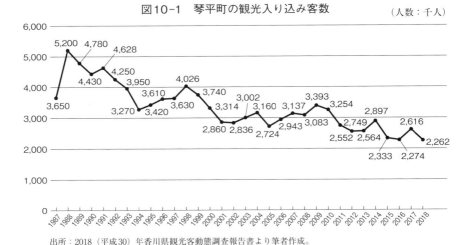

出所：2018（平成30）年香川県観光客動態調査報告書より筆者作成。

　これは、四国を結ぶ橋が瀬戸大橋の他に、明石－鳴門間を結ぶ明石海峡大橋（神戸淡路鳴門自動車道）と尾道－今治間を結ぶ瀬戸内しまなみ海道（西瀬戸自動車道）の二つの橋のルートが、さらに開通したことが要因の一つであると考えられる。そして、2011（平成23）年以降は、2,000万人台を推移しており、2018（平成30）年では、2,262万人を記録している。

## 2．土産物店の推移と土産物店

### （1）店舗数の推移

　明治初期の土産物店の数は、金刀比羅宮に続く石段にある土産物販売店が4軒と隣接するところに土産物製造業が1社であった[11]。

　大正時代には商業戸数調査が行われ、1920（大正9）年の調査結果によると、玩具および土産物商が56戸と記録されている[12]。

　昭和の時代では、1934（昭和9）年から1940（昭和15）年までと1973（昭和48）年の調査結果によれば、土産・飲食・商店数として、1934（昭和9）年から1940（昭和15）年までには131軒、1973（昭和48）年では134軒と記録されている[13]。

　また、1993（平成5）年の調査結果では、土産物店・飲食店・商店数は142軒と記録されている。このうち、1934（昭和9）年から1993（平成5）年までの調査

では、店名継続数が掲載されている。それによると、57軒で継続率は40.2％であった[14]。なお、このうち、土産物店の数は掲載されておらず不明であった。

そして、2019（令和元）年12月15日現在では、参道口から大門までの参詣道沿いには、飲食・土産物店の店舗数が52軒であり、そのうちの42軒、80.8％が土産物店である。さらに、参詣道周辺を含めると、75店舗の飲食・土産物店が記録されており、その中、土産物店は48軒、64％である[15]。

## （2）土産物の推移と卸小売業

明治初期の土産品は、天狗面、延命酒、神箸、土鈴、うちわ、そうめん、飴、ゆべし、ゆば、絵図、こんぴらでこ[16]である。鉄道の発達につれて、重いものや日持ちがするものが扱えるようになると、まんじゅうやせんべいなどの菓子類、木具、彫刻、玩弄などの土産物も多様化してくる。しかし、これらの土産物は、すべて他の地域で製造されたものを仕入れて販売をしていたのである[17]。琴平町は、代々、土産物卸業を営んでいる問屋があり、参道を1軒1軒歩いて配達し、各土産物店は商品を仕入れていた。仕入れにおいては、近隣の土産物店と陳列商品が被らないように工夫をしていた[18]。

そこで、1898（明治31）年、琴平町立工業徒弟学校が開校され、木工や彫刻などの職人を養成する学校が設立された。これは、土産物を町内で開発・製造・販売することにより参詣客のニーズを反映させ、品質向上を目指そうとする取り組みであった。現在、讃岐一刀彫が土産物として製造・販売されているが、この学校の卒業生が発展させたものである[19]。

大量生産・大量消費の時代には、観光地にみられるようなご当地商品やTシャツなどの商品の画一化が進んだ。この頃になると、小規模な卸先や製造業者がなくなり、同じ卸先や製造業者から同じ商品を仕入れるようになった[20]。

現在では、饅頭、せんべい、うどんなどの菓子類や食品類をはじめ、多様化が進んでいる。

## 3．琴平町の土産物店の特徴

土産物店の特徴について3点あげる[21]。

1点目は、現在の土産物店は、江戸時代に移住してきた人々である。讃岐圏内はもちろん、四国内から移住してきた人々であり、江戸時代に引っ越してき

た人々が多い。基本的には火事が原因で引っ越してきている人々である。火事を出したら家財道具をすべて無くしてしまうだけではなく、住んでいる地域にも継続して住みづらくなってしまう。そのような人々が再起をかける地として選び、移り住んできたことによって形成された地域である。

　2点目は、経営形態である。多くの土産物店は、家族経営体であり、その多くは、専業ではなく兼業である。土産物店の多くは、職住一体型であるが、石段の100段目より上にある店舗では、職住分離が進んでいる。

　3点目は、漁師とのつながりである。このようなつながりは、土産物店ごとに得意先である漁師と代々親戚づきあいのような関係をつづけていることによって形成（構築）されてきている。そのため、金刀比羅宮への参拝時には、漁師の団体を定期的に受け入れているのである。これは、金刀比羅宮が海の神様を祭っている関係で、全国各地の漁師が海の安全や大漁を祈願してグループで参拝しているからである。近年では、グループの人数の減少、若い漁師の信仰離れによりその関係も希薄になりつつあることが問題であるといえる。

# 第3節　紀の国屋における経営革新

　本節では、琴平町にある紀の国屋という土産物店を例として現在の4代目社長前田沙織氏がどのような経営革新を行ってきたのかを土産物店の店舗と商品展開について焦点を当てて述べる。

　以下では、2019（令和元）年12月7日に4代目社長の前田沙織氏にインタビュー調査を行ったものを基に記述する。

## １．紀の国屋本店の概要と商品展開

### （1）概要

　紀の国屋は1882（明治15）年に創業し、金刀比羅宮に続く参詣道52段目にある土産物店である。現在、前田沙織氏が4代目の社長を務めている。

　4代目の話によれば、初代はさまざまな土産物や商売をこの地で行ってきた。「せんべい」などのお菓子を中心とした土産物の製造販売、終戦直後はお菓子作りの砂糖が手に入らなかったことから食堂を営み、戦後落ち着いた頃に再び

焼き菓子である「せんべい」を中心とした製造販売を行った。

　1970年代には団体客が増加したことから飴をはじめとするさまざまなお菓子作りを開始した。2代目は焼き菓子が人気だったこともあり、焼き菓子を中心とした土産物店の展開を図った。瀬戸大橋が開通した頃、新たに「石松まんじゅう」の製造販売を開始した。3代目は、香川県内にある遊園地のレオマワールドの経営の行き詰まり[22]や参拝客の減少などで規模を縮小しながら経営をしていた。

　現在は、4代目（現社長）が大学を卒業後、家業を継ぎ、経営をしている。2017（平成29）年には本店の店舗を改装し、お菓子作りの製造工程が来訪者に見えるように一面ガラス張りの製造所兼土産物店とした。

## （2）事業内容

　紀の国屋は、3世代の家族で店を営んでおり、土産物店の店舗を中心に、製造および販売・接客を行っている傍ら卸業をしている。主に店舗は女性が中心であり、男性は、県内のホテルや駅、観光施設などに配達をして卸業を行っている。つまり、観光地の土産物店にみられるような小売専業ではなく、製造・卸・小売を軸とした展開を図っている。加えて、商品開発も手掛けている。

## （3）従業員

　従業員数は、10名で、内訳は、家族6名と2名の正社員と2名のパートを雇用している。そのうちの2名は、2020（令和2）年4月から新たに加わった従業員であり、内1名は、外国人である。

## （4）特徴

　紀の国屋の特徴として、代々婿養子である点があげられる。初代は、同じ町内からであり、2代目、3代目は近隣の町の出身者である。また、4代目の夫は県外出身者である。

## （5）商品

　製造販売している商品は、「船々せんべい」と「石松まんじゅう」である。「船々せんべい」は、和三盆、香川県産の卵を利用したせんべいである。せんべいには、こんぴらで有名な民謡「金毘羅船々」の歌詞、本堂まで785段ある石段の数、船の形をした絵柄が描かれている。現在、4種類の絵柄があるが、これは2017（平成29）年の本店がリニューアルした時からである。それ以前は、

他の絵柄が存在していたが、民謡の絵柄は製造を始めた当初からあるものである。

　次に、「石松まんじゅう」は、讃岐の和三盆と香川県産の卵を使用し、こしあん入りのカステラまんじゅうである。森の石松にあやかってこの商品名がつけられている。

　2018（平成30）年に海をコンセプトにしたブランド「福来旗トトと」という商品を開発した。この「福来旗」とは、大漁旗のことを意味し、「とと」とは魚のことを意味している。このブランドは、旅先での味を食卓でも回想してもらいたいというコンセプトで生み出されたものである。

　また、瀬戸内海を中心とした海をコンセプトにした商品を仕入れ販売している。

## ２．新たな経営展開 ─紀の国屋の支店「YOHAKu26」─

　2012（平成24）年に紀ノ国屋の支店として４代目によって設立された。この店舗は、紀ノ国屋の創業者である初代社長の実家を買い取り、新たなコンセプトのもと店を運営している（写真10-1）。

写真10-1　YOHAKu26の店舗内

出所：筆者撮影。

　YOHAKu26のコンセプトは、「旅を日常のヨハク」と捉えて、その旅で生まれたヨハクを日常に持って帰ってもらいたいというものである。このコンセプトは、江戸時代の琴平における参詣文化に由来する。地方でありながら、全国から集まってくる観光客と琴平のお土産を作るというものである。当時、金刀比羅宮に参拝することが目的であったが、他の藩の人に出会えるというのも大きな要因の一つであり、そこで日常的な情報交換を行っていたのである。そして、お土産としてお札はもちろん、お土産話を持って帰るのである。帰宅後、お土産話によって非日常が続いていく。このような旅先での情報交換をし、お土産話として日常に持って帰ってもらえることを意識しているのである。

## 3．モノとコトが融合するYOHAKu26の商品戦略

　商品は、小さなだるまやこんぴらをモチーフにした靴下、イヤリングなどのアクセサリー、うどんをモチーフにしたTシャツ、こんぴらの船の形をした置物など全国各地のデザイナーが手掛けたものを厳選したセレクトショップである。商品企画は、4代目（社長）らが行うこともあるが、デザイナーとコラボレーションをしているものもある。普段の生活に取り入れられるような商品や身に着けられる商品ラインナップになっている。

　また、商品という有形のモノだけではなく体験を通して地域の文化を創出させる無形のコトを重視した展開を図っている。来訪者と一緒にお土産を作るワークショップである『うどんZOO ZOO』という、うどんをモチーフにした「残るうどん」と4代目が称している企画に取り組んでいる。その取り組みは、かけうどんに具材をトッピングしていくイメージで、Tシャツにアイロンプリントでデザインしていくというものである。

## 4．今後の展開

　YOHAKu26は、「旅というフィルターを通してココロに小さな余白を生み出すモノやコトのセレクトショップ」である。そこには琴平の地域性と文化性が反映されている。琴平の地域性とは、江戸時代、金刀比羅宮の門前町は、「火事があった人」、「障害がある人」、「全国の藩の人が参拝にやってくる」といった、誰が来ても、何があってもおかしくない土地であり、多様性があるという

ことである。また、文化性とは、こんぴらさんの神様は海の神様であるということである。お土産を通してこのような地域性と文化性の発信をベースに行っているのである。

　今後は、YOHAKu26のコンセプトである多様性やお客さんを選ばない商品ラインナップを構成していく一方で、インバウンド観光向けのワークショップの開催などを行っていく。また、カフェスペースを開設するなど、多角的な展開を図っていくことである。

## 第4節　香川県琴平町における土産物店の経営革新

　本章では、香川県琴平町の土産物店における経営展開についてみてきた。琴平町における土産物店は、江戸時代の寺社観光地として栄えてきたことを始めとして、鉄道の開通や高度経済成長期の団体旅行、瀬戸大橋の開通などによる観光客の増加を背景として発展してきた。しかし、観光客の減少により市場規模の減少など厳しい状況が続いている。

　一方で、土産物店で販売されている商品は、他の地域で製造されたものを小売りしている状況が続いていたが、地域での職人の養成などにより、地域内で製造・販売を行うようになってきたものの、高度経済成長期の大量生産・大量消費の影響を受けて、多くの土産物店が画一化されたどの観光地でも販売されているような商品を販売している。それに加えて、現在では土産物が多様化している中において、琴平を連想させる土産物が希薄である。

　琴平町の土産物店の中でも江戸時代から続く金刀比羅の伝統と文化を取り入れ経営展開を図っていこうとする企業もある。本章ではそれらの企業の中でも、紀の国屋を事例として取り上げた。

　本節では、前節で取り上げた紀の国屋の経営革新について検証し、その上で今後の方向性を考察する。

### １．紀の国屋の経営革新

　紀の国屋は、江戸時代に盛んであった庶民の旅の原点としての寺社参詣、そして寺社参詣とともに発展してきたまちの文化を基軸として展開を図っている

ところが特徴である。紀の国屋（本店）では、琴平にゆかりのある「森の石松」、
「民謡」、「海の神様」が祀られている金刀比羅宮の文化を商品にして、発信し
ている。江戸時代、「一生に一度はこんぴらさんにいきたい」という庶民の願
いや楽しい旅のイメージを現代に伝えていく取り組みを行っているのである。
つまり、代々製造・販売してきた商品には、琴平の民謡や石段の数などを表現
することで、文化的価値を伝えている。また、金刀比羅宮が海の神様であり、
お土産物店もそれが縁で漁師とのつながりが強いという観点から、海をコンセ
プトにした新しいブランドを立ち上げ、商品開発につなげている。

　その一方で、同社の支店であるYOHAKu26は、江戸時代における旅先での
情報交換を現代風に捉えなおし、日常に旅の思い出を取り入れるというコンセ
プトでデザイナーと共同で商品開発を行ってきている。さらに、ワークショッ
プを実施し、顧客とお土産を作り、商店主である地元住民と各地から訪れた顧
客同士が旅先でのコミュニケーションを通して互いに交流し、旅先での会話や
体験を日常に持ち帰るという体験型の土産物の展開を図っている。

　このように紀の国屋（本店）は、琴平の伝統や文化を、同社の支店のYOHA
Ku26では、旅先での土産の購入体験を通して、旅の思い出や体験を日常に取
り込むことで普段の生活の中に旅を想起させる経営展開をしている。つまり、
4代目の経営革新は、江戸時代に形成された金刀比羅宮を中心とする門前町の
風土や観光客が集まる「まち」の原点である社会性や文化性、地域性を経営の
柱として、土産物を製造・販売しているところにある。

## 2．寺社観光の活性化策

　ここでは、事例を基に今後の琴平町における土産物店の経営展開の方向性を
示し、持続性の問題についての試論を提示する。

　まず、土産物店の経営展開の方向性を述べる。

　第一に、地域の原点に立ち返り、地域文化の再認識と再構築を行うことの必
要性である。地域で生きる人々のマインドと地域に根付いている文化を捉えな
おし、企業活動の中に取り込むことである。

　第二に、琴平の魅力を発信することである。土産物を地域の伝統や文化を伝
達するコトと捉え、モノの中に地域の情報を発信していくことである。

　第三に、琴平ブランドの創出である。琴平といえば、金刀比羅宮という観光資源を連想させる。しかし、琴平の土産物といえば、何をイメージできるかとの問いに対しては、現在では思い浮かばない状況にあるといえる。そこで、モノだけではなく、コトも含めた琴平ブランドの開発をすべきであると考える。

　第四に、量から質への展開が必要である。大量生産・大量消費の時代の名残を受けて、どの土産物店も同じ商品を取り扱い、画一化された商品が並んでいる。4代目の話によると、本来、琴平町における土産物店は、商品がかちあわないように商品の仕入れを行っていた。それが、琴平町の商人文化であった。しかし、時代と共に商品を販売し、利益を上げることに目が向けられ、粋な商人文化が薄れてしまっているものと考えられる。そのため、大量生産・大量消費の時代における「量」を中心とする考え方から、その時代以前に琴平町に存在していた商人文化に基づく「質」を中心とする考え方に回帰して、土産物の本来の意味を見つめなおすとともに捉えなおすことによって、地域の産物を持ち帰ってもらうような質的転換が必要である。

　最後に、持続可能性について述べる。江戸時代から300年続く歴史ある寺社観光地の伝統を守りつつ、それを現代風にアレンジし、観光客のみならず、地域住民にも発信していくことが重要である。その際には、各土産物店が経営戦略の中で琴平の地域性や文化性を盛り込んでいくことにより、現代の土産物の形や心にとまるものとして観光客に提示することが必要である。また、そのような取り組みを行うことは、地域産業である土産物店がまちの記録や旅先での情報が詰まった土産物であることを示すことを意味しており、観光客だけでなく地域住民にも、「まち」の伝統や文化を伝え続けることにもつながる。そのため、今後は、土産物を「まち」の魅力を伝えていく一つの手段として捉えることで、持続可能な「まち」の活性化につながるものとして期待できるといえる。

**謝辞**

　本章の執筆にあたり、インタビュー調査や訪問調査など紀の国屋の代表取締役社長、前田沙織氏をはじめ同店の皆様にご協力いただきました。心よりお礼申し上げます。

●注

1) 香川県琴平町Webサイト琴平町の人口
   https://www.town.kotohira.kagawa.jp/（閲覧日：2020年5月9日）
2) 国勢調査「平成27年度国勢調査　就業状態等基本集計」
   https://www.e-stat.go.jp/dbview?sid=0003175084（閲覧日：2020年5月7日）
3) 金刀比羅宮は、象頭山の中腹にあり、五穀豊穣や海の神様として知られ、農業従事者
   や漁業従事者に限らず現在では、多くの参拝客が訪れている。
4) 宮本常一（1995）『日本の村・海をひらいた人々』，筑摩書房。
5) 庶民の旅とは、一般的に庶民が日常を離れて旅をすることが許されていた社寺参拝で
   ある信仰の旅のことである。
6) 前掲。
7) 尾越麻美・浅野純一郎（2012）「門前町都市・琴平の近代都市形成過程に関する研究
   ―近世末期から1921年までを対象として―」，『日本建築学会東海支部研究報告書』，
   50，pp. 637-640。
8) 神崎宣武（1997）『おみやげ ―贈答と旅の日本文化』，青弓社，p. 9。
9) 同上。
10) 1957（昭和32）年に自然公園法施行に伴い廃止されている。
11) 琴平町史編集委員会編（2002）『町史ことひら　3近世／近代・現代通史編』，琴平町。
12) 同上。
13) 同上。
14) 同上。
15) 筆者による店舗調査の結果による。
16) 土製の首人形のことである。
17) 前掲町史。
18) 2019（令和元）年12月7日、前田沙織氏へのインタビュー調査による。
19) 前掲町史。
20) 2019（令和元）年12月7日、前田沙織氏へのインタビュー調査による。
21) 2019（令和元）年12月7日、前田沙織氏へのインタビュー調査による。
22) 現在では、新しいスポンサー企業によりNEWレオマワールドとして経営を行っている。

## 【参考文献】

井口貢（2010）「第8章　土産品と観光」，『観光ビジネス論』，ミネルヴァ書房。

尾越麻美・浅野純一郎（2012）「門前町都市・琴平の近代都市形成過程に関する研究 ―近世末
　　期から1921年までを対象として―」，『日本建築学会東海支部研究報告書』，50，pp. 637-
　　640。

神崎宣武（1997）『おみやげ ―贈答と旅の日本文化』，青弓社。

琴平町史編集委員会編（2002）『町史ことひら　3近世／近代・現代通史編』，琴平町。

鈴木勇一郎（2013）『おみやげと鉄道 ―名物で語る日本近代史―』講談社。

橋本和也（2011）『観光経験の人類学 ―みやげものとガイドの「ものがたり」をめぐって―』，世界思想社。

溝尾良隆（2007）『観光まちづくり　現場からの報告 ―新治村・佐渡市・琴平町・川越市』，原書房。

宮本常一（1995）『日本の村・海をひらいた人々』，筑摩書房。

香川県（2020）『平成30年　香川県観光客動態調査報告』。https://www.pref.kagawa.lg.jp/content/etc/web/upfiles/wgb9z9190709104605_f02.pdf（閲覧日：2020年5月9日）

# 第 11 章

## 伝統産業・東京洋傘の革新
―― 東京洋傘に見る中小企業の挑戦 ――

拓殖大学　中嶋　嘉孝

　2014年に行われたウェザーニュースによる「世界の傘事情調査」[1] によると、日本人の傘の一人当たりの保有本数は、平均3.3本である。この本数は、世界平均の2.4本と比べて多く、調査した35ヵ国中、平均降水量が13位にも関わらず、傘の所持数が世界1位である。このように日本の傘市場は、世界有数の規模であるが、その大半は和傘ではなく、洋傘が大半を占めている。また、世界の主流が「折りたたみ傘」であっても、日本では「長傘」が好まれるという背景がある。そのような事情を鑑み、本章では、東京洋傘を事例としてクラウドファンディングによる資金調達の今後を展望しようとするものである。

## 第1節　ビニール傘の開発

### 1．洋傘とは

　傘の大半を占める洋傘は、消費者庁の定義によると「雨雪・日光を防ぐために頭上にかざすもの。携帯用の雨傘・日傘のほかに、ビーチパラソル及びガーデンパラソルのような定置用の大型の日傘も含まれる。」としている[2]。2016年現在の市場規模は、帝国データバンク調べによると、300億円規模であり、主に中国からの輸入に押され、国産のシェアは年々減少を続け、金額ベースでは

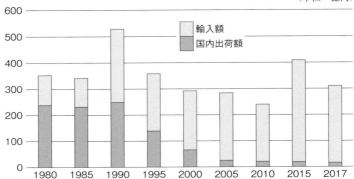

図11-1　洋傘の出荷額の推移

（単位：億円）

出所：金融財政事情研究会編（2016）『第13次業種別審査事典』．きんざい．
　　　pp. 956-957；経済産業省『工業統計調査』各年度より一部修正。

図11-2　洋傘の分類

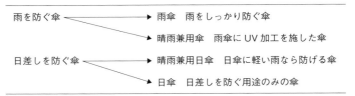

出所：https://jupa.gr.jp/pages/umbrella_shubetsu 日本洋傘振興協議会ウェブサイト
　　　から作成（2020年4月1日閲覧）。

5％、数量ベースは1％に落ち込んでいる[3]（図11-1）。

　洋傘は大きく分けて4種類に分類され、長傘、折傘、ショート傘、ミニ傘の4形態に分類される。傘の形としては、標準張り、深張り、浅張り、機能別には手開き、ジャンプに分類される（図11-2）。

　傘づくりは、分業体制になっており、骨、手元、生地と3段階に分かれ、それらを個別に作るメーカーが存在する。そして最終的に三つを合わせ、傘として商品化をするメーカーを、一般的に傘メーカーと呼んでいる。傘メーカーは日本で約40社存在し、東証スタンダード市場上場企業のムーンバット、オーロラを除き、多くは東京と大阪に存在する中小企業である。それら傘メーカー

表11-1　洋傘の歴史

| 年 | 出　来　事 |
|---|---|
| 1853 | ペリー来航、乗組員が洋傘を持ち甲板に。 |
| 1870 | 明治に入り、洋傘が大量に輸入。 |
| 1881 | 日本初の洋傘製造会社が墨田区本所に設立される。 |
| 1889 | 洋傘の純国産化が可能になる。その後輸出も伸びる。 |
| 1926 | ファッションアイテムとしてパラソルが流行。 |
| 1949 | 東京都洋傘協同組合設立・ビニール傘が開発される。 |
| 1951 | 折りたたみ傘の国産化に成功、折りたたみ傘ブームが起きる。 |
| 1953 | 国産のナイロン洋傘生地が開発される。 |
| 1960 | 国産のポリエステルの洋傘生地が開発される。<br>ワンタッチのジャンプ傘を開発。 |
| 1963 | 業界団体である日本洋傘振興協議会が設立。 |
| 1965 | コンパクト傘のブームが起きる。欧米と洋傘輸出を巡って問題に発展。 |
| 2006 | 洋傘メーカーのアイディアルが倒産。 |
| 2016 | 雨具卸の山一が倒産。 |

出所：黒川留一，大阪洋傘ショール商工協同組合年史編纂委員会（1968）『洋傘・ショールの歴史』，大阪洋傘ショール商工協同組合，p. 58より一部修正。

は、卸売を兼ねる企業と、メーカー機能のみに特化しその先は卸売に任せる企業の二つに分かれている。

　洋傘は、1805年に長崎に入港した中国船から洋傘を輸入した記録が残るが、本格的には江戸時代後期・幕末期に欧米からもたらされた。江戸幕府に開国を迫った1853年のペリー来航時に、上官が洋傘を差し、日本人が大変驚きをもって見ていたとの記録があった。そして1859年になり、洋傘の輸入が始まり、一部の洋学者、医師に洋傘が普及し始めるが、この当時は高級品であった。洋傘は、「傘をかぶる」が「こうむる」となり、これを語源として、こうもり傘と呼ばれるようになったという説がある。

　明治初期の洋傘は、輸入物が大半であったが、後半になると品質の高い国産品が生まれ、日傘も流行し、ファッションアイテムとして洋傘が認知されていった。戦後になると、洋傘は、1950年代に折りたたみ傘がブームになり、生産量は伸び、1960年代にかけて輸出も伸び、雨をはじく生地の改良も進んだ。洋傘づくりは労働集約型の側面が強く、台湾・中国における低コストによる生産に押され、1990年代以降、大幅に縮小した（表11-1）。

## 2．東京洋傘の新しい挑戦

　本章で取り上げる東京洋傘は、2018年に東京都伝統工芸品産業振興協議会の意見により、都知事が決定した東京都の伝統工芸品に指定されている。東京都の定義によると、伝統工芸品は、「製造工程の主要部分が手工業的であること、伝統的な技術又は技法により製造されるものであること、伝統的に使用されてきた原材料により製造されるものであること、都内において一定の数の者がその製造を行っていること。」としている[4]。

　東京洋傘は、主に東京都の東部で台東区、墨田区、中央区において製造され、150年の歴史を経て今日に至っている。

　東京洋傘のメーカーであり、東京都洋傘協同組合に加盟する東京都台東区のホワイトローズは、2021年で300年を迎える老舗企業である。ホワイトローズは、1721年に武田長五郎商店として、刻みたばこの製造業として創業し、4代目から合羽や油紙を扱う雨具商に転換した。5代目からは、幕府御用達などを経て、7代目の明治期に和傘問屋、洋傘の輸入販売に転換した。

　9代目の須藤三男の代になり、大きな転機が訪れる。戦争や本人自身のシベリア抑留などにより、洋傘業界が変化し、販路は大手メーカーに握られていた。そこでビニール製のテーブルクロスにヒントを得て、1952年に雨が浸透する綿生地の傘の上にかけるビニール傘カバーを開発した。しかし1950年代後半になり、傘に使われた綿生地は、ナイロンへと変化し、ビニール傘カバーの需要は急減した。そこで1958年に傘カバーそのものを傘にした、世界初のビニール傘を開発したが、ビニール傘は、既存の傘を脅かすものとして洋傘の販売チャネルには乗せることはできず、アパレル店などを開拓した。1964年東京オリンピックで、偶然来日していたアメリカの傘メーカーのバイヤーがこのビニール傘に着目し、アメリカへビニール傘の輸出が始まった。1960年代後半になると、このビニール傘をホワイトシリーズと名づけ、アメリカでの流行から日本でもビニール傘が売れるようになった。しかし、特許切れや国際特許を取らなかったこともあり、1980年代に入ると、国内向け、アメリカ向けともに、労賃コストから製造拠点が台湾に移り、そして現地業者の技術力も向上し、国内メーカーは淘汰された。

　国内唯一のビニール傘メーカーとなったホワイトローズは、10代目である須藤宰社長のもとで、ビニール傘に付加価値を付け高級化し、輸入品のビニール傘と差別化する戦略を進める。またこの戦略は、低価格のため使い捨てられるビニール傘に対して一石を投じる狙いもあった。その代表例が、「逆支弁付高級透明フィルム傘」の開発である。この仕組みは、傘に穴を作ることで、内側の風が吹き抜ける風の通り道をつくり抵抗を和らげ傘のひっくり返りを防ぐことになり、耐久性と軽さを実現するものである。

　またこの傘は、東京都から、2009（平成21）年度東京都トライアル発注認定制度に選定されている。この制度は、「都内中小企業者が開発した新規性の高い優れた新商品及び新役務（サービス）の普及を支援するため、新規性や独自性など東京都が定める基準を満たす新商品等を認定してPR等を行うとともに、その一部を試験的に購入し評価する」ものである[5]。その後、技術力は国にも評価され、2010年には園遊会において皇室や歴代首相が使用し、海上保安庁にも採用されている[6]。これら官公庁からの受注をきっかけに、候補者の顔が見える選挙用のビニール傘や僧侶が供養時に使用できる特大サイズのビニール傘など、オーダーメイドでのビニール傘の生産を確立していった。

　2018年にホワイトローズは、東京都の手数料の2分の1（上限30万円）を補助する「クラウドファンディングを活用した資金調達支援」を活用し、クラウドファンディングを使ったビニール製の折りたたみ傘を開発するプロジェクトに着手した。この折りたたみ傘の特徴は、逆止弁、グラスファイバー製の骨、折たたみやすいエンボスラインをあらかじめ配置し、ベタつきにくい・寒くても堅くなりにくいオレフィン系多層フィルム、前が見えやすい透明ビニール、天然のさくらの木を使用した手元、276gの軽量化などである。

　クラウドファンディング運営会社の選定は、東京都中小企業振興公社や城北信用金庫の紹介により株式会社マクアケが運営するクラウドファンディングサービスによるマクアケ（Makuake）を使い、目標金額を50万円と設定したところ、378人の投資家から461万円を集めることに成功した。

## 第2節　資金調達の新しい仕組み

### 1. クラウドファンディングとは

　クラウドファンディングは、「クラウド」（Crowd：群衆）と「ファンディング」（Funding：資金調達）を組み合わせた造語として、米国で生まれ、2008年にはINDIEGOGO、2009年にはKICKSTARTERの購入型のクラウドファンディング運営会社の2社が創業した。日本では、2009年に、金融型のセキュリテ（企業名：ミュージックセキュリティーズ）、寄付型のジャストギビングジャパン（現、ジャパンギビング）の2社が創業した。2011年に東日本大震災を機に、被災した図書館のために本を購入するなど、復興支援を名目とした寄付型が普及し始めた。日本経済新聞の定義では、「志がある人がそのアイディアを披露し、それに賛同した必要なお金を支援する仕組み」とある[7]。その翌年にクラウドファンディングは、「資金調達をしたい人や企業がインターネットを経由して、不特定多数から広く小口資金を集めるもの」とされ、クラウドファンディングの幅が広がっていることが伺える[8]（図11-3）。

図11-3　クラウドファンディングのしくみ

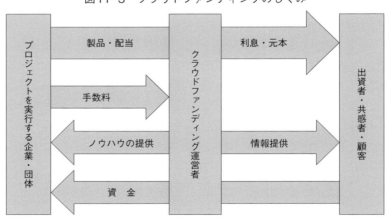

出所：中山亮太郎（2017）『クラウドファンディング革命』、PHP研究所，p. 34を一部修正。
注：矢印は資金・対価の流れを示す、例：マクアケでは手数料20％。

表11-2　日本における手段別のクラウドファンディング運営者

| | 寄付型 | 購入型 | 金融型 | | |
| --- | --- | --- | --- | --- | --- |
| | | | 融資・貸付型 | ファンド型 | 株式型 |
| 代表企業 | レディフォー | キャンプ<br>ファイヤー | オーナーズブック | セキュリテ | ファンディーノ |
| | ジャパン<br>ギビング | **マクアケ** | SBIソーシャル<br>レンディング | ファイナンセンス | ご縁ジェル |

出所：遠藤正之（2018）「中小企業の資金調達分野のイノベーション動向と展望」，『経営情報学会全国研究発表大会要旨集』，経営情報学会，p. 297；『週刊東洋経済』2020年2月8日号，東洋経済新報社，p. 30から作成。

　その設定方法は、目標金額に達成できなくともプロジェクトを実行される実施確約型（all in）と目標金額に達成できなければプロジェクトを実行しない達成時報酬型（all or nothing）の二つに分けられる。

　そして調達の手段別に、寄付型、購入型、金融型に大きく三つに分類される[9]。寄付型は公益な活動を行う、個人や団体に寄付の形で資金供給する。購入型は新製品・新サービスを導入する企業、新しく活動を行う団体に対し、共感して出資し、見返りとして新製品を購入・使用する権利を得るものである。購入型と類似するインターネット上で販売の違いは、インターネット上の販売は出来上がった形の製品を購入することに対し、クラウドファンディングの購入型は、世に出回っていないものが手に入り、また製品化に至るプロセスを見ることができ、時には意見することができ、それらが反映される点である。金融型は、株式型・融資型・ファンド型に細分化できる。株式型は、クラウドファンディング運営者は出資から資金を集め、新しくプロジェクトを行う企業の未公開株を売却するものである。融資型は出資者から資金を集め、融資するものである。ファンド型は、出資者から資金を集めファンドを組織し、投資し、見返りとして配当の他に、製品の現物支給も存在する。2017年の新規プロジェクト支援件数では、購入型と融資型でほぼ二分し、新規プロジェクト支援額では、購入型が約100億円（構成比5.9％）、寄付型は約7億円（0.4％）、金融型約1,593億円（93.7％）になっている[10]（表11-2）。

　2018年には、日本におけるクラウドファンディングの市場規模は約2,044億円になり、さらなる成長が予想されている[11]。外食産業などプロジェクトに特化

したクラウドファンディング運営業者も多く誕生している。

　ホワイトローズが選択したクラウドファンディング運営者であるマクアケは、伝統産業のクラウドファンディングの活用にいち早く着手している。岐阜県関市は刃物が有名であるが、刃物関連の金属加工企業も多く立地している。そのなかでプレス加工と金型製作を得意とするツカダは、仕事量の減少や工賃の減額などが相次ぎ、下請けからの脱却を目指し、2016年にマクアケを活用した消費者向け新製品を開発している[12]。

　マクアケは、サイバーエージェントが母体となり、サイバーエージェント・クラウドファンディングとして2013年に設立された。差別化戦略ともいえるマクアケのほかにはない特徴は、第一に、サイバーエージェントにおけるブログなどインターネットのメディア運営のノウハウを生かし、プロジェクトの内容をPRし、出資につなげていく専門の部署を設置していることである。第二に、キュレーターと呼ばれる製品やプロジェクトの魅力を引き出す担当者を、多く育成し、プロジェクトへのサポートを強化している。

　第三に、プロジェクトの発掘のために埋もれている企業や技術の情報を得るために、多くの金融機関と連携している点である。具体的には、2015年には城北信用金庫と提携し、翌年にはみずほ銀行など中小、メガバンクを問わず提携している。この提携は金融機関側、融資を受けるプロジェクトの実行者である企業側にもメリットがある。具体的には、金融機関は、融資の審査上で、事業の成否を見極めることが難しい時に、クラウドファンディングを活用しテストマーケティングを行い、それらの反応を見て、次のステップに移ることでき、また企業側は、出資者の反応を根拠に融資を要請することができる点である。

## 2．中小企業組合へのクラウドファンディングの応用

　ホワイトローズが加入する東京都洋傘協同組合は、事業協同組合に該当し、前身は1891年に東京洋傘問屋同業組合の設立にさかのぼる。1949年の中小企業等協同組合法の施行に伴い、1949年に東京都洋傘ショール商工協同組合が設立された。加盟企業の中には雨が降らない季節に、ショールを扱うところもあったが、加入企業の変化に伴い、2015年に現在の名前に変更した。洋傘の協同組合は、大阪、京都、名古屋にも存在するが、加盟企業の数は、東京都が一番

多く、活発に組合活動が行われている。これらの要因として、洋傘メーカーを支える部材のメーカーの産地が周辺に立地する点[13]や、アパレルメーカーや卸の本社の多くが東京に立地し、デザイナーやバイヤーとの接点が近いことがあげられる。

　事業協同組合は中小企業等協同組合法に則り設立され、「中小企業等が個々で対応できない問題に対し、相互扶助の精神に基づき共同して事業を行うことにより、経営上の諸問題を解決し経営の近代化・合理化や経済的地位の問題を解決する組合」である[14]。主な事業は、仕入れ価格の引き下げを目的とする共同購買事業、受注窓口を一本化し取引条件の改善を目指す共同受注事業、共同販売事業、共同宣伝・市場開拓・販売促進事業、共同生産・加工事業等である。

　同組合内の洋傘メーカーの多くは、輸入品や低価格販売とは一線を画す戦略を取っていた。しかし、チャネルである百貨店の店舗数は減少していった[15]、また、アパレルメーカーのライセンス商品の販売数の減少に伴い、ライセンス生産も減少し、苦しい状況に置かれていた[16]。組合の加入企業は、1979年のピーク時の122社から、経営危機や廃業も相次ぎ現在は28社に減少している。加盟企業の経営規模は売上高3〜4億円、従業員10人前後の中小企業が主であり、協同組合の横軸の組織関係を生かし、数々の新しい取り組みを行っている。

　第一の取り組みは、国産品にしかない付加価値の認知を高め、ブランド化を進めるため、東京洋傘を前述の東京都の伝統工芸品の指定化、洋傘職人の伝統工芸士への認定である。伝統工芸士とは、東京都伝統工芸品の製造の実務経験が15年以上あり、現在もその製造に従事していること高度の伝統的技術・技法を有していること、伝統工芸品産業振興事業の推進に協力しており、今後も協力できることとしている[17]。この申請は、加盟企業である小宮商店の小宮副理事長を中心に行われ、組合内で8人が登録されている。伝統工芸品、伝統工芸士の取得は、さまざまなイベント[18]やプロモーション活動においてに威力を発揮し、輸入洋傘との差別化につながることが期待される。

　第二に、将来の後継者育成や国産洋傘の付加価値を高める目的で、2016年から「洋傘職人養成講座」を開始し、高齢化が進む職人の後継者の育成を進め、今までの見て盗む徒弟制度から、学習し技術を身に付けていく形への転換を進めている。

　第三に、協同組合としては初となるクラウドファンディングによる新製品開発に取り組んだことである。ホワイトローズの取り組みは、組合内で共有され、マクアケを利用し、高級紳士洋傘「東京洋傘ゼロワン」を開発した。また東京都の「クラウドファンディングを活用した資金調達支援」支援制度も利用することにより、負担も低く抑えることに成功した。

写真11-1　東京洋傘ゼロワン

出所：筆者が撮影。

　「東京洋傘ゼロワン」は、生地には撥水性に優れた正絹、骨にはカーボンを使用し、手元は曲げ加工したブナに牛革を巻くなど素材にこだわった製品である。また、それらの素材を伝統工芸士が手作業により加工している。さらに、製品は軽量化され、その重量は僅か362gである（写真11-1）。

　「東京洋傘ゼロワン」の名称は、組合がクラウドファンディングを使い開発する唯一無二の物であることに由来する。

　2019年には、出資目標金額を50万円に設定したが、実際には97万円を集め、2020年から製品を出荷している。

## 第3節　クラウドファンディングによる<br>資金調達の今後の展望

### 1．マーケティングの視点から見た中小企業、伝統産業におけるクラウドファンディング

　中小企業における購入型クラウドファンディングの取り組みは、マーケティングミックス（4P・製品：Product，価格：Price，流通：Place，プロモーション：Promotion）の視点から見ると、第一に、製品と密接に関係し製品開発段階において投資家からの顧客ニーズをくみ取ることで、失敗のリスクを低下させ

本格展開や量産化に繋げていくことができる。

　第二に、スキミングプライスを用いることにより、早期に製品開発費用を回収し、更なる市場展開も可能になる。

　第三に、購入型クラウドファンディングの出資者の多くは、自社の販売サイトを持っているため、新規のチャネル開拓にも繋がる。

　第四に、クラウドファンディングの取り組みは、プロモーションツールである広告、販売促進、人的販売、パブリシティ、クチコミに繋がる[19]。プロモーションの目的は、顧客とのコミュニケーションであり、顧客だけでなくステークホルダーに向けた広報の観点からも、クラウドファンディングは有用であるといえる。広報は広告と混同されやすいが、Public Relationsであり、情報公開、リスクマネジメント、インタラクティブ（双方向）コミュニケーションの意味合いも含まれるとされる[20]。

　本章におけるクラウドファンディングによる製品開発は、すでに完成された製品を買うだけでなく、事業の可能性、開発者・技術者に共感し、出資し製品化へ参画することはプロセスであり、価値共創マーケティングに該当し、このような動きは、ますます高まるであろう。本章におけるクラウドファンディングの2例は、素材へのこだわりや行政公認である伝統工芸士による技術力を出資者に認められた結果、資金を集めることによって共創が可能となり、他では手に入らない傘をいち早く手に入れる価値をもたらすことができたといえよう。

## ２．中小企業、伝統産業におけるクラウドファンディングの今後の展望

　2014年の中小企業白書に、ITを活用した資金調達としてクラウドファンディングが取り上げられ[21]、6年が経ちようやく中小企業、そして日本各地にクラウドファンディングに資金調達の仕組みが浸透しつつある。

　新しい動きとして、中小企業を対象にした目的別、地域別のクラウドファンディングが生まれ、さらに小規模の物も生まれ、細分化が進むであろう[22]。

　第一に、目的別に特化する動きである、購入型クラウドファンディングでは飲食店に特化した「kitchenstarter」（キッチンスターター）や投資型では、不動産に特化した「Crowd Realty」（クラウドリアリティ）が出現している。

　第二に、マスコミによる伝統産業に着目したクラウドファンディングの取り組

みである。朝日新聞社は、運営する購入型クラウドファンディング「A-PORT」の中で、高岡銅器（富山県）や沖縄県の陶器・やちむん等の製品開発、販路拡大プロジェクトを支援している。また日本経済新聞社は購入型クラウドファンディングである「未来ショッピング」を運営し、TAKUMIというコーナーを設け、大島紬、有田焼など伝統産業から派生した製品開発の支援を行っている。

　第三に、地域において購読率や視聴率の高いマスコミや地域金融機関が核になり、地域密着とメディアによる周知に力点を置いたクラウドファンディングを実行する例である。新潟日報社は、「にいがた、いっぽ」として購入型クラウドファンディングを運営し、新潟県十日町市のクラフトビール・妻有ビールの生産設備への資金調達を行い、目標額100万円に対し209万円を集め成功している[23]。福島民報社は、福島県いわき市の独立系クラウドファンディング運営会社キックオフと提携し、購入型クラウドファンディング「フレフレふくしま応援団」を運営している[24]。中国銀行と山陽新聞社は、レディフォーと提携し、岡山県に特化したクラウドファンディング「晴れフレ岡山」を2019年7月から開始している[25]。これは中国銀行がプロジェクト実行者の提案・相談に応じ、山陽新聞社は情報発信を行い、実際の運営はレディフォーが担うもので、2020年5月現在、18件のプロジェクトが成功している。

# 第4節　中小企業の成長戦略

　日本には2016年時点で、企業数の99％を占める358万社の中小企業がある。それらの中小企業の新しい成長戦略として、資金調達面のみならずマーケティングの面からもクラウドファンディングの活用は有効であるといえよう。クラウドファンディングの拡大に対する地方自治体の中小企業振興政策の一環として、クラウドファンディングの組成費用を補助する事例がある。前述した東京都のほかに千葉市では、購入型、ファンド型・株式投資型のクラウドファンディング仲介事業者へ支払う初期費用、ウェブ制作費用、PR費用等について2分の1（25万円）を上限に補助を行っている。

　しかし、自治体の支援があってもクラウドファンディングを実施までは、まずプロジェクトの責任者の友人、知人、既存顧客からの投資がどこまで依存で

きるかを調べた上で、目標額を計算する入念計画を立て、いかに告知するかを検討する必要がある。逆に、製品化としてのめどが立たない、事業化が難しいプロジェクトは、審査の遡上にも上がらないことになる。今後のクラウドファンディングの成立は、将来性や実現可能性のアピールが重視され、いかにして共感を集め投資に繋がっていくか、コミュニケーション戦略がますます重要になるであろう。

### 謝辞
　本研究にあたり、東京都洋傘協同組合理事長・ホワイトローズ株式会社須藤宰社長、東京都洋傘協同組合副理事長・株式会社市原・奥田正子社長にお話を伺いました。この場を借りて御礼申し上げます。

### ●注

1) ウェザーニュース "世界の傘事情調査"
　https://jp.weathernews.com/news/4270/ （2020年5月1日閲覧）
　インターネット上で、2014年6月15日から18日にインターネット上で38,603人に調査。
2) 消費者庁ウェブサイト「家庭用品品質表示法・製品別品質表示の手引き〜洋傘」
　https://www.caa.go.jp/policies/policy/representation/household_goods/guide/zakka/zakka_03.html （2020年4月1日閲覧）
3) 金融財政事情研究会編（2016）『第13次業種別審査事典』，きんざい，p. 955。
4) 東京都労働産業局ウェブサイト「東京都の伝統工芸品」。
　https://dento-tokyo.jp/items.html （2020年4月1日閲覧）
5) 東京都産業労働局ウェブサイト
　https://www.sangyo-rodo.metro.tokyo.jp/chushou/shoko/sougyou/trial/topics/2/（2020年4月10日閲覧）
6) 「2010年の園遊会で使用など」、『日本経済新聞』2009年6月17日。
7) 『日経産業新聞』2011年10月26日。
8) 『日経MJ』2012年7月11日。
9) 佐々木敦也（2016）『ザ・クラウドファンディング』，金融財政事情研究会，pp.16-20。
10) 矢野経済研究所調べ。矢野経済研究所ウェブサイト「プレスリリース」
　https://www.yano.co.jp/press-release/show/press_id/2036 （2020年5月1日閲覧）
11) 矢野経済研究所調べ。
12) 「栓抜きなど6通り機能を持つ工具であるキークエスト」、『日本経済新聞』2017年8月9日。
13) 山梨県富士吉田市において、甲州織・甲斐絹をもともと作っていた企業が生地メーカーへ転換し、戦時中に東京からの工場疎開をし、そこから発展した茨城県古河市に洋傘

メーカーが存在している。

14) 全国中小企業団体中央会（2019）『2018－2019中小企業組合ガイドブック』，p. 12。

15) 一例を上げると，百貨店業界最大手の三越伊勢丹ホールディングスは，2018年に伊勢丹松戸店，2019年に伊勢丹相模原店，伊勢丹府中店，2020年には新潟三越を閉店している。

16) 一例を上げると，オーロラは，1972年からピエールカルダンのライセンス傘を生産している。東京都洋傘ショール商工協同組合編（1979）『東京洋傘産業史』，p. 165。

　　　　最近では，オーロラは，婦人服ブランド「ジル・スチュアート」の婦人傘を生産している（『繊研新聞』2016年6月21日）。

17) 東京都産業労働局ウェブサイト。

18) 東京都伝統工芸士展，東京都伝統工芸品展。

19) 須永努（2008）「第3章　マーケティングと広告」，石崎徹編，『わかりやすい広告論』，八千代出版，p. 32。

20) 小泉眞人（2008）「第2章　広告の定義・分類・機能」，石崎徹編，『よくわかる広告論』，八千代出版，p. 32。

21) 中小企業庁編（2014）『中小企業白書』，中小企業庁，p. 415。

22) 『信濃毎日新聞』2020年5月18日。

23) 『新潟日報』2020年5月29日。

24) 『福島民報』2020年5月27日。

25) レディフォーウェブサイト「プレスリリース」，https://readyfor.jp/corp/news/122（2020年5月1日閲覧）

## 【参考文献】

遠藤正之（2018）「中小企業の資金調達分野のイノベーション動向と展望」，『経営情報学会全国研究発表大会要旨集』，経営情報学会。

かまくら春秋社編（2005）『わがまち古河 ─市制施行55周年記念誌─』，古河市。

岐阜青年会議所主催（2019）「青年経済人フォーラム」，『株式会社マクアケ 共同創業者／取締役 坊垣佳奈氏講演会』，2019年6月14日，岐阜市文化センター。

金融財政事情研究会編（2016）『第13次業種別審査事典』，きんざい。

黒川留一，大阪洋傘ショール商工協同組合年史編纂委員会（1968）『洋傘・ショールの歴史』，大阪洋傘ショール商工協同組合。

郡司正勝（2016）『傘─和傘・パラソル・アンブレラ─』，LIXIL出版。

小泉眞人（2008）「第2章　広告の定義・分類・機能」石崎徹編，『よくわかる広告論』，八千代出版。

佐々木敦也（2016）『ザ・クラウドファンディング』，金融財政事情研究会。

須永努（2008）「第3章　マーケティングと広告」，石崎徹編，『わかりやすい広告論』，八千代出版。

全国中小企業団体中央会（2019）『2018－2019中小企業組合ガイドブック』。

田口尚史（2017）『サービス・ドミナント・ロジックの進展』，同文舘出版。

中小企業庁編（2014）『中小企業白書』，中小企業庁。

東京都洋傘ショール商工協同組合編（1979）『東京洋傘産業史』。

中野香織（2008）「第5章IMC」，『わかりやすい広告論』，八千代出版。

中山亮太郎（2017）『クラウドファンディング革命』，PHP研究所。

延岡健太郎（2011）『価値づくり経営の論理：日本製造業の生きる道』，日本経済新聞出版社。

藤岡芳郎（2012）「価値共創型企業システムの展開の可能性と課題：プロジェクト研究と事例研究をもとに」，『広島マネジメント』，12号，広島大学マネジメント学会。

宮崎邦洋・大知正直・米良はるか・松尾豊（2013）「クラウドファンディングにおけるプロジェクトの資金調達可能性の分析」，『2013年度人工知能学会全国大会論文集』，人工知能学会。

村松潤一編著（2015）『価値共創とマーケティング論』，同文舘出版。

村松潤一編著（2016）『ケースブック価値共創とマーケティング論』，同文舘出版。

山﨑真由子（2019）『職人の手：16 PROFESSIONAL STORIES』，KTC中央出版。

矢野経済研究所（2017）『2017 Fin Tech市場の実態の展望』，矢野経済研究所。

山本純子（2014）『入門クラウドファンディング―スタートアップ、新規プロジェクト実現のための資金調達法―』，日本実業出版社。

ロバート・F・ラッシュ，スティーブン・L・バーゴ著，庄司真人，田口尚史訳（2016）『サービス・ドミナント・ロジックの発想と応用』，同文舘出版。

# 主要事項索引

# ■執筆者紹介

**西田　安慶**（にしだ　やすよし）　　執筆担当／第1章
編著者紹介欄を参照のこと。

**水野　清文**（みずの　きよふみ）　　執筆担当／第2章
名古屋学院大学商学部　准教授
　専攻：人的資源管理論、経営戦略論
　　著書に、『現代経営学の構図』（編著，五絃舎，2020年）、『ＰＢ商品戦略の変遷と展望』（単著，晃洋書房，2016年）、『地域産業の経営戦略 ― 地域再生ビジョン ―』（共著，税務経理協会，2016年）などがある。

**丸山　一芳**（まるやま　かずよし）　　執筆担当／第3章、第8章
京都橘大学経営学部　准教授
　専攻：知識経営論、イノベーション論、起業論
　　著書に、『地域産業の経営革新 ― 中小企業の活性化と地域創生 ―』（共著，税務経理協会，2018年）などがある。論文に、「伝統産業におけるイノベーションを起こす企業家精神 ― 日本酒における塩川酒造の事例研究 ―」『関西ベンチャー学会誌』（第9号，関西ベンチャー学会，2017年）、「地方創生と企業家精神 ― 新潟地域における企業家と企業家教育 ―」『リアルオプションと戦略』（第8巻第1号，日本リアルオプション学会，2016年）などがある。

**河田　賢一**（かわだ　けんいち）　　執筆担当／第4章
常葉大学経営学部　教授
　専攻：流通論
　　著書に、『現代のマーケティング戦略』（共著，三学出版，2022年）、『現代流通序説』（共著，五絃舎，2022年）、『現代の企業経営』（共著，三学出版，2021年）、『現代商業経営序説』（共著，五絃舎，2020年）、『現代流通変容の諸相』（共著，中央大学出版部，2019年）などがある。

**西田　郁子**（にしだ　いくこ）　　執筆担当／第5章

愛知産業大学経営学部　准教授

　専攻：経営戦略論、流通システム論

　　著書に、『現代の企業経営』（共著，三学出版，2021年）、『現代のマーケティング戦略』（共著，三学出版，2022年）がある。論文に、「地域産業の生産財取引における関係構築戦略 ― 愛知県西尾抹茶産地の流通システムの事例 ―」『企業経営研究』（第22号，日本企業経営学会，2019年）、「地域産業における取引制度の分析」『企業経営研究』（第19号，日本企業経営学会，2016年）などがある。


**村橋　剛史**（むらはし　たけし）　　執筆担当／第6章

朝日大学経営学部　教授

　専攻：財務会計、経営診断

　　論文に、「道の駅における地場加工食品の販売」『産業経済研究』（第19号，日本産業経済学会，2019年）などがある。


**岩本　勇**（いわもと　いさむ）　　執筆担当／第7章

豊橋創造大学経営学部　教授・博士（総合社会文化）

　専攻：流通論、マーケティング論、地域産業論

　　著書に、『地域産業の経営戦略』（共著，税務経理協会，2016年）、『地域産業の振興と経済発展』（共著，三学出版，2014年）、『データで知る流通の科学』（共著，成山堂書店，2000年）、『現代の流通と取引』（共著，同文舘出版，2000年）、『挑戦する卸売業』（共著，日本経済新聞社，1997年）などがある。論文に、「ＰＢ比率と社会環境要因の研究 ― チャネル・リーダー移動を視座として ―」『産業経済研究』（第20号，日本産業経済学会，2020年）、「チャネル・リーダー移動と社会環境要因の関係に関する研究 ― 国別ＰＢ比率と社会環境要因との相関分析 ―」『企業経営研究』（第21号，日本企業経営学会，2018年）などがある。


**宮島　敏郎**（みやじま　としろう）　　執筆担当／第8章

NSGグループ 広報ブランド戦略本部顧問、

元事業創造大学院大学事業創造研究科　教授

　専攻：地域企業論、起業論、広報

　　論文に、「株式会社バイオテックジャパン ― バイオベンチャーにおける中核技術の創造と活用に関するケース ―」『事業創造大学院大学紀要』（第7巻第1号，事業創造大学院大学，2016年）などがある。

**日向　浩幸**（ひむかい　ひろゆき）　　執筆担当／第9章
羽衣国際大学現代社会学部　教授
　専攻：経営戦略論、経営組織論、マーケティング戦略
　　著書に、『現代の企業経営』（共著，三学出版，2021年）、『新企業統治論＝CORPO-RATE GOVERNANCE』（共著，税務経理協会，2021年）、『地域産業の経営革新
―中小企業の活性化と地域創生―』（共著，税務経理協会，2018年）、『地域産業の
経営戦略―地域再生ビジョン―』（共著，税務経理協会，2016年）、『地域産業の振
興と経済発展―地域再生への道―』（共著，三学出版，2014年）などがある。

**川﨑　友加**（かわさき　ゆか）　　執筆担当／第10章
静岡英和学院大学人間社会学科　講師
　専攻：観光文化政策論、観光経営論、地域活性化論
　　論文に、「グリーン・ツーリズムの中間組織における地域資源マネジメントに関す
る一考察―自主財源をもたない地域経営に焦点をあてて―」『企業経営研究』（第
22号，日本企業経営学会，2019年）、「グリーン・ツーリズムにおける地域経営に
関する一考察―和歌山県田辺市上秋津地区を事例として―」『第11回 国際学術研
究大会論文集』（日本企業経営学会，2018年）、「グリーン・ツーリズムと地域産業
の振興」『東Asia企業経営研究』（第9号，日本企業経営学会，2015年）などがある。

**中嶋　嘉孝**（なかしま　よしたか）　　執筆担当／第11章
拓殖大学商学部　准教授
　専攻：流通論、マーケティング論
　　著書に、『地域産業の経営革新―中小企業の活性化と地域創生―』（共著，税務
経理協会，2018年）、『1からの流通システム』（共著，碩学舎，2018年）、『地域産
業の経営戦略―地域再生ビジョン―』（共著，税務経理協会，2016年）、『家電流
通の構造変化―メーカーから家電量販店へのパワーシフト―』（専修大学出版局，
2008年）などがある。

## ■編著者紹介

### 西田　安慶（にしだ　やすよし）

　東海学園大学名誉教授、日本産業経済学会名誉会長、日本企業経営学会会長、経営関連学会協議会評議員（元筆頭副理事長）。滋賀大学経済学部卒業。Doctor of Business Administration, Honoris Causa（San Francisco State University）

　東海学園大学経営学部教授・同大学大学院経営学研究科教授を経て、中部学院大学経営学部長・教授、同大学大学院人間福祉学研究科兼担教授を歴任。学会活動として日本学術会議商学研連委員（IGWT国際商品学会 ―ポーランド― へ代表派遣）。日本産業経済学会会長、日本消費者教育学会副会長、日本消費経済学会理事（国際交流委員長）、日本商品学会理事、日本広告学会理事等を歴任。内閣府特命担当大臣（消費者及び食品安全）より、「消費者支援功労賞」を受賞（2022年）。

　著書に、『現代のマーケティング戦略』（共著，三学出版，2022年）、『現代の企業経営』（共編著，三学出版，2021年）、『地域産業の経営革新』（共編著，税理経理協会，2018年）、『地域産業の経営戦略』（共編著，税務経理協会，2016年）、『地域産業の振興と経済発展』（共編著，三学出版，2014年）、『マーケティング戦略論』（共編著，学文社，2011年）、『環境と消費者』（共著，慶應義塾大学出版会，2010年）、『新現代マーケティング論』（単著，弘文社，2006年）、『流通・マーケティング』（共著，慶應義塾大学出版会，2005年）などがある。

## 地域産業のイノベーションと流通戦略
### 中小企業の経営革新と地域活性化

2020 年 10 月 20 日　初版第 1 刷発行
2023 年 3 月 20 日　　　第 2 刷発行

編著者　西田安慶

発行者　千倉成示

発行所　株式会社 千倉書房
　　　　〒 104-0031　東京都中央区京橋 3-7-1
　　　　TEL 03-3528-6901 ／ FAX 03-3528-6905
　　　　https://www.chikura.co.jp/

印刷・製本　三美印刷株式会社
装丁デザイン　冨澤　崇

© NISHIDA Yasuyoshi 2020 Printed in Japan〈検印省略〉
ISBN 978-4-8051-1219-9 C3034